U0368844

乔刚 著

职业院校语文教学导论

上海交通大学出版社
SHANGHAI JIAO TONG UNIVERSITY PRESS

内容提要

　　本书是一部系统阐述职业院校语文教学思想、教学模式,按职业教育要求和特点,基于工作任务项目化课程设计以及职业院校语文学科阅读、写作、听说、文言文、应用文等教学策略的专著。由于本书著者多年来广泛地组织全国语文教师培训,制定和审读职业院校语文课程标准,并主编多本相关领域教材,本书凝聚着著者 40 年语文教学的课改理论思考与实践经验,对于职业院校语文教育进行了有别于其他语文教育的阐述,构建起一套从教学细节入手的高职院校语文教学思想理论,对于广大高职语文教师的教学指导意义很强。本书的出版有助于引发对职业教育语文学科更为深入的研究,推进语文课改,提高一线语文教学的针对性和有效性。

图书在版编目(CIP)数据

　　职业院校语文教学导论／乔刚著. 一上海：上海
交通大学出版社,2023.2
　　ISBN 978－7－313－27899－9

　　Ⅰ.①职… Ⅱ.①乔… Ⅲ.①大学语文课－教学研究
－高等职业教育 Ⅳ.①H193

　　中国版本图书馆 CIP 数据核字(2022)第 211694 号

职业院校语文教学导论

ZHIYE YUANXIAO YUWEN JIAOXUE DAOLUN

著　　者：乔　刚
出版发行：上海交通大学出版社　　　　地　　址：上海市番禺路 951 号
邮政编码：200030　　　　　　　　　　电　　话：021－64071208
印　　制：上海新艺印刷有限公司　　　 经　　销：全国新华书店
开　　本：710 mm×1000 mm　1/16　　印　　张：17
字　　数：233 千字
版　　次：2023 年 2 月第 1 版　　　　　印　　次：2023 年 2 月第 1 次印刷
书　　号：ISBN 978－7－313－27899－9
定　　价：68.00 元

版权所有　侵权必究
告读者：如发现本书有印装质量问题请与印刷厂质量科联系
联系电话：021－33854186

前 言 | FOREWORD

职业教育是一种类型,基于其类型所要求的培养目标,其课程体系的构成以及教学模式是有鲜明特点的,要认识这一点并不容易。

二十世纪八十年代是我国职业教育的恢复和蓬勃发展期,那时还没有高教层次的职业教育,有的是大专层次的专科学校,实施的是后来人们所称的"本科压缩饼干"教育,至于成人层面的业余大学和成人高校,也基本走的是专科学校的道路。我曾就读于静安区业余大学中文系一年半,所学与后来华东师范大学全日制中文系教育并无二致,因此这让我的本科学得非常轻松,甚至有些课程直接免考了事。那时的中专,其语文课也是普教模式的,教材用的是华东师范大学徐中玉先生主编的《大学语文》,教学对象是所谓的"高考落榜生",这些"落榜生"非同小可,在当时高考录取率仅5%左右的时代,他们无疑是一代精英,这些毕业生后来有许多都成为各行各业的领军人物。如果用不太恰当的类比,按照当今高于50%的高考录取率,这些人都应该进排名靠近的"一本"高校。这一情况与二十世纪五六十年代的职业教育有所不同,但这一情况也是历史的产物,对于当时整个社会人才青黄不接、要求多出人才的国家战略是非常必要的。职业教育作为类型的出现,与二十世纪八十年代试行五年制大专和一大批职业学校如雨后春笋般出现(大多由初中转制),以及其招生对象日益向初中后普及有关。国家开始再次强调职业教育的目标和特色,上述院校开始向职业教育转型,这一趋势一直延续到我国高教大众化进程时代,职业院校,特别是高职院校如雨后春笋般迅猛发展,职业教育形成上万所院校规模,人才培养层次注重技术型、应用型。

所谓"知易行难",院校的转型一度过于偏重"技能教育",忽视了立德树人和全面发展;课程教法的转型更是由于教师教学的个性化和所习惯性显得越加艰难。这一局面直到 2014 年全国职教大会召开以及后续中央和国家的系列文件精神出台,强调"三教改革",强调项目化教学,并在全国职业院校教学能力大赛中用大赛的标准和要求加以引导,这才有了当今可喜的课改面貌。

理论是实践的先导,感性的"知"容易,但不易解决实际问题。理性的"知"不易,在职业教育领域尤其缺少公共基础课课改的理论探索。我在主持教育部和上海市职业教育师资培训十余年中,学员累计达 18 000 多人,其中语文教师 700 余人(其中高职院校教师约 400 余人),事实证明,讲座式的引导很难转化为现实的课改案例。跟踪调查[1]表明,学员普遍反映对职业教育语文教学有了全面和较深入的认识,但是具体到每一次语文教学的教学目标设定、教学内容的遴选以及教法如何贴近该专业的学生还是有不少困惑的;让他们上一次出彩的语文课可以胜任,让他们把培训所得转化为每一次的日常课程教学困难不小。因此才萌发了撰写本著的愿想。

本著力求从理论上破解一些现实问题。其主要是:

(1) 职业院校的语文教学要融入专业元素,上出职业教育的针对性和有效性。要与专业课教学划清质的界限。要端正公共基础课的定位,它不是为专业课服务的课程,而是与专业课一样,同是支撑人才培养目标的四大支柱之一。

(2) 厘清语文核心素养的内涵与外延,特别是在高中阶段,普教的语文核心素养与职教的语文核心素养的内涵应当是一致的,在外延上则是有着一定区别的。因此,作为一种类型,中职语文与普通高中的差异不是内容的难易和要求的高低,而是培养目标和教学路径方法的差异。

---

[1] 乔刚,赵宏:《彰显职教特色 展示成长风采》,立信会计出版社,2018 年版。

（3）语文课堂教学目标的选定，其逻辑起点不单是语文课程标准，这与普高不尽相同。职业院校语文（任何课程都一样）教学目标的遴选依据还应将各专业的人才培养方案作为逻辑起点，因此鉴于专业元素的差异，我倡导一课一教案，而不是一份语文教案"放之四海而皆准"。

（4）教学过程是动态的，有效的教学强调对课堂生成的内容作出有效的回应，因此，我推崇教案只是施教预案，而不是不容更改的施教依据。

（5）职业院校倡导项目化教学，很多人都认为这在语文课似乎是不可实现的任务。特别是高职院校教师普遍学历高，接受的都是普通教育，反响尤其强烈。我力图阐述清楚教学法只是一个模型，关键是如何在语文这个点上去实现这个模型的要素。我认为，职业院校的语文教学完全不应当等同于普通院校的教学，完全没必要对课文面面俱到施教，既然教材只是一个案例，就完全可以抓其一点（难点是抓准和抓得恰当），不及其余，对"这一点"项目化教学，只要整体有设计，全部教材的篇目有侧重有呼应，就能建构和优化完整的语文架构，而无论怎么去施教，思维、审美和文化传承都是不可或缺、无以回避的内在要求。

本著并非纯理论的著述，而是通过夹叙夹议力求对教学实践给予切实的指导，"导论"就是本着这个初衷命名的。因此，本著分上下两卷，上卷侧重对课程体系的著述，下卷侧重对教学实践的著述。同时也兼顾了教材编写问题，这一方面是希望给予编教材的同仁一些有用的建议，另一方面也是告诫施教者要很小心地"用教材"，在师范类高校开设有"教材教法"课，在考教师资格证书时有"教材教法"的内容，就是因为教材不会适用于全体教师，教材也难免会有这样或那样的问题。而教师的基本功之一就是善于"处理教材"。

语文是我们的母语，差不多人人都能评头论足一番，但能评点到位的还应该是语文教师。职业院校的语文著述很少，但求这一家之言能有益于职业教育的发展。

乔　刚

2022 年 10 月 29 日

目　录 | CONTENTS

上　卷

职业教育是一种类型,由中职、高职、职业本科到专业硕士构成现代职教体系。由于培养目标的不同,其方法路径也必然会有自身的特点和要求。因此,职业院校语文教学,既要遵循语文教学的一般规律,也要体现职业教育语文教学的特点。职业院校的语文教学指导思想主要体现在"文道结合""学以致用""文化传承"和"专业元素"等方面。

语文核心素养,每一个施教者都必须予以充分关注,是教学评价着力聚焦的关键点。教学中,学生的学科能力和学科素养是在相应的学科活动中形成和发展的。学科活动的目的是让学生的学习体验和经历与学科知识建立联系;通过施教者的

经验和重构,引导学生在语文核心素养的四维度、八方面形成
经验和重构。语文核心素养的落实既有整体性和一致性,还
有全面性。任何孤立施教的认识和过程都是不正确的。

第三章　教学目标论 44

教学目标的逻辑起点一般是课程目标。然后依次决定了下一
层次的单元教学目标和授课教学目标。但是在职业院校,这
样还不够,决定语文教师教学设计的还有一个"上位"目标,那
就是专业培养目标,专业培养目标和语文课程目标共同成为
语文教师设计教学目标的逻辑起点,缺一不可。这也就是为
什么职业院校的语文教学在统一的语文核心素养要求下,还
是应当与普通高中有所区别的原因。

第四章　教学设计论 62

教学过程是动态的,教学设计随学情的变化而变化,随课堂新
生成的内容调整而调整。课前教学设计的作用仅仅是一个施
教参考的预案,不能把它作为施教的全部依据。教学设计由
教学目标和学情出发,应遵循个性化、简洁性、可行性、可测性
等基本原则;教学设计对每一项教学要素都应仔细推敲,认真
设计,它具有桥接转化、系统规划、赋能优化等特征。

第五章　教学方法论 ···························· 72

教学方法是一种教学模型,其要素由课程改革的核心理念、教学步骤及相应策略构成,都不可避免地具有一定的局限性。因此,只有较为适用的教法,没有放之四海而皆准的教法,是谓"教无定法"。选用教法实质上也可以说是对教师自身角色的一种定位。现代教育教学范畴,教师通过教学方法施教时,其定位一般应当是:陪伴者、指导者、引导者。

第六章　教学策略论 ···························· 90

这里仅将教学策略限于教学全过程中动态调整的范畴,包括教案的调整、教学实施中内容方法的调整和课堂教学中因人因事管理方法的调整等。得当的教学策略助推好课。观察教师的教学状态、动态考察教师的教学过程、"三维"网格化综合评价,是考察优质课的三个视角。

第七章　教学评价论 ···························· 111

教学评价的范畴,一般包括教师和学生的表现及获得、教学目标的设计、教学重难点的提出、教学内容的遴选、教学方法路径的选用、教学环境的营造、教学管理面貌等诸因素,最终聚焦在学生学习成效上。如果教师只关注考试结果,忽视学生学习表现以及日常过程性评价,就会导致对学生认识上的偏差并形成教学评价的偏差。

下　卷

第八章　阅读教学论 …………………………………………………… 131

语文教学总是着力聚焦听说读写的,听说读写的教学总是互相融合在一起的。阅读的对象可以是散文、诗歌、小说、戏剧,也可以是时文和生活工作情境中的素材;阅读的方式可以是课堂内的精读、泛读,也可以是课堂外的选读、跳读、代读(读别人提炼的梗概、书目、序跋)和整体阅读(一本书、一套书)。此外,阅读的方式还有碎片化阅读和组合阅读等。阅读方式的选用取决于阅读目的。

第九章　写作教学论 …………………………………………………… 151

职业院校的写作教学,有人认为就是应用文写作教学,这不准确;也有人认为是实用文写作教学,这不科学。应用文写作,离不开基础写作的训练和能力提升,而且应用文写作的核心要求就是用记叙、说明、议论、描写等方法撰写能适用于日常生活和工作交流的文书。实用文是相对于文学创作的一种说法,除了诗歌、小说、戏剧,差不多都可归入实用文范畴。

第十章　听说教学论 ·· 183

听说教学是语文教学的重要组成部分。由于语文教材中的教学内容基本都以书面化方式呈现，因此当前听说教学是一个普遍性的薄弱环节。在日常生活和工作的沟通交往中，"听说"形态的占比达到 70％ 以上，因而在人的生涯发展中，听说能力是不可忽视的主要能力之一。在职业院校语文教学中，必须加强且有效推进听说教学。

第十一章　文言文教学论 ·· 193

白话文历史不过区区百年，而文言文的历史长达数千年。职业院校文言文教学，应注重借助注释能疏通文意，能读懂主题并与优秀的传统文化相挂联，还应记忆并积累大量的名言名句和成语、俗语、掌故等，这些积累不仅有助于文化理解和传承，而且有助于传统文化在新时代的发展。从语用角度说，借助这些精炼的文言语句来表达学习工作的内容，来锤炼自己行文说话的质量，具有积极的学习意义。把文言问题放在具体的语言情境下考核的做法，是值得倡导的。

第十二章　单元教学设计论 ·· 219

单元教学设计是基于整体教学设计思想，旨在让学生获得相对完整的单元知识,提升相应单元能力,并通过各单元教学设计的组合,实现优化学生知识结构和能力结构的教学目标。在职业院校语文教材中,单元一般应聚焦"文"的一项或数项综合性能力,该单元中若干篇文本构成这些能力学习的若干角度,这些角度的综合性学习对学语用文具有显性的学习价值并有助于学生形成完整的认知和习练,进而具有举一反三的意义。通过每一篇目的教学汇聚,实现复迭推进而巩固提升之效。

第十三章　语文教材编写论 ……………………………………… 235

教材编写是一项富有创意的工作,其内容应当是精心挑选的,其体例应当是精心构思的。职业院校语文教材的编撰,与普教应当有一定的区别,该区别不在于内容的难易深浅,而在于更侧重应用,既有助于学生的终身发展,又有助于加强学生未来在职业岗位上的适应性(岗位迁移、岗位晋升、岗位转型)。

上　卷

第一章 ▶ 教学思想论

　　语言是思维的工具，语文学习是一切学习的基础。语文弱，行之艰难；语文强，行之弥远。因其文之多变，其道之难穷，故而语文之学，既在渐进，也在恒远。这也是所谓"文无第一""文人相轻"的重要原因之一。职业院校语文教学，既要遵循语文教学的一般规律，也要体现职业教育语文教学的特点。

　　语文教学，源远流长。在没有师生传承之际，人们学习说话，用言语表情达意乃至后来学习文字、用文字表情达意，都可以视为语文学习。在师生传承教育之初，语文堪称最早的学科教育门类之一。最早的语文教材当属儒学《五经》之《诗经》。在今天看来，《诗经》当然是文学，但在当时，《诗经》语言几近口语，它承载了语言教学、文化教学、"道"之教学、历史教学，自然也有当时文学教学等诸多功能，可见它天然地具有综合性和基础性的特点，因此，子曰："小子何莫学夫诗？诗可以兴，可以观，可以群，可以怨。迩之事父，远之事君，多识于鸟兽草木之名。"[①]《诗经》的诗句在当时也是人们日常生活和工作交际的语言，甚至是邦国外交语言。更广泛地说，儒家《五经》的《诗》《书》《礼》《易》《春秋》都可视为语文教材，

---

① 语出《论语·阳货第十七》。该句意为："你们怎么不学诗呢？诗可以激发情志，可以观察社会，可以交往朋友，可以怨刺不平。近可以侍奉父母，远可以侍奉君王，还可以知道不少鸟兽草木的名称。"

都是阅读、写作、听说的教材,这就是所谓大语文①的时代,尽管这些在今天看来应分属文学、政治、伦理、哲学和历史教材。

随着社会的发展和人类认知的丰富,语文由早期的大语文逐渐形成语文学科,随之在语文范畴形成了具体的文字学、音韵学、训诂学、修辞学等诸多分支学科。五四新文化运动前后,语文的外显形式出现了"国文""国语"的叫法,后又逐渐归于"语文"这一当前既被公认、又规范统一的正式名称。

但是直到当下,对于"语文"内涵的界定仍有不少表述,对于如何编撰语文教材、如何实施语文教学也有诸多表述。我国现代意义上的职业教育历史不足200年。长期以来,职业院校语文学科的研究是非常薄弱的,缺乏大致统一的认识,时至今日,职业院校语文课的定位及教学依然存在不少误区。这误区集中地表现在教学思想上。

很多人认为,语文就是语文,不管是什么类型的教育,语文就是"传道授业解惑",就是提高阅读鉴赏、听说和写作等一般的基础能力,在普教院校怎么教,在职业院校也是怎么教,不应该有什么特殊性。也有很多人认为,职业院校的语文,从编写教材到实施教学,相较于普教院校语文就是浅一些、容易一些,因为职业院校的生源相较于普教院校要弱不少。受这些错误思想的影响,当下即使是制订语文课标、编写语文教材的不少教师也是本着这些想法去做职业教育"语文"的,这就带偏了语文课改的方向。

职业教育是一种类型,由中职、高职、职业本科到专业硕士构成现代职教体系。因此,由于培养目标的不同,其方法路径也必然会有自身的特点和要求。按照普教语文模式"降低"(简化、易化)一些要求编写教材和实施教学,不仅实现不了"服务发展为宗旨"的要求,也实现不了"促进就

---

① 作者注:在独立的语文学科建立之前,我国的语文一直是一种跨界融合的"大语文"状态,语文与生活普遍联系,语文教育是一种全科教育。这和当下强调语文广泛阅读、无所不考的"大语文"不是一回事。

业为导向"的要求。不按专业培养目标和未来职场岗位所具有的能力特点和素质要求去施教,泛化的语文教学也不能达成国家所设的课程目标和各专业所面向的未来职场岗位要求以及生涯发展所需的要求。

职业院校的语文教学指导思想主要体现在"文道结合""学以致用""文化传承"和"专业元素"等方面。

一、文道结合

文道结合是语文的本质属性(见图1-1①)。

古语说:"皮之不存,毛将焉附。"这是比喻说某一事物失去了赖以生存的基础后,它也就不能存在了。文道关系也是这样。文,是语言表现形式,是将某事物呈现出来,使之可见、可感、可知的必要条件;道,是事物内容(思想感情),是由语言文字传递出来的信息,是人类社会进步、文化传承的道统血脉。文与道相互依存,互以对方为存在的基本条件,因此,文道关系是一个不可分割的统一体。文之呈现,"道"也就在其中了。在语文学科,任何片面强调"文"或者片面强调"道"的说法都是不正确的。正因为如此,对于语文教师而言,要落实课程思政不是外加、叠加,甚至说要提炼思政要素去"融合"的问题,"道"就是"思政",一种文化离不开传统、离不开意识形态,一种情感也不可避免地附上喜恶爱憎,一种观点或所表达的主题思想也必然折射出其价值取向,由此可见其人生观、价值观。教师传"道"是语文教学与生俱来的要求之一。

图 1-1　文与道犹如太极两仪,互为依存,互为组成部分

在语文教学中,首要的是自觉落实"文道结合",无论哪一种类型教育,其要求是一致的,绝不存在难易或降低要求的说法。

---

① 引自《上海市中等职业学校语文课程标准》(2015版)。

在安排语文教学授课计划时,学时占比最大的莫过于阅读教学和写作教学。

(一) 阅读教学最重要的是把握"文如何载道"的教学路径

阅读教学最常见的弊端是教师津津乐道作家作品,诠释或探究作品主题思想,解析课文词句修辞和章法。往往是作品透析了,学生对作品印象很深,也学懂了,但基本的语文要素知之不详,基础的语文能力还未落实。更有甚者,教师对作品作了过度解读,非但无功还贻害不浅。

以郁达夫《故都的秋》为例。老师们讲这篇课文时大多喜欢重点品读文字描述的 5 幅画面,并由此阐述说这些画面很好地呼应了作者文首所说北国"秋"之"清""静""悲凉"的景物特点。可是深究一下,"画面一"中"闲坐""品茶""赏花"的景象悲凉吗?"画面二"中"踩着落蕊""感出一点点极微细极柔软的触觉"以及"看起来既觉得细腻,又觉得清闲"等描写是悲凉景象吗?等等。那么所谓的"悲凉"既然不是由画面而来,又是由哪儿来的呢?这就涉及"文道"结合的本质问题了。画面呈现是"文",作者明写的"清""静""悲凉"特点是"文",但是不引导学生把作品的"道"加以品味感悟,而是用"先入为主"的"清""静""悲凉"去解析画面场景,然后得出这些画面是"清""静""悲凉"的结论,这叫"望文生义",也叫"硬装榫头",学生从中是学不到"语文"的。只有当学生切实领悟到本文爱国忧国的主题,才有可能切实感悟到作者用虽然有些残破、清凉的画面场景抒情,但透出丝丝温馨亲切的观感触感,由此进一步折射出所述"清""静""悲凉"的真实含义,彰显出爱国忧国的主题。

阅读教学须遵循"文如何载道"的路径,就是要求教师在实施每一篇课文教学时,都需代入作者的(而不是解析者的)写作思路进行教学,探究作者是通过什么笔法、什么线索来表现自己的思想感情的,尽可能不偏离作者的写作思路,尤其不能以教师的主观思想代替作者去构思成文,这样就能把握这篇课文之所以成为课文(教材、学材)的编写思想,把握这篇课文之所以入选的价值所在了。

职业院校教学最重要的特征是由工作过程引导教学过程。工作过程首要的是明确诉求（"我要干什么"），然后是设计路径方法（"怎么做"），要按照工作的逻辑设计教学的逻辑。具体到阅读教学就是首先要明确课文的主题（诉求）是什么，所以职业院校语文教学一般都应该从明确主题思想（思想感情、思想观点）开始，这是职业院校文本教学的逻辑起点。在普教中有很多语文教学从词章教起，通过抓关键词、关键句及其逻辑联系以及修辞手法的解析逐步演绎、探究出主题思想（思想感情、思想观点），但这一路径方法一般并不完全适合职业教育领域。

明确"道"的过程，可以采用直截了当地告知学生的方法，也可以通过预习、介绍写作背景引导学生明确"道"，也可以在通读全文的基础上通过系列问题引导学生探究"道"，但是"道"的获知仅仅是阅读教学的起点，还远远不到语文教学的终点。通晓"道"，还要进一步探究"文如何载道"，这才是"文道结合"的可取方法。

教学中探究"文如何载道"，关键是找到并还原作者的写作思路以及采用了哪些写作手法。

理论上"文无定法"，但是作者选用这一写作思路、构思这一写作线索一定是有其主观考虑的。例如"逆起式"意在欲扬先抑、彰显主旨；"开门见山"一定意在先声夺人或奠定论述观点的基础；"动静结合"一定意在以此衬彼；"铺垫照应"一定意在层层造势以强化主题。又如"单线叙事"旨在脉络清晰，"双线"甚至"多线"叙事，一定意在营造看似繁复纠葛的态势而其实是体现"文贵曲"的写作要旨。由此就可推究游记散文作者为什么采用游踪线索、时间线索或夹杂了情感线索等原因；也可推究小说作者对顺叙、倒叙、插叙等路径思路应用之妙；还可推究散文作者"文形"如何散、"道神"如何聚的作文之运思圭臬。

教学中探究"文如何载道"，就是要防止阅读教学中为教"课文"而教"课文"。在课堂上，课文的价值仅仅是一个供师生教学解剖的案例，从中学习一种思想文化，从中学习借鉴一种写作方法。就这篇"课文"而言，学过了也就过去了，其中"思想"可以留痕，笔法可以留痕，但课文内容及其作者,我们日后基本上多不会再碰了,它的"举一"作用发挥了,日后伴随我们的就是如何"反三"应用的问题了。

教学中探究"文如何载道",既要学习借鉴写作"文以载道"的一般规律,也要品鉴本篇课文"文如何载道"的特殊表现手法。由此丰富我们的语文表现能力,迁移和强化我们在一定语境中基于特定思想、特定感情的语用能力。

(二)写作教学最重要的是把握"文以载道"的教学路径

阅读是鉴赏,需探究别人是如何写作,即"文如何载道"的;写作是表达,需探究、习练自己如何写作,即如何"文以载道"的。两者相辅相成的关系,给我们两方面的启示:其一,阅读教学其实是写作教学的一个组成部分,在教学过程中读写其实密不可分,每一篇选文的阅读教学,都是写作范文的教学,是写作方法的教学,是写作构思和词章表述的教学。其二,写作教学是"学做一体"的重要组成部分,在写作时就是学以致用、体会和检验阅读教学成果的一个具体举措,是阅读教学之后的一项专题习练。

常见的写作教学问题,集中地体现在"套路"上,很多教师受中考、高考阅卷模式的影响,认为学生只要掌握了写作套路,把握了主要的得分点,就是学会了作文,这无疑是一大误区。

众所周知,中考、高考中的作文阅卷是有天然的重大缺陷的,主要表现在:其一,有客观标准,但众人理解和把握不易一致,容易受阅卷人主观因素影响而有所起伏,因而在评卷时会设置一个分差区间,当同一份卷子在不同阅卷人手中评价分差超过一定数值时就会进入仲裁程序。这一举措设定的初衷无疑是积极的,但往往会导致阅卷人害怕出现过多的分差而求稳怕错(分差过大),于是出现"评分趋同",即所谓二类卷、三类卷扎堆的现象,各类卷子往往出现分差不大的问题。这也是很多人误认为语文成绩难以分"高低",而把更多的时间用在习练其他学科上的原因之一。其二,评卷时间是预先设定而有限的,在规定的时间内(按预测阅卷时间额定的)所有阅卷人必须完成全部试卷,这就导致阅卷人往往平均在一两分钟内必须判定一份作文试卷,短时间内这种高强度工作还是可以有质量保障的,但一连数天、一天连续七八小时的阅卷,人难免因生理上的倦怠而出现忽视试卷真实质量的问题,特别是考生受教育和阅历的影响,其作文思路及语言往往并没有大的区别,所以阅卷教师往往会养成"抓大放小"的阅卷思路,"抓大"就是抓总体构思(脉络线索、论证结构)、抓关键词句(含修辞手法)等。这些阅卷模式带来的消极影响就是形成了一个个写作套路,教师告诉学生在写作时如何"帮助"阅卷老师"抓大",如何"帮助"阅卷老师在关键的位置找到关键的词句,从而获取基本分。自然,这种"以不变应万变"的写作教学思想,是教不好学生写作的。

写作教学,当然是要主题先行的。主题缺位,"文"何以堪,也就无从表述。有了主题,才派生出"如何表述"("文以载道")的问题。

"文以载道"的写作教学,是建立在"文如何载道"的阅读教学基础上的。所以每一次的阅读教学都应有"文以载道"的写作教学位置,绝不是临到写作,或者是专设的写作课才实施"文以载道"的写作教学。

写作教学,必须置于一定的情境中实施,离开了情境,"道"就无从说起,因为所有的情感价值观都是在一定情境中触发的。例如写愁。

朱自清写愁,在《荷塘月色》中是淡淡的、不含悲苦色彩,因为他的愁是一种关乎朋友的担忧,是关乎时局动荡之下自己何去何从的隐隐担忧,但是这种"愁"无关他及家人的生存,无关自己生死抉择的前途,他在巨大动荡的时代潮流面前还无需做出政治选择,他依然可以在高等学府"象牙塔"里无忧无虑地做教授,他和他的家人依然可以在夜晚安然睡眠。"四一二"的血腥,对于他而言,只是一颗石子在河面上擦过的一丝涟漪。所以他可以在夜晚漫步于荷花池,那一道涟漪带给他一丝不满,带给他彷徨,但随着"月色下的荷塘""荷塘中的月色",他的"愁"又夹杂着淡淡的欣赏、淡淡的喜悦、淡淡的超脱。虽然他最终还是回到了现实的"愁",但是这种"愁"毕竟不会导致不能入睡。

朱自清写愁,在《背影》中是作为铺垫用的。家境困顿,父子矛盾,无疑都是"愁"的因素,但其核心主题是写父爱的。作者对"愁"的层层铺垫,再借助于对父亲言行举止的描写,把父子之间的真挚感情表现得淋漓尽致。

同样是写"愁",宋代词人李清照早期闲适生活时期写过"才下眉头,却上心头"①的闲愁,南渡后写过"春意看花难,西风留旧寒"②的悲愁,晚年困顿不堪时写过"这次第,怎一个愁字了得"③的家国恨愁。

有些教师喜欢让学生写校园一景,优点是近距离可感,题材不陌生,但缺点往往是为写景而写景,通篇找不到写作主题。如果不能把景语化为情语,文道就不算结合了;如果只有写景之路径,而没有恰当的情感主题寄寓其中,则"文以载道"就无法体现。因此,给情境,不只是给一个环境,是给一个可感、可想、可悟的情境,离开了情境(情境不是景物)要求学生作文,就是引导学生无病呻吟,套话空话连篇的作文就是这样从中成批制造出来的。

在写作教学中,对学生作文的讲评是非常重要的教学环节。对课文的教学,因为取材于经典范文,而且在编入教材时往往经过语言加工使其更符合语言规范,因此,其学习过程往往是正面的,一般不会出现对学生有负面影响的情况。而对学生作文的教学则不然。

要求学生作文,往往每一次的要求是统一的,甚至给出的情境往往也是统一的。这就使得在一个学业基础相当的群体中,其个体作文具有了可比性,作文讲评也往往更具有针对性。作文讲评的角度有不少,其中最重要的、决不能忽视的仍然应该是关于作文中文道结合的问题。诸如:

- 作文中的立意是否正确和恰当,这是评价作文水准的首要标准,也是讲评"文以载道"作文问题的大前提;
- 作文中对主题表述过程中"文"的"如何载道"的路径是否恰当,是否实现了"文道结合"的要求;

---

① 词句出自《一剪梅·红藕香残玉簟秋》。

② 词句出自《菩萨蛮·归鸿声断残云碧》。

③ 词句出自《声声慢·寻寻觅觅》。

- 作文中对主题表述过程中语言文字（语句、词汇）的选用是否恰当，是否在一定程度上使景语具有了"情语"意义；
- 作文中对主题表述过程中的表述方法，包括写作手法、修辞手法等是否恰当，这些手法方法是否有助于彰显主题；

……

例如撰写《要学会欣赏别人》。立意点可以在标题的三个词语中选择，是"要""学会"还是"欣赏"，写作后立意高度是不同的。立意在"欣赏"，则往往会滑向"见贤思齐"方面去，虽然立意不错，但宽度（胸襟）显然不够宽，高度（境界）显然不够高；立意在"要"，则往往会导致"自说自话"，"要"不是一个充分必要的指向，在立论时很难周全自己的论点内涵和外延，容易留下议论不够充分的空白，这就会削弱议论的力量。立意在"学会"，则不同，在宽度上，它指向所有方面，既可以鉴赏贤者，也可以欣赏普通人，甚至欣赏有很多缺点的人；既可以欣赏别人的优点，也可以"欣赏"（借鉴）别人的缺陷，品悟其中的经验教训；既说明了学习借鉴的必要性，也议论了"学会"的方法路径的必要性和艰难性，由此立意的宽度（胸襟）和高度（境界）显然高出一截。因此，在立意上既要讲求对不对的问题，更要讲求如何更恰当、更好的问题。

要把握好"要""学会"和"欣赏"之间的逻辑关系，也就是把握"文道结合"的关系问题了。从形式上看，是谋篇布局的问题，而从本质上说，仍然是"文以载道"的文思文脉问题。在写作教学的讲评环节，凡涉及语言、表现手法等形式上的东西，就其本质而言，都应围绕如何"载道"、是否恰当地"载道"去实施。

在高中阶段乃至高校的写作教学中，诸如错别字、病句、过度口语化等问题，可以作为非重点内容提及，但绝不能作为讲评的重点。因为诚如韩愈所概括的，语文学习有两个重点不同的阶段："句读之不知"的学习阶段和"惑之不解"的学习阶段[①]。前者应当作为义务教育阶段的主要内

---

① 语意出自韩愈《师说》。

容,而后者无疑是"义务教育阶段"之后的学习内容。当我们的作文教学首先着眼于"文以载道"(文脉思路)加以指导,这就是抓大,通过每一次的作文教学实践和作文讲评加以强化,进而帮助学生形成"惯性"(语感习性、内化写作的自觉要求),作为课堂教学的重点就实现目标了。而大部分小问题,包括在一些教师看来是语文教学大问题的"是否规范"的问题,这些不是一蹴而就的事项,都是可以就共性问题点评一下,其他留待后续通过不断地阅读和习练加以熟悉并内化掌握的。

写作教学有一个循序渐进的过程,每篇作文的篇章结构不尽相同,这造就了作文的丰富性,绝不是若干"套路"所能涵盖的;而遣词造句和修辞等则每每反复叠进、逐篇习练而熟悉内化固化。也基于此,在写作教学中,重视"文以载道"的习练是不可不重视的。

但是,写作教学到这里是远远不够的,上述是对学生习作做了批改和指导性点评,就整体而言还需对该题旨下如何作文作进一步指导。引导学生日后在"文以载道"的习练道路上能有更好的发挥。其教学的具体路径方法在第九章"写作教学论"中将有详述。

二、学以致用

很多情况下,学习是一回事,应用是一回事,从学习到应用的间隔并不短,而且其间没有直接的链接通道,职业院校的教学任务就是要缩短从学到用的时间差,学的过程应当是"用"的过程,用的过程也应当是"学"的过程,所谓"做中学""学中做""做学一体"。注重语言实践,强化语用能力培养是职业院校语文课改的核心理念之一。

除了语文的一般要求外,职业院校的语文培养目标还应该具有一定专业指向和岗位要求。例如口语教学中的"劝说":在护理专业,医患之间应重视"劝说"语言的客观性,即使是好意的劝慰也必须客观有分寸;在商务专业,商户对客户的宣传具有一定的渲染性,因而总是带有强烈的主观性,只要不涉及虚假,这种主观性是无可厚非的;如此等等。在教学中,教师就应该根据未来岗位所需的能力要求及语言特点开展教学,培养学生把握说话的客观性或主观性的特殊要求,养成良好的语用和职业习惯,这也是职业院校语文教学的独特性之一。

学以致用,关键是突出语用能力的习练和提升。

(一)学以致用,应注重语境的探究和把握

语言是思维的工具,它总是带有特定语意指向,又通过富有逻辑的语词语句表现出来。由于语言环境的不同,同样的语词语句可能会有不同的甚至截然相反的语意。例如:《红楼梦》中,黛玉临终说"你,你好……",联系上下语境自然可以说林黛玉这时的情感甚悲,甚至是悲愤绝望,也可以说是情感甚悲,是一种自悲自怜。语境告诉我们,黛玉的含悲是没有问题的,差异只是读者对其悲的指向和程度的理解不同。如果我们跳出《红楼梦》语境,我们就可在不同语境对该句作出不同的诠释:欢喜、羞怯、不满、责难……于是,朗读时的语音语调也将随之而有相应的变化。

《荷塘月色》至今已经至少是三四代人共同学习过的经典课文。对课文首句"这几天心里颇不宁静"的理解,应该也是差异较大的。有人说这是作者对时局心怀不满而心潮澎湃;有人说这是作者心里牵挂朋友而心怀不安;有人说这是作者作为有社会责任感的进步知识分子对时局发展的苦闷彷徨;有人说这是作者面对大浪淘沙时代的选择时彷徨失措;等等。还是作者自己还原了"颇不宁静"之因。

1928 年 2 月 7 日,朱自清在《哪里走》①中写道,他在上海接触过共产党人,同情工人阶级,但同情不是革命;他在北京被劝说过入党(国民党),他婉拒了。所以在当时大革命的洪流中他是有一些模糊的革命或反革命的认识的。但是,他清醒地知道"这时代是一个新时代","在旧时代正在崩坏,新局面尚未到来的时候,衰颓与骚动使得大家惶惶然。革命者是无意或有意造成这惶惶然的人,自然是例外。只有参加革命或反革命,才能

---

① 《哪里走》一文原载《一般》第四卷第 3 期,1928 年 3 月。

解决这惶惶然。不能或不愿参加这种实际行动时,便只有暂时逃避的一法。……在这三条路里,我将选择哪一条呢?……我既不能参加革命或反革命,总得找一个依据,才可姑作安心地过日子。我是想找一件事,钻了进去,消磨了这一生。我终于在国学里找着了一个题目……'国学是我的职业,文学是我的娱乐',这便是现在我走着的路。至于究竟能够走到何处,是全然不知道,全然没有把握的"。

由此可见,作者并非躲在象牙塔中的浑浑噩噩之人,他完全了解当时形形色色的革命,接触过共产党人,接触过国民党人,甚至还与当时参与上海大罢工的人交谈过。但是他自惭是一个惜命而弄弄笔头的人,所以他选择了第三条道路:逃避。据此语境,对作者"心里颇不宁静"的解读,用"心潮澎湃"自然不妥,没到这个程度;给他戴上"有社会责任感的进步知识分子"的帽子,似乎也很不合适;说作者"心里牵挂朋友而心怀不安"不足以揭示其道路选择之惑的主要原因。所以其心"颇不宁静",根本还在于他不得不作道路选择的"彷徨失措"。在作者自身,是理想之选、道路之选;在当时社会,一个大学教授的个体选择还不足以影响社会、影响其个人生计。所以,反映在作品里,作者的情感基调是"淡淡的",还能够借助于"月色下的荷塘""荷塘中的月色"典雅淡淡地抒情,还能够夜游荷塘后静静地推门进屋入睡。这里的"颇不",好似涟漪,在水面上一圈圈发散开去,但毕竟不是波澜,后续的情感则完全没有了"颇不",于是其内心的水面静态自然不足以被撼动。

如果我们对"颇不宁静"做过度解读,就是对语境的忽视或者是不理解。问题就出在"语用"上了。阅读教学中的"语用"实践,必须尽可能结合时代背景和作者生活轨迹还原当时的语境,然后综合自己所学做出恰当的语用选择。学,是有语境约束的;用,也是有语境要求的。任何脱离语境的学和用,都是不恰当的。

读写结合的写作教学也是这样。《荷塘月色》的教学价值是什么?不是读懂作者的思想感情,不是鉴赏作者对荷塘及月色的静美描写,阅读教学中对这两个"不是"的解读和探究,仅仅是由学到用的"桥梁",是学以致用的必要路径。其教学价值在于语言的积累与架构、情绪的品思与思维判断、语用的迁移与创造以及情景交融文化的理解和传承①。诸如：

- 当你心里颇不宁静时,你是如何排解情绪乃至描写抒情的?
- 当你观赏景物时,能否借助情景交融的写作手法恰当地表情达意?
- 当你描写事物时,能否在"淡淡的"语言表述中营造出独特的、浓浓的意境?（这里的"淡淡的"只是一种写作情状,教学中是完全可以、也应当予以合力拓展的。）
- 当你在构思文章框架时,能否将游踪线索与情感线索相结合?
- 当你在谋篇布局时,能否在时间和空间以及人物活动的关系上得体地首尾呼应。

教学的目标之一在语用实践,明白了课文的教学价值,就能够正确地设计教学目标,用好教材。那么,"这一篇"的教学价值也就实现了。

（二）学以致用,应关注在特定语境中语言的适用得体性

语文学习,通常离不开三个阶段的评判检验。其一是对不对,在该阶段重在学语用文的规范性。其二是好不好,在该阶段有了一定的价值判断和审美判断。其三是恰当不恰当,在该阶段不仅有判断,还应给出充分的依据和理由,甚至可以不支持作者的主题情感或语言表述方法②。

三项评判,都离不开对语境的正确理解。就绝大多数情况而言,能被编选入教材的课文,在对不对、好不好的判断层面,一般没有什么问题,在我国浩如烟海的文库中挑选的经典篇目都是有一定被认可的依据理由

---

① 作者注:情景交融是一种艺术创作手法。由于其起点和终点都饱含丰富的人文精神,所以也成为我国自古以来的文化现象之一。而情景能够交融,完全是由于作者首先得把自己的情感投射到一定的媒介物上,然后由该媒介物形成一种内涵丰富的情感哲思,当这种由该媒介物折射回来的情感哲思作用于作者自身时,情景就得以"交融"起来了。

② 作者注:教师在处理教材时,可以根据自己的理解,征得教研组织同意后对教材篇目进行取舍,把不当的篇目略去不纳入教学活动中。

的。关键是"恰当不恰当"的判断往往是颇具争议的,这是由语境的时代性和复杂性决定的。例如很多教材会编入我国古典名著《红楼梦》选段,常见的有《林黛玉进贾府》《宝玉挨打》《黛玉葬花》等。就艺术表现手法而言,对于语文教学都是有裨益的;但是要把握好"道"的分寸,就有恰当不恰当的问题,有些还会引发争议。

日常阅读《红楼梦》,读者自然可以各取所需,读出自己的趣味来。"经学家看见《易》,道学家看见淫,才子看见缠绵,革命家看见排满,流言家看见宫闱秘事。"①但是教学是需要引导的,要正确把握其思想性以传其道。相比较而言,《宝玉挨打》由父子两代的思想冲突,折射出反封建的思想意义;《黛玉葬花》由林黛玉个人的生死爱恨挣扎,折射的是封建时代女青年命运的不由自主和备受摧残,也具有一定的反封建意义。但是《林黛玉进贾府》由林黛玉初进贾府的见闻感受,展现了封建大家族贾府的富贵豪华,初步揭示了一些主要人物的性格特征。相比较而言,选文《林黛玉进贾府》,"道"的立意价值就弱了好多,不太适合职业院校语文教学。

有人说,《林黛玉进贾府》里有职业教育可借鉴的茶艺文化、礼仪文化和楹联文化。但是一提起"道"就语焉不详。因为其主题至少不具有现实意义,而且贾府的富贵豪华,不专属于封建文化,当今有些人动辄上亿的富贵豪华排场有过之而无不及,很难构成批判的指向性和有效性。特别是其中的礼仪文化还含有一些不该被传承的内容。

有人说,《林黛玉进贾府》描写了封建社会由盛转衰的发展趋势,这不客观。该文本仅仅是小说120回(哪怕是前80回)中的第三回,所谓"宠恩正隆"时,呈现家族发展的上升阶段,只见兴盛繁荣,不见衰端。

因此,本着"文道结合"的原则与"恰当不恰当"的考量,这样的篇目不适合出现在当下的语文课本中,至少不应该出现在职业院校语文教材中。

由此可见,教师在备课时,对于"教材处理"的角度是多样化的,从语

---

① 语出鲁迅《集外集拾遗补编·〈绛洞花主〉小引》。

境出发,有如何教的问题,也有适合不适合教的问题。不适合教的文本,容易引发学生提出不适合问的问题,让教师无法回应。当教师指出文本"道"有缺陷时,该文也就失去教学范例的价值意义了。

品读《荷塘月色》时,老师们也常常以"月色下的荷塘"段落,引导学生品鉴其中动词用得恰当不恰当的问题。语段如下:

> 月光如流水一般,静静地泻在这一片叶子和花上。薄薄的青雾浮起在荷塘里。叶子和花仿佛在牛乳中洗过一样;又像笼着轻纱的梦。虽然是满月,天上却有一层淡淡的云,所以不能朗照;但我以为这恰是到了好处——酣眠固不可少,小睡也别有风味的。月光是隔了树照过来的,高处丛生的灌木,落下参差的斑驳的黑影;弯弯的杨柳的稀疏的倩影,像是画在荷叶上。塘中的月色并不均匀;但光与影有着和谐的旋律,如梵婀玲上奏着的名曲。

以首句为例,假如将动词"泻"改为"照""洒"是否可以?从语义对不对、好不好来说,似乎也无可厚非。常人恐怕就不会想到去用"泻"字。但是我们如果进入语境进行品鉴,就会发现"泻"字更为恰当、非常传神。语境告诉我们,月光是满月发出的光芒,既是茫茫一片,又是雪白空灵。因为不能朗照,用"照"字就略显生硬,它可以写出月"形",但不能传输月"神";用"洒"字,是泼洒,是散落,月晖难以持久,难以呈现雪白空灵之貌,那么要维持长时间的月光朦胧、笼罩荷塘的情景,自然用"泻"这一可持续流动的情景造境更为恰当,且与"月光如流水一般"的比喻相呼应了。从语境上说,作者要借助景语化解"颇不宁静"的心情,外显的是渐入淡淡的情绪,这与"泻"字彰显的语境语义是一致的,当心情"颇不宁静"时是不可能细致观赏到"泻"的意蕴的,这就助推了作者在文中的情感线索。

(三) 学以致用,应重视在语境中的语用实践

传统语用实践偏重命题作文(听说),即便是给材料的作文(听说)也

往往偏重对事或理的阐述，这在普教系统没有什么大问题，旨在打基础。但在职业院校，仅仅如此是很不够的。所有的学生都是有专业的，所有的学生未来都是有岗位职业能力要求的，因此职业教育的基础要求是：基于岗位工作任务实施项目化教学。据此，学生的语用实践应当是基于一定项目化语境、具有鲜明指向、解决实际问题的。因此，职业院校的语用实践，应当是给予一定语境的材料作文（听说），仿写、缩写、扩写、改写或者是复述、概述、综述和评述等也没有例外。

给予语境，首先应当贴近学生生活，符合学生思维实际，有助于学生基于自身知识架构和能力架构解题，让学生有话可说、有话可写。如下是一份材料作文所给素材及作文要求提示：

申华职业学校是一所全日制公办中等职业学校，获得过"全国先进职业学校"等荣誉称号。学校办学理念先进，办学质量上乘，是体育特色学校，还是人工智能人才培养基地。学校规模不大，但优秀毕业生却数以万计，其中不少是行业领军人才。

学校开设多个专业，其中有 3 个市级示范性专业，近年又开设了 4 个符合经济转型的新专业。学校与行业中的龙头企业开展校企合作。学校有先进的教学设施设备，有 3 个市级专业实训中心；图书馆是市中等职业学校 A 级图书馆。食堂还是网红打卡地。校长是市级名校长，教师中有多名教授级教师。2021 年计划招生 1 000 名，同时招聘教师 10 名，男女不限。

请从上述材料中选取相关信息，结合自己学校实际情况，拟写一份说明书，用作申华职业学校 80 周年校庆宣传资料。如有所缺信息，请自行补全。

要求：（1）信息周全，重点突出，条理分明。

（2）涉及人名时请以××代替（注：这是高考匿名的需要）。

（3）700 字左右。

该案例解题思路如下：

首先，要正确判断出所写的文种。根据材料提示，是"说明书"。据此必须明白说明书撰写的基本要求是：简洁、明确、完整；强调用语的客观性，不能使用商业性宣传语言和意义不确切的语言。

其次，围绕说明书的撰写要求，提炼主题。根据材料提示，是"校庆宣传"。

最后，围绕说明书的撰写要求，聚焦主题遴选材料。所给的材料有学校的办学规模、办学质量、开设专业及特色、实施设备以及校长和教师的荣誉和职称等级情况，还有 2021 年招生计划数和师资招聘计划数。上述材料做学校简介是可以的，但作为校庆宣传显然是不够的，那么根据撰文提示，需要"自行补全"所缺信息。

于是问题就发生了：第一，所有的学生，作为个体，他（她）能关注和掌握的信息是零散的，他（她）可以从自己的角度撰写一份材料作为整个校庆宣传资料的组成部分，但不可能撰写出校庆宣传的综合性资料；那么这份个体的宣传材料对校庆宣传能否产生积极的必要的意义？第二，既是校庆主题的宣传文书，又指明是说明书文种，宣传文书语言带有强烈的主观渲染性，说明书语言带有强烈的客观写实性，这两者如何统一？当学生审题遇到严重困惑，脑补也补不出来相关信息时，要求学生进入语用实践是毫无意义的。

作文命题，必须做到语境明确恰当，语用实践的目标应当定位在根据所给语境，明确撰文任务，能够解决相关的问题。要对上述命题写作的材料进行修改，至少有两处：其一，将要求学生"结合自己学校实际情况"改为"结合自己所学专业的实际情况"，将需要解决的问题具体化、经验化，由此实现"贴近学生生活、符合学生思维实际、有助于学生基于自身知识架构和能力架构"解题。其二，对要求撰写"宣传资料"与撰写"说明书"中做出唯一性的遴选，这里必须剔除掉的是学生根本不可能驾驭相关信息的"宣传"性文书，而学生对自己的专业介绍说明，可作为校庆书面材料的组成部分之一（一个角度，一个侧面），至于"校庆宣传"这样庞大的任务应当布置给校办等相关部门,而不是布置给学生,由此实现基于工作情境撰文的可行性。

给予语境,应当要求学生不是从现有知识中提取、现有能力中展示,而是能基于现有知识和能力结构进一步重组:判断主题与语用实践要求,思考"道"的逻辑架构与组织,拓展和遴选材料构成与使用方式,提炼"文"的表达方式和词章形式。

语用实践,常常会遇到一个常见的问题,就是别人写过的、说过的话可不可以写和说;别人用过的语句语段可不可以用。对此朱光潜先生在《选择与安排》中说道:"就生糙的材料说,世间可想到可说出的话,从前人在大体上都已经想过说过;然而后来人却不能因此就不去想不去说,因为每个人有他的特殊的生活情境与经验,所想所说的虽大体上仍是那样的话,而想与说的方式却各不相同。变迁了形式,就变迁了内容。"这里的"话",就包括表述时所使用的语言,用得不够好,可视为"老生常谈";用得恰当,就可以视为一种新的好作品。语文学习是从语言积累开始的,既有学习借鉴、模仿说写的过程,也应有推陈出新的创新蜕变。

三、文化传承

语言文字的诞生是一个社会现象,语言文字经过演变发展和淬炼,就上升为文化现象;思想意识的最初形成是一个社会现象,思想意识经过传承与发展,就上升为文化现象。我国五千年的民族文化就是如此代代相传的。

语文教学,"思政"是与生俱来的,无论是先秦的"大语文",还是当下专属的语文学科,都注重"道"的传承,也就是民族精神、民族文化的传承。

(一) 每一篇课文、每一次习作,都离不开文化的自觉传承

阅读教学有主题的理解与把握,写作教学有主题的提炼和立意。这些主题,往往是与我们深厚的文化渊源相联系的。因此,梳理文脉,其主

题的显现应恰当地联系文化源头加以深化，这有助于学生理解和掌握。以鲁迅散文《拿来主义》为例，文化传承方面有两个点可以考虑。

其一，辩证法。辩证法这个词据说是从西方引进的，但我国辩证法思想的出现一点也不晚于西方。约公元前 6 世纪，老子（李耳）就提出了朴素的辩证法（与古希腊辩证法的诞生同期），其著作《道德经》中辩证法思想比比皆是，"有无相生""祸福相倚""上善若水""虚怀若谷""知止不殆""大辩若讷""千里之行始于足下"等均脍炙人口，为后世广为引用。在教学中，要引导学生学会辩证地思考问题，要自觉传承这一良好的文化传统：有联系地、多角度地思考问题解决问题。

其二，对待文化遗产的正确态度。作者以"大宅子"为例，有三种态度：烧毁（全盘否定），拿来（全盘肯定），挑选（有选择地扬弃）。课文标题为"拿来主义"，显然是应该拿的，问题是怎么拿？是态度问题，也是方式问题。从文化传承看，历朝历代都会面临这样的问题。很多人认为：祖宗之法不可变，就是孔子也时时牵挂着"克己复礼"。但是历史是回不去的，新陈代谢终究是宇宙间不可抗拒的规律，所以我们当下一再强调与时俱进，强调继承和发展。在教学中，这些传承点都应有机地嵌入到相关知识点和能力点之中实现。

（二）每一篇课文、每一次习作，都离不开文化的灵魂拷问

文化传承，是"道"的范畴，具体到个体事物事件上，"道"的内涵理解和把握有时不是那么清晰的，这往往涉及读者个体的道德底线和认知水平。例如法国批判现实主义小说《项链》（莫泊桑）。作品的叙事线索非常清晰：借链—失链—还链，但是内涵却极为丰富。有不少人将主题归结为批判当时法国上流社会虚伪奢侈，以致玛蒂尔德爱慕虚荣导致了自己的悲剧性命运。也有不少人为玛蒂尔德感到有些不值，明明借的是几百法郎的假项链，结果以十年辛苦为代价还了价值数万法郎的真项链，蒙在鼓里也就算了，偏偏还让她得知了真相……于是许多老师就喜欢让学生继续将故事写下去（美其名曰：续写小说）。上述现象的出现，是因为没

有读懂小说。小说主题批判的是那个社会对底层"小人物"命运的摧残！小说接近结尾时有一段神来之笔般的议论（小说中议论语句语段往往是揭示主题的）：

> 要是那时候没有丢掉那挂项链，她现在是怎样一个境况呢？谁知道呢？谁知道呢？人生是多么奇怪，多么变幻无常啊，极细小的一件事可以败坏你，也可以成全你！

《项链》阐述了玛蒂尔德借链、失链、还链的心路和人生之路，尤其是小说第一部分突出了"她总觉得自己生来是为享受各种讲究豪华生活的"物质欲望，以致许多施教者都不约而同地引导学生认识"玛蒂尔德爱慕虚荣导致人生命运的转折""金钱是罪恶的""人不能有贪欲"等诸如此类的观点。这些观点不仅是应当推敲商榷的，更重要的是这些观点都不是小说所要表达的主题，也就是说如果我们的教学到此为止是完全不恰当的，是有悖作者的创作意图的。如果我们把该小说放到欧洲"批判现实主义"的文化思潮中去认识，从"欧洲批判现实主义"的文化背景中去考察，我们就会发现作者的批判点不在玛蒂尔德这个"小人物"身上，在那样的社会中，"小人物"的命运是不由自主、岌岌可危的。施教者要正确分析：是玛蒂尔德爱慕虚荣毁了自己，还是那个讲究阶级地位、讲究金钱、虚伪的上流社会毁了玛蒂尔德呢？如果原因兼而有之，那么究竟哪一个是根本的呢？作者通过"小人物"的身世遭遇去批判揭露当时所谓上流社会的腐朽黑暗。而课文中关键句"人生是多么奇怪，多么变幻无常啊，极细小的一件事可以败坏你，也可以成全你！"恰恰是揭示了该主题。为玛蒂尔德感到不值的，其"道"的立场和态度就明显出现了价值观的偏差，这是需要及时更正和扭转的。至于要求续写结尾，如果基于正确的价值观，就行同"狗尾续貂"，毫无必要；如果有其他想说的，似乎都会出现价值观偏差的问题。"为小人物立言"不仅是欧洲批判现实主义流派的主旨，也一直是人类文学的主题之一，即使在我国为帝王将相立言的封建时代，"为小人物立言"的作品也比比皆是。"为什么人的问题,是一个根本的问题,原则的问题"①,自觉"为小人物立言"就是一种文化传统。

"大道之行也,天下为公"②,社会价值判断是有一个准则的,肯定与否定也应基于一定的文化背景和立场。在儒家看来,"己欲立而立人,己欲达而达人"③是进取,"己所不欲,勿施于人"④是做人的道德底线。因此,我们的阅读教学,也应该是引导学生学会做人和学会做事,这是语文教学,这当然也是文化传承的"道"的教学。

(三) 每一篇课文、每一次习作,都离不开文化的现实迁移

文化传承,最重要的是结合时代要求和特点的一脉相承,既要具有深厚的民族文化渊源,又要具有鲜明的现实意义,指导和引领当下文化的发展,因此在语文教学和语用实践中还须在传承的同时努力发掘出其在当代的现实意义。例如我们当下提出的24字社会主义核心价值观,这些语词不仅是对我国传统文化的直接传承,更是在组合形式上,具有鲜明的传统文脉价值。这些语词可以远溯到春秋战国时代,有些语词甚至还可以远溯到公元前11世纪的西周时代。诸子百家有许多这方面的专门著述。但是数千年过去了,当下这些语词不仅在传承,还有了崭新的时代内涵,体现了全新的时代精神。以"富强"为例,过去的内涵意义通常是富国强兵,是为封建统治者服务或者是为争强争霸、抢掠人口土地服务的;当今则是旨在实现中华民族的伟大复兴,不断满足人民日益增长的美好生活需要。可见,文化传承的是千古以来的优秀思想和文化精髓,抛弃的是原本时代的历史局限性内容和外显的不合理的物质外壳。

社会主义核心价值观由三个层面组成。国家层面提出的是:富强、民主、文明、和谐;社会层面提出的是:自由、平等、公正、法治;个人层面

---

① 毛泽东:《在延安文艺座谈会上的讲话》(1942年5月)。
② 语出《礼记·礼运第九》。
③ 语出《论语·雍也第六》。
④ 语出《论语·颜渊第十二》。

提出的是：爱国、敬业、诚信、友善。按照我国传统文化"修身齐家治国平天下"的思想，所谓"一屋不扫，何以扫天下"，凡事是从个人层面发端的。从我们每个个体来说也应该是这样，首先须从个人层面做起，然后推广至社会和国家。可以想象，一个人如果连个体层面的价值观要求也达不到，又怎么能达到更高层面的社会和国家层面的价值观要求呢？这也是我国传统文化"推及"思想的具体表现。所以在课堂教学中，这些内容是不可能不包含在"文道结合"的"道"之中的。语文教学的"道"，一定有启发学生文化传承自觉的使命。

四、专业元素

必须强调，不同类型、不同层次的语文教学具有完全相同的根本属性和一些共同的文本编撰要求和教学要求，但也必须清醒地认识到：不同类型、不同层次的语文教学还具有一些不同的属性以及不同的文本编撰要求和教学要求。职业院校的语文教学必须时时关注"专业元素"的融入。

（一）语文教学应当自觉融合学习对象的专业元素

融合，也可称之为"融通"，它与"结合"完全不是一回事。结合的各方，首先是各自独立的存在，然后是去靠拢和结合起来，能做到"有机结合"差不多可以称之做到很高境界了。而"融合"，则是将各方元素有选择地跨界组合成一个事物，这里的"元素"组合指的是对原先独立存在的事物中所具有的某元素或某些元素的重组，因此在职业院校语文教学中，完全不应该把职场事物以及专业教学内容原封不动搬进语文课堂，也不应该对语文"事物"和职场"事物"、专业课教学内容强行（生搬硬套）嫁接。其融合的要求主要有如下表现：

1. 教学内容的融合

语文教学内容，应当与学生未来职业岗位所需的跨界语文知识和能力要求内容融通。职业院校的学生都是有专业的：一方面，这些专业或者对应具体的岗位,或者对应大类行业的专业群,因而需要了解和把握这些专业元素,力求与课程教学内容融通,提升学生的职业素养和职业能力。另一方面,职业院校学生的学习与未来就业岗位并不能做到真正的无缝对接,或者是企业文化的差异问题,或者是转岗、晋升等再就业问题,或者是学校教学的偏差问题,或者行业迭代发展问题,等等,所以语文教学应立足某一专业群培养目标,关注与该专业相关的通用知识和能力,同课异构,在"融合专业元素"的教学中提升学生的通用能力和适应未来职场工作所需的语文能力。正是从这个意义上说,我们倡导语文教师每年下企业调研几天是有必要的,通过了解该职业岗位所需的语文知识和能力要求,提升自己的双师型素养,进而将有关认识和素材转化为课堂教学成果。

2. 教学情境的融合①

职业院校的教学绝不应仅仅在通常意义的教室内,还应该拓展到校园文化活动、社会实践活动、企业现场教学等场所,打破教学情境的封闭性。目前职业院校语文教学基本被定位在"公共基础文化课"范畴,很少人去考虑语文课对于未来专业的相关性,很多人甚至把语文课与专业课对立看待,错误地视为语文课要为专业课服务。如果是作为人才培养方案中课程分类的一种表述,公共基础课、专业课等相提并论倒也无可厚非,问题是当前大部分教育管理者从教学到师资管理都是区别对待的②,这就导致语文教学多局限于教室课堂,语文教师也不关心学生未来岗位的需求和要求。所谓的"情境教学"多纸上谈兵而脱离实际。教师在课堂教学中,很难按照专业培养目标的要求对学生实施必要的、融合专业元素的语文教学引导,语文教师也就比较困惑于布置综合性课业,将教学延伸到校园和社会,指导学生基于专业培养的固化知识和"习得"能力。如果

---

① 这些融通的具体阐述与应用,详见郑洁、乔刚等著《职业院校基础文化课"四融通"教学模式研究》,中西书局(2015)。该成果荣获首届上海市职业教育教学成果一等奖。

② 当前,语文教学,没有学习"专业培养目标"乃至专业教学标准的前置要求;语文教师没有下企业实践或调研的要求。语文教师往往被置身于专业建设之外。

语文教师能将课堂教学情境与校园文化和企业文化相融合,将智能教育情境与岗位工作情境相融合,这就有助于拓展学习渠道,大大提升学习量和绩效,语文教师就会有更多用武之地,学生也会有更多成材空间。而语文教师也能与学生一起投入校园专题活动、社会或企业实践,从中提升"双师"素养,提升对语文课标的执行力,走出一条具有职业院校特色的语文教师专业化发展道路。

(二)语文教学应当走出一条具有职业院校特色的语文教师专业化发展道路

我们在 2011 年创设了文化基础课"四融通"教学模式,依次是:教学内容的融通、教学情境的融通、教学主体的融通和教学评价的融通。职业院校语文教学不能变相地上成专业课或其他学科的课,其融合专业元素,可以通过"一理念、二关键、三环节、四融合"的路径方法去实现。

1. 一理念

当下职业院校语文课改的基本理念是:为了每一个学生的个性化和终身发展的需要,在语文教学中立足"语文学科"教学的基本认知规律,围绕学生的专业培养目标对课程教学目标正确定位,有针对性地遴选教学材料,积极融合课堂内外教学情境,合作学习,合作课业,合作评价,由此激发学习者学习兴趣,提升教学效率,由学科知识迁移为基本文化素养和通用能力,由基本文化素养和通用能力潜移默化为职业素养和职业能力。

2. 二关键

语文教学能否正确融合"专业元素",其难点和重点有两个方面,构成了能否实施有效教学的两个关键环节。

第一是正确处理好语文学科与学生所学专业的关系。作为学科,语文课程有自己的本质属性,这在实施教学中不容偏移,否则就没语文课存在的必要;另外,职业院校的语文教学应当具有职业教育鲜明的特点,不同的专业培养目标必然要求不同的施教,因此有针对性地融合"专业元素",把提炼通用知识和通用能力、进而有意识向职业素养和职业能力迁移作为教学要求,不仅是非常必要的,也是语文教学能够成功的关键点之一。

第二是正确处理好教师在教学中的作用问题。在教学中,教师的角色应当是多样的,施教者、组织者、指导者、伴随者等角色固然必要,但学习者的角色同样必不可少。作为学习者,教师应当了解企业、大类专业乃至行业,应当钻研不同专业学生的专业需求和人才培养规格,应当在广阔的"课堂"中与学生合作做项目,与学生一起评价课业成果。强调教师要成为课业中的学习者,就是要求教师必须深入企业、社会,融入学生之中,在每一轮的教学中都有新的体验、新的积累、新的提高,在提升"双师型"素养的同时,在与学生合作学习的过程中密切教学关系,丰富语文教学的功能,提高语文教学的针对性和有效性。

3. 三环节

融合"专业元素"的实施环节是:

第一,实施教学之前,必须根据所教学生的专业进行课程定位,应当认真研究学生未来职业所规定的"人才规格",确认其知识教学目标和能力培养目标,由此确定课程的教学设计思想,做到一班一教案。

第二,实施教学之中,教师应当将所授学科的通用知识能力内容和专业所需的知识能力内容进行整合,将课堂、校园、社会等有关情景融于一体的教学情境,指导学生在更广阔的"课堂"中主动学习和学会学习,通过师生合作教学、合作做项目的方式提升学科应用能力,进而实现知识迁移和能力提升,同时在合作课业的教学活动中形成共同探究和实践项目的双边活动,由此师生都成为教学中的"学习主体",实现教学相长。

第三,阶段性教学之后,适时地开展有意义的教学评价。教师应关注学生在学习中表现出来的创新精神和个性化发展,运用师生、生生、课业成果的社会评价等多元评价方法,鼓励学生积极参与主动学习的活动,由此提高整个教学过程的效率和意义。

上述三个环节环环相衔,其中在第二个环节上,常须酌情调整进阶的节奏,以提高教学的针对性和有效性。

4. 四融合

"四融合"教学模式有关键环节,有实施步骤,但在实施中,四个要素应当是不可分割、浑然一体的整体。据此可以判断该教学是"融合"还是所谓的"结合"。

首先,专业培养目标的要素不容忽视。要分析所教专业的培养目标,对专业所需的岗位能力进行基础学科方面的分解,确立设计思想,制定课堂目标。

其次,未来职场岗位所需的语文知识和能力要素不容忽视。以语文学科知识能力为主轴,将专业岗位中与学科相关的知识能力进行教学内容的整合,犹如一首诗所比喻的那样:"把一块泥,捻一个你,塑一个我。将咱两个,一齐打破,用水调和。再捻一个你,再塑一个我。我泥中有你,你泥中有我。"①不能变相地上成专业课。

再次,教学中创设跨越空间的情境要素不容忽视。在语文教学过程中,基于教学文本,或者基于工作任务,应积极创设课内外贯通的教学情境,既固化学生已学成果,又激发学生创造性学习的积极性,指导学生学会学习。哪怕是在传统的教室内,也是可以借助多媒体、硬装环境或者辅之以一些独具匠心的摆设,去创设教学环境的②。

最后,教学中师生合作的融合元素不容忽视。对于教师而言,要积极地、想方设法地让教法贴近学生;对于学生而言,要积极地、通过教师的引导指导,充分发挥学习的主动性。在教学活动中,如果教师和学生这两端"主体"不能有效互动起来,所有的"融合"都是不存在的;只有当师生充分

---

① 出自明代书管道升《我侬词》:"尔侬我侬,忒煞情多。情多处,热似火。捻一个尔,塑一个我。将咱两个一起打破,用水调和。再捏一个尔,再塑一个我。我泥中有尔,尔泥中有我。我与尔,生同一个衾,死同一个椁。"这首诗诙谐形象,表达了她对丈夫的深情。

② 某语文教师在对美术专业学生施教时,通过预习环节收集整理出学生绘制的、与课文相关的一幅幅组画,用"易拉宝"展架营造教学环境,丰富教学空间,延展教学中学生的想象力和理解力。

地"双边活动"起来,合作学习,取长补短,合作探究,分享成功喜悦,在做教学评价时,才可以说这是一堂符合"融合"要求的课。

【本章典型案例解析】　　**文道结合**

在施教《故都的秋》时,"文道结合"可以这样设计:

1. 文如何载道(阅读教学)

作者描绘了五幅画面,其中的"悲凉"有没有呢? 自然是有的,但它不是由画面直接显现出来的,而是通过全文阅读、品读后感知出来的。所以,这篇课文的教学路径可以是这样的:

(1)介绍写作背景(可以在课前预习中实施)。

(2)探究作者主题思想(思想感情)。

(3)由 5 幅画面解读北国之秋的特点,探究所谓"清""静""悲凉"究竟表现在哪里,进一步体会作者的思想感情。

(4)由文人悲秋进一步深化作者悲"故都之秋"的主题思想。

(5)比较作者对南国之秋和北国之秋的描写和抒情,进一步深化作者悲"故都之秋"的主题思想。

(6)品鉴课文标题,为什么是"故都之秋",而不是"北平之秋""北国之秋"?

由是,不难理解出,画面中的"悲凉"是饱含在对祖国的挚爱情感中的:家园是破旧的,景象是传统而落寞的,但其中毕竟充满了活力,充满了温情。正是给自己带来亲切、温暖、清新、宁静之"家"感觉的祖国,面临着民族危亡、国家危亡之际,怎不令人"悲"从中来? 也因此,作者宁愿折寿也要热爱的"北国"(区域名称),正是"故都"(祖国代名词)啊! 在汉语中,"都"与所在地(课文指的是历史上多次作为首都的"北平"——今日的北京)是同位语,地名可以借代首都,首都可以借代地名。因此用标题"故都"(曾经的首都,昔日的首都)点题,具有画龙点睛的匠心意义。

上述示例给出的教学路径,前两步骤是明确主题的教学(含预习),后续四个步骤是探究"文如何载道"的路径方法的。"如何载道"的问题明晰了,学生具备一定的迁移能力了,该篇章的阅读教学确实可以告一段落了。后续是教学小结和巩固性作业乃至拓展性作业的问题了。

2. 文以载道(写作教学)

在探究"文如何载道"的阅读教学的基础上,需要做教学小结,其要旨之一,就是结合"写作教学"的要求,归纳作者"文以载道"的写作思路,并提出给予我们写作的启示意义。

(1) 由"文以载道"的写作思路看:

先以南国之秋的不足做铺垫,而后饱含爱国深情地描写北国之秋的清净悲凉,进而用"文人悲秋"点出家国情怀,最后通过对比和抒情揭示文章主题。从中可清晰地看到,作者这个南方人怎么会不爱家乡南方呢?作者对北方的表述完全是家国情怀所致,为突出忧国情怀所致。因此,作者落款是写于北平(地名),通篇用词是北国(北方),但点题用的则是"故都"。三个名词,在一般文章里可能区别不大,但在这里,不同的用法中,文章题旨跃然纸上。

(2) 由如何学习借鉴"文以载道"的路径方法带给我们写作的启示看:

第一,可以借鉴曲笔抒情的构建文思的方法。为了突出主旨,可以用通常美好的事物做铺垫,可以通过多角度描写(形散)的路径聚焦主题(神聚)等。

第二,可以学习通过词章的选用(亲切温馨的词语暗示悲凉;北平、北国、故都的隐含意义;等等),更好地去展现主题思想。较之平铺直叙,"文贵曲"无疑更有艺术表现力。

第三,努力找准烘托或对比的"点"。无论是烘托还是对比,所选择的"基点"将决定写文的高度和深度。用自己热爱的南国做铺垫、做对比点,才越加彰显对"故都"(北国)的挚爱。"黄酒"与"白干","稀饭"与"馍馍","鲈鱼"与"大蟹","黄犬"与"骆驼",每一组意象都不具有贬义,每一个对比物也没有高低贵贱之分,在这里只有角度之别、文化之别、品位(秋色)

之别。

第四，懂得抒情需渐进式。有些文章可以选择"卒章显志"，但大多数文章是将自己的情感逐步推进、层层深入地表述的。比较忌讳的是把主题写得苍白无力。

第二章 ▶ 语文核心素养论

关于素养，至今尚没有一个准确的定义，但这并不影响我们可以意会它"是什么"。一般地说，素养是人们的内化之物，它是通过后天培育形成的，因此它具有综合性和成长性。当它具体到一个个具体领域，对它的理解立刻会变得鲜明可感起来，诸如思想素养、语文素养、科学素养、人文素养等。核心素养则是指具有基础性、普适性、关键性的素养内核部分。语文核心素养是每一个施教者都必须予以充分关注的，也是教学评价着力聚焦的关键点。

语文学习的基础是对词义的准确理解，本章所述关键词之一"素养"的词义就令研究者有些困惑和有些不太放心。按照《辞海》说，"素养"是"修习涵养"，由于其中动词"修习"的出现，"素养""涵养"这两者词义显然就不在一个逻辑层面上，除非"涵养"作为该语词（词组、结构）的中心词，那么这两者才庶几相同。《辞海》解释"涵养"是"修养"，从"素养"到"涵养"、再到"修养"，只有语词的转化，没有词义内涵的定义，这就显得有些文字游戏意味；如果再考察一下这些词语的其他义项，这些词义之间的差别是很大的，因为到了"修养"义项，已经指向"知识、技能、品德等方面所达到的水平"。"素养"是一个可评价的客观存在，"修养"则是主观评价的结果呈现。对这些词义的解释，虽然语焉不详，但具体到语文学科的素养乃至语文核心素养，其大致意思还是可以予以概括的。

一、语文核心素养的提出是一项创举

在职业教育领域,我们的教育方针长期以来是与普教领域一致的,那就是"我们的教育方针,应该使受教育者在德育、智育、体育几方面都得到发展,成为有社会主义觉悟的有文化的劳动者"①。但是在 21 世纪初的几年里,职业院校的教育方针出现了明显的偏差,忽视了培养"劳动者"这一根本要求,一概强调培养"人才",由此过度强调就业导向的"无缝对接",过度强调专业技能的反复训练,从而导致职业院校普遍削弱文化课,其中许多中职学校语文课时普遍低于 120 学时,极端的竟有仅剩 20～40 学时的案例,而一些高职院校甚至出现不开设语文课的案例;很多院校甚至取消了"教研组"这般最起码、最必要的学习型组织,语文教师被拆散为孤立的个体归到专业课教研组中去管理。这一状况直到 2012 年国家明确提出要把"立德树人"作为教育的根本任务,培养德智体美全面发展的社会主义建设者和接班人,以及 2014 年全国职业教育大会的召开和相关政策文件的出台才得以初步扭转。教育部出台文件,明确规定中职学校文化课占比不得少于三分之一,高职院校文化课占比不少于四分之一。

职业教育发展有过曲折的过程,但职业教育工作者对学科教育教学、专业教育教学的探究实践从来没有停止过。以上海市语文课改为例,经历了 1996 年、2005 年、2015 年三次有组织的《语文课程标准》制订和修订。2014 年 3 月,教育部正式印发了《教育部关于全面深化课程改革落实立德树人根本任务的意见》,首次提出"核心素养"这个概念。"核心素养"是指学生应具备的,适应其生涯发展和社会发展需要的必备品格和关键能力。在这个背景下,2015 版《上海市中等职业学校语文课程标准》(修订稿)提出了语文核心素养结构图(见图 2-1):

---

① 语出毛泽东《关于正确处理人民内部矛盾的问题》,《人民日报》,1957 年 2 月 27 日。

内圈：语文学科"文道结合"的本质属性。

外圈：语文核心素养的6个方面。

图 2-1　语文核心素养结构图

2017 年教育部颁发了《普通高中语文课程标准》，它在明确了什么是"学科核心素养"的基础上，对语文学科核心素养进行了具体的说明："学科核心素养是学科育人价值的集中体现，是学生通过学科学习而逐步形成的正确价值观念、必备品格和关键能力。语文学科核心素养是学生在积极的语言实践活动中积累与建构起来，并在真实的语言运用情境中表现出来的语言能力及其品质；是学生在语文学习中获得的语言知识与语言能力，思维方法与思维品质，情感、态度与价值观的综合体现。"该《语文课标》将语文学科核心素养概括为四个维度八个方面，即"语言建构与运用""思维发展与提升""审美鉴赏与创造""文化传承与理解"。

如果说上海市对语文核心素养的描述是一个"破冰之举"，那么教育部对四维度、八方面"语文核心素养"的明确提出，是具有划时代意义的创举，它的价值不仅体现在其权威性上，更体现在其科学性中。

第一，它明确指引了语文教学的方向。无论是哪一种类型的教育体系，语文学科具有自身的规范和体系要求，语文教学必须成为这一学科赖以存在的独特的"这一个"，即：作为语言学习，应引导学生丰富语言积累，培养良好语感，掌握语文的学法和用法，养成语文学习习惯；作为思维工具，应促进学生思维能力的发展与思维品质的提升；作为审美的方法路径，帮助学生接受美的熏陶，培养审美意识和审美情趣，形成审美感知和创造表现的能力；作为人类的社会传承，引导学生继承优秀的传统文化和现当代进步文化，批判地吸收世界各民族文化精华，并自觉参与先进文化的建设与传播。

第二，较之上海市 2015 版《语文课标》，它更为清晰地厘清了语文核心素养所述方方面面的层次与内涵和外延之间的关系。"上海版"6 个方面实际上包括了语文学习目标的内在构成要素和外在表现形态两个维度，前者表现为"传统文化""人格精神""审美情趣"这些语文必备品质的维度，后者具体表现为"听说读写"语文关键能力的维度。这样的结构和概括提炼相较过去已经是一大进步，也堪称一项创举，而 2017 年的"教育部版"则概括得更为清晰和一目了然：它专注于语文学习目标的内在构成要素，因为在"听说读写"这些语文关键能力里面，每一项都包含着语言、思维、审美和文化等四个维度的核心素养内在要素；这些内在要素最终也都会在学生"习得"听说读写能力的过程中表现出来。于是在这四个维度下，分别各自构成了两个方面、总共八个方面的视角：语言维度是"建构""运用"；思维维度是"发展""提升"；审美维度是"鉴赏""创造"；文化方面是"传承""理解"。

由此可见，教育部 2017 年版"课标"对学科核心素养的提出，是当代教育界的一项创举，它是在强调学校应该以立德树人为根本任务的背景下，由国家教育主管部门清晰地明确了学生应具备的，适应其生涯发展和社会发展需要的必备品格和关键能力。具体到"语文学科核心素养"的施教，就是以"语言建构与运用""思维发展与提升""审美鉴赏与创造""文化传承与理解"这四个维度八个方面为内在构成要素，以"听说读写"这些语文关键能力为外在表现形态，通过广泛的、充分的语文教学活动，构建起学生亲身的学习经验和较完备的语文知识能力结构，引导学生学语用文。

二、语文核心素养具有整体性

语文核心素养由四个维度构架、八个方面展现并着手去落实,同时也必须明确,这是具体表述和实施评价的需要,在施教过程中,语文核心素养是一个整体,这绝不是可以分别落实的事项,从教学设计到施教过程应当整体把握、整体落实。

语言是思维的工具,在"建构与运用"语言时,离不开思维运行,离不开语言的"建筑美""绘画美""音乐美"表现,离不开"文道结合"的文化表述。

职业院校的教学起点是工作岗位的要求:知识能力的要求是什么?工作流程和规范是什么?工作质量的检验标准和结项要求是什么?因此,转化至教学领域,要想一想这些事项,想一想这些事项怎样去做(工作方案),这就需要较为缜密的思维,随着工作项目(教学事项)的渐进,也愈发需要"思维发展与提升"做坚实的保障。在实施工作项目(教学事项)的过程中,必然涉及外显的表述,这些表述不仅有"建构与运用"的要求,还有表述得好不好、恰当不恰当的要求,这就涉及"文道结合"的文化表述和"审美"表现的要求了。因此,牵一发动全身,彼此都不可能孤立地存在,都必须一起构想规划,一起实施落实。

具体到语文课程教学也是这样。

在教学设计中应想好什么是恰当的教学目标,什么是恰当的教学内容,什么是恰当的教学路径方法,什么是恰当的教学互动,教学中的设问应当怎么设置,设置在哪些点上,预习从哪些方面着手,作业覆盖哪些知识能力点,要求是什么。

在施教过程中,如何用恰当的教学语言和策略让教学更具有"美感"(针对性、有效性)? 如何在"文道结合"的施教过程中突出"文化自信"和"文化传承"? 如何观察学生的学习表现? 如何根据学生的表现动态调整教学设计的内容和路径方法?

上述都是语文核心素养落实的一些具体问题点,这些问题不仅涉及学什么,也涉及思考什么、鉴赏什么和传承什么。这些是需要仔细斟酌和通过良好的教学设计加以体现的。

有些教师在设计教学目标时,把语文核心素养个别地列为教学目标,仿佛这样就是在教学中落实语文核心素养,然而恐怕并不全是这样。以"文化传承与理解"为例,诠释如下:

一篇课文,"文化"的表现有些是显性的,有些是隐性的;有些虽然是显性的,但需要加以"提炼",有些则可能是施教者生搬硬套的。

(一)"显性的"例释

凡以"显性"方式呈现的"文化"事物,其实均可归于"文道结合"的"道"的范畴,因此在设计教学目标时直接可以把它列为教学目标。如《师说》。该文阐述的是"从师"的道理,论述的主要观点有"师者,所以传道受业解惑也"(教师的职业范畴)、"道之所存,师之所存"(教师存在的必然性)、"句读之不知,惑之不解,或师焉,或不焉,小学而大遗,吾未见其明也"(从师学习的路径)、"是故弟子不必不如师,师不必贤于弟子,闻道有先后,术业有专攻,如是而已"(从师学习的目的)。由此可与撰文背景"韩愈抗世而好为人师"的原因呼应起来:作者通过上述道理的阐述,实质上是提出了"尊师重道"的文化传统和志在恢复该传统的努力。因此文中有"师道之不传也久矣"这一点名主旨的关键词句。

(二)"隐性的"例释

凡以"隐性"方式呈现的"文化"事物,教师能发现的,可以归于"道"的范畴加以明确,也可以不加以明确。但是在主题理解上切勿出现偏差。《项链》的教学是一个典型案例,《公输》(墨子)的教学也是一个典型案例。在职业院校,施教者对《公输》的教学往往都会把"匠心匠艺"的传承作为教学目标之一,或者作为一个专项讨论或讲解,这是非常不恰当的,因为这与课文的主题毫无关系。历史上的公输,又名鲁班,是我国工匠鼻祖,这在背景学习和人物介绍时带一下无可厚非。但阅读教学是文本教学，是借助这一个"文本"旨在探究"文如何载道"的，因此语文教学还得聚焦文本，所有引申发挥的东西都应当是有助于理解和拓展文本内容的。联系墨子的政治主张，本文可提炼出"非攻"主题，当我们跳出楚宋争端，上升为"非攻"的文化立意，这就是中华数千年文化传统中的一个组成部分，我们在处理国际关系时也一直奉行和平共处方针，20世纪50年代初中国政府提出的和平共处五项原则就是对这一传统的传承和发展，得到了世界绝大部分国家的认可和尊重。

(三)"显性的"但需要"提炼的"例释

这一类文章，关键是要认识和辨析所涉及的文化现象是什么，对此文化现象我们该持怎样的态度。例如《郑伯克段于鄢》(《左传》)。作者通过郑伯母子失和、母子"和好如初"的故事，彰显了春秋时期君王普遍"以孝治天下"的文化传统，特别突出歌颂了颖考叔"纯孝"的大义。这样的文字拿到我们当今社会来学习，自然不可能去歌颂封建社会的"以孝治天下"，因此需要进一步提炼该文在当下阅读的主题意义，如果提炼不出，则"文道结合"上就有缺陷，如果该文仅仅具有史学和文化的研究及借鉴意义，就不具有遴选进语文课文的教学意义。由课文郑伯之"孝"和颖考叔之"纯孝"的对比，可提炼出作者的颂扬对象并非郑伯，而是颖考叔，这里所谓的"纯孝"就是指能由己及人的"推及"之"孝道"，"推及"之文化传统；而不是停留在郑伯母子间的"孝道"本身。这种由个人、社会乃至国家的修身爱国的"推及"文化是符合当下价值观的。文章的"孝道"是显性的，颂扬什么孝道、传承什么文化传统则是需要恰当提炼的。

三、语文核心素养具有一致性

当下我们的教育体系有普教和职教两大系统，在义务教育阶段之后，高中是普通教育体系的基础教育，中职是职业教育体系的基础教育，到了高等教育阶段,无论是高职还是职业本科、普教类本科,主要都在这两大基础教育中吸纳生源。

有不少人认为,既然是两种不同的基础教育,语文核心素养应当是有所区别的:中职语文核心素养具有特殊性。他们的主要依据是中职学生的语文基础差,所以中职的语文教学要求要低一些,核心素养的表述层次要低一些。同样由教育部颁发的《中等职业学校语文课程标准》(2020年版)就有如表2-1所示的区别性的表述(明显有差异的标注"＊"):

表2-1　高中语文课标与中职语文课标的差异

类　别	高中语文课标(2017年版)	中职语文课标(2020年版)
四个维度	语言建构与运用	语言理解与运用＊
	思维发展与提升	思维发展与提升
	审美鉴赏与创造	审美发现与鉴赏＊
	文化传承与理解	文化传承与参与＊

如上表可见,从语言的表述看,"语言""审美""文化"三个维度的要求,中职都明显低于普通高中。为什么中职学生对语言仅仅只需要"理解",而不需要"建构"? 让中职生群体语文知识能力结构残缺不全是不正确的。为什么中职学生对审美仅仅只需要"发现",而不需要"创造"? 让中职生群体脱离鉴赏实践是不正确的。而"文化"一项,传承就是"参与",该维度两个方面是重复交叉的关系。

其实,这样从类型概念出发,硬将两类基础教育的语文课标要求加以区别的想法不仅是错误的,也是不现实的。

首先,一个概念有内涵意义和外延意义(适用范围),严格说内涵意义是恒定不变的,外延意义是宽泛的,适用范围是可以变化的。语文核心素养是语文的内核,属于该学科内涵意义的范畴,它贯穿于幼儿语言学习乃至终身语言学习的全过程;而其适用范围,则是随着教学目标、生源身心特点等应当有所区别的。具体地说,有外延方面目标的不同、层次的不同、要求的不同等,但核心素养内涵不能不同。

其次,从职业生涯的发展角度说,无论是普通教育还是职业教育都不是面向当下的,而是面向未来的,作为同年龄的学生,需要学习掌握的语文核心素养也必须是一致的。按照国际通行的说法,17～24 岁是一个人的职业生涯探索期,他(她)可能面临所学专业的变换、所就业岗位的变换,乃至就业行业的变换,在当下,由于信息技术革新和产业迭代发展,这种情况尤其常见。而且,这个年龄段的学生还有升学的需要,不仅可以升到本科,还可以升到专业硕士,甚至还可能跨界进入博士阶段学习。语文学科的学习,解决的不仅是语文学习的问题,也是有助于解决其他学科学习、就业和进入高一层次院校深造的问题。在基础教育阶段,该核心素养是不能随意削弱的。

最后,从与高等教育衔接上说,基础教育阶段必须保证在高教阶段的学习需要。2009 年,我曾在领衔创设"文化素质＋专业技能"高职教育考试模式①时,就面临一个现实问题:文化素质考试是联系中职教育语文教学的实际,还是着眼适应高职教育语文教学的实际需要。如果选择前者,就没有衔接高教目标和要求。我们的选择是后者,因为高等教育的一个基本特征是"宽口径",它是就业前的专业教育(本专科教育;即使是研究生教育,也是通过继续的深造迈向就业的一个台阶),它关注所学专业的基础性和复合性,以及面向未来的普适性。

四、语文核心素养应当贯穿于每一堂语文教学中

前文论述了语文核心素养的一致性和整体性,由此需要进一步阐述的是:该素养的落实应当是一以贯之的,既不支离破碎,也不个别体现,

---

① 作者注:2009 年 3 月 1 日《文汇报》第 2 版以《上海高校专科自主招生昨举行　考试更加倾向学生"职业素养"》为题进行了报道。该模式的理念于 2014 年被推广到全国。

而一定是"融合"的存在。一堂课的教学目标一般为 2～4 个,在有限的教学目标设计中可能兼顾不到所有的语文核心素养"四维度八方面",但这丝毫不影响教学中对语文核心素养的全面落实。

第一,对语文核心素养的落实不一定是专项的落实,有时可以是"呼应性"的落实,也可以是"诠释""点染""提示"或"概括"性的落实。

第二,教学内容有主次之分,教学目标是对"主"的明确揭示,但一堂课一定不仅仅限于这几个方面,而大量涉及核心素养的内容往往是非显性地存在于课堂中,这就看施教者如何策略地设计和把握了。例如施教《寡人之于国也》(《孟子·梁惠王上》)的教学目标设计如下:

- 理解课文大意,积累本课有关成语。
- 鉴赏体会孟子散文雄辩说理的艺术方法。
- 理解文中孟子所说的"仁政思想"。

粗略地看,上述目标明确涉及的是语文核心素养的两个维度:语言、鉴赏。没有明确揭示,但应当视为隐性表述的有"思维""文化"两个维度:鉴赏"雄辩说理"离不开提升思维能力;"仁政"思想含有丰富的文化内涵。

教学设计中应当明确且重点落实的内容有:

(1) 语言建构与运用(字词偏重建构,成语积累偏重学习运用)。全文字词句的一般理解(借助注释读懂文字,理解文章大意),其中需要重点关注多次出现的文言字"于""之""以""然""或",特殊出现的"加""直"等,需要识记一些当今不常用的字词"数罟""洿池""庠序",把握一些通假字;需要概括提炼和积累的成语有"五十步笑百步""弃甲曳兵"等。表意层次的恰当安排也在语言建构与运用范畴。

(2) 审美鉴赏与创造(偏重鉴赏)。作者通过比喻做铺垫,引导梁惠王提高认识:与其他国君相比,梁惠王的表现只是数量表象的不同,而没有本质的不同,所以仅仅有这些作为是不够的;告知儒家追求的"王道"是什么(四个方面内容),只有做到了这一步才可能实现"天下之民归焉"的"王天下"理想。既有生动形象、朴实可感的说理,又有亦步亦趋"引君入彀"的路径方法,兼之有血有肉、直观现实的王道内容,短短 400 来字通晓流畅,极富说服力。这样的劝说艺术是值得品味鉴赏的。

（3）文中的思考点很多,有助于"思维发展与提升"的点也不少。诸如:

- 梁惠王在治国上是有过努力的,也有理由委屈,但是孟子似乎没有给予肯定,这是为什么?
- 孟子用作战比喻治国,其相似点是什么?
- 孟子论述王道(儒家理想)时用了整整一段文字,是从哪些方面加以阐述的?(需提炼概括)
- 最后一段所述"是何异于刺人而杀之,曰'非我也,兵也'"是呼应哪一段的,其意义是什么?

必须说明的是,教学中,学生的"思维发展与提升"质量效果取决于施教者的"思维发展与提升"质量,施教者不仅要求自己能想到,还应引导学生能想到。

（4）文化传承与理解。本文的"文化"现象是隐性的,从字面上看,有治国方略,有儒家的"王道"思想,那么可传承的文化思想是什么呢? 民本思想! 梁惠王考虑的是百姓为什么不到本国来,忧虑的是民心问题;孟子教导的是"安民"问题,百姓首要的是有吃有住,有"物质文明"的满足,然后才会有"体面"(穿绸缎)、开心智(教育)的"精神文明"的满足。一旦物质丰盈、精神充实,甚至能够"老有所养",则天下怎么会不归心。说到"民本思想",施教者应当熟悉孟子"民贵君轻"①的主张,熟悉孟子"君之视臣如手足,则臣视君如腹心;君之视臣如犬马,则臣视君如国人;君之视臣如土芥,则臣视君如寇仇"②的论述,由此还能上溯到孔子的"治国以礼""为政以德"等思想,由此融会贯通地施教,引导学生更好地认识"民本思想"及其在后世的传承与发展。

综上所述,在教学中,学生的学科能力和学科素养是在相应的学科活

---

① 语出《孟子·尽心下》。

② 语出《孟子·离娄下》。

动中形成和发展的。学科活动的目的是让学生的学习体验和经历与学科知识建立联系；通过施教者的经验和重构，引导学生在语文核心素养的四维度、八方面形成经验和重构。语文核心素养的落实既有一致性和整体性，还有全面性。任何孤立施教的认识和过程都是不可取的。

第三章 教学目标论

"论立于此,若射之有的也,或百步之外,或五十步之外,的必先立,然后挟弓注矢以从之。"①写作是这样,教学也是这样。凡有目标的行事,无不主题先行,想好了要干什么和怎么去干,然后才能有目标、有路径方法地去干。后人从中概括出一个成语——有的放矢。

教学目标是一个专用术语,在教师则是实实在在需要斟酌设计的一个教学问题,而且是施教过程中的一个先决问题。

一、教学目标的逻辑体系

一般而言,教学目标可以细化为授课教学目标(具体到一次,即一节或两节课连上的课堂教学)和单元教学目标。授课教学目标是一个微观说法,它的设计依据来自单元教学目标。因为语文教学出自教学的需要,其教材是分册、分单元编撰的,单元就是教材的骨架,该单元教学目标就成为一个中观的说法。单元教学目标的设计依据来自语文课程目标(宏观的视角)。因此,教学目标的逻辑起点应当是课程目标。然后依次决定了下一层次的单元教学目标和授课教学目标。

---

① 语出宋代叶适《水心别集》。

但是在职业院校,这样还不够,决定语文教师教学设计的还有一个"上位"目标,那就是专业培养目标,专业培养目标和语文课程目标成为语文教师设计教学目标的逻辑起点,缺一不可。这也就是为什么职业院校的语文教学应当在统一的语文核心素养要求下与普通高中的语文教学有一定区别的原因。这也就是为什么要在"语文教学思想"部分强调语文教学一定要融入专业元素的原因。

做语文教学设计,提炼教学目标一般应遵循下列步骤:① 明确专业培养目标;② 明确课程目标;③ 明确单元教学目标;④ 明确授课教学目标。

(一) 明确专业培养目标

这个步骤可以视为"调研"的步骤,其路径主要有两个方面:

其一,学习推敲《专业人才培养方案》。主要关注三个方面:① 培养目标;② 人才规格;③ 课程结构。

1. 培养目标

当前对"培养目标"的表述一般为:

> 本专业坚持立德树人、德技并修、学生全面发展,主要面向……等企事业单位,培养具有一定的文化水平、良好的职业道德和人文素养,能从事……等相关工作,具有职业生涯发展基础的知识型、发展型、高素质劳动者和技术技能人才。

上述文字中凡用省略号之处,就是该专业的特殊之处,也是语文教学设计时融入专业元素可借鉴、可依据之处。该培养目标虽不能直接告诉我们语文教学应当融入的是哪些专业元素,但它提示了我们教学的起点——基于工作岗位的语文知识能力提示,语文教师下企业调研的方向路径提示。

2. 人才规格

当前对"人才规格"的表述一般有"职业素养"和"职业能力"两方面,

例如高等职业教育"大数据与会计"专业,其"职业素养"和"职业能力"如下:

（一）职业素养

1. 具有与会计专业相关的财经法规、税收政策等法律知识。

2. 具有相关的外贸专业知识及其相应的会计知识与技能。

3. 具有严谨细致、爱岗敬业、诚实守信、廉洁自律、忠于职守的品质和会计职业操守。

4. 具有良好的人际沟通能力、组织协调能力、团队精神和服务意识。

5. 具备自主学习、自我发展的能力和勇于创新的精神。

6. 具有现代社会公民良好的综合素养和健康生活态度。

（二）职业能力

1. 理解会计的基本概念和相关专业术语。

2. 具有汉字录入、点钞技术、账簿书写、小键盘输入等会计基本技能,能够熟练地处理相关业务。

3. 熟悉与会计职业相关的财经法律法规、小企业会计准则、会计基础工作规范等知识。

4. 能熟练运用适当的会计核算方法处理日常货币资金收付业务。

5. 能熟练运用正确的会计核算方法处理中企事业各类日常经营业务。

6. 能了解外汇市场行情变化,完成出口产品的成本核算。

7. 能独立完成外汇结算等。

8. 具有一定的英语沟通和表达能力,能阅读英语往来信函、审阅外贸单证。

9. 能熟练运用计算机办公软件,熟悉会计电算化操作的流程和操作要求。

10. 具有应用通用财务软件的职业能力。

11. 能办理税务登记事务；会正确计算应缴增值税、企业所得税、个人所得税等税种和纳税申报程序，具有合法合理节税意识。

12. 具有基本的查错纠错和防弊技术的能力。

13. 具有运用客户信用管理和信用分析的基本方法，能进行各种结算方法和风险评估。

14. 能根据企业的经营管理需要，收集、整理、分析、提供有关财务信息资料，并能对会计报表进行基本财务分析。

15. 具有先进的财务管理理念，能初步运用投资、筹资的基本方法和营运资本管理方法，学会财务计划及预算的编制。

通过对上述内容的辨析，应该对该专业所需语文知识和能力有一个初步的了解，其中与语文直接相关的如"具有良好的人际沟通能力"等职业素养和"理解会计的基本概念和相关专业术语"等职业能力，其他多是须以语文学科为基础的相应职业素养和职业能力。要指出的是，这里的职业元素描述是提纲挈领的，是不够具体的，甚至还不够健全；很多院校在此描述的内容甚至还不包含公共基础课素养和能力的要求，也就不是规范的教学文件了。一般规范的文件，这里最好有一个职业能力体系的表述，那就直观具体得多，这在后续章节《单元教学设计论》中详述。

3. 课程结构

对于这部分的学习了解，主要是需了解语文课在整个课程体系中的作用，作为公共基础课（一般表述为四大课程板块之一），它应该解决什么问题（教什么和怎样教），作为学习专业的基础课，它应该把着力点放在哪些方面（教什么和怎样教）。在发挥公共通识作用时，它应当在着力解决语文课程问题时，如何去兼顾学习专业的基础问题；在发挥学习专业的基础作用时，应当如何去有效呼应专业学习的问题和强化语文教学的有效性问题。

在关注、学习、推敲了专业人才培养方案上述三个方面问题的同时，还应该努力设法去学生未来专业实习和就业的岗位看一看、问一问,即所谓的实地调研。要了解、收集该岗位需要哪些语文知识和能力,这些知识能力的学习层次如何;还应当进一步了解该行业发展的动向以及该岗位迁移(转岗、晋升)所需的语文知识和能力以及学习层次。只有这样,才可能指导自己在语文教学中有效融入专业元素,才可能不把语文课上成专业课。

(二)明确课程目标

以教育部 2020 版《中等职业学校语文课程目标》为例,主要应当关注"课程性质和任务""学科核心素养与课程目标"两个部分。其他部分可以列为浏览。凡是呈现出来的作品,都是有不足的。其不足有些是编制要求决定的,例如编制《课程标准》,其语言表述都比较宏观笼统,需要执行层面因地制宜、因时制宜、因人(学习对象)制宜地加以细化、落实,而一旦各自细化落实就一定会出现执行标准不一、执行质量参差不齐的状况;有些是编撰者认识局限所导致的,例如语文在中职、高职教学中到底应当如何定位,应不应该在教学中主动积极地融入专业元素,既要解决语文学科的问题,也要解决更好地为专业培养目标服务的问题;在统一的核心素养下,中职和高职分别如何界定培养目标、如何编写教材;尤其是应当在课标中明确提出语文教学应落实的知识点和能力点等。

2015 年版上海市《中等职业学校语文课程标准》关于"专业元素"专门设有一段表述,引述如下,供语文教师参考:

2. 融入专业元素,促进能力迁移

语文课程要着眼于职业教育以服务发展为宗旨、以促进就业为导向的根本属性,关注学生的专业背景,兼顾不同学习基础和不同发展方向学生的需求,选择适合的教学内容和教学要求;要有机融入专业元素,适时创设职场情境,引导学生学会运用语言知识和技能解决实际问题,以语文学习促进专业学习,使学生的语文能力向职场能力迁移。

上述表述提纲挈领,言简意赅,应当能够启发、引导语文教师思考语文课改和教学设计问题。

（三）明确单元教学目标

单元是教材的骨架(结构框架),一般一册教材有 5～7 个单元不等,以对应一个学期 72 学时的教学。细分到一个单元,它对应的就是 10～12 学时的单元教学。优秀的教材编撰者会把全套教材(含各分册)的教学目标分别细化到各单元中,由此构建起完整的知识和能力目标体系。教师不仅可以在各单元教学中将这些知识能力点有序罗列、重点落实,还能依次呼应巩固和提升这些知识和能力的层级、能级,最终实现全部《课程标准》目标。如果教材编撰者做不到,那么施教者就不得不去补充完善这一项工作,否则施教时支离破碎、不成体系,是无法构建、充实、完善学生的知识结构和能力结构的。例如小说教学,若干篇小说文本分散在不同的单元,编撰者应该告诉施教者在"这个单元"中该小说教学应解决什么问题,否则只要遇见小说,施教者都是从小说三要素着手教学,不仅造成教学资源浪费,而且空耗时间,会削弱学生学习的积极性。尤其是散文教学,其教学点很多,在有限的学时中能够兼顾就很不容易,更不要说有序学习、复迭推进、巩固提高了。语文是各科教学中最有情趣的课程,可是有不少语文教师反映职业院校的学生对语文课不感兴趣,编撰教材和教材的施教不当一定是主要原因之一。

优秀的教材在各单元前都撰有单元教学要求、单元篇目介绍和单元教学指导意见,这些意见包括单元教学目标的提示(文道分述又结合呼应的)和教学要点及要求的提示。由此,如果将全部各册教材的所有单元的这些教学要求列表来看,应该囊括了该年龄段、该教育学段的所有语文知识和能力要求,这些知识和能力加强并完善了学生语文知识和能力结构,从而实现职业教育语文课程培养目标。

因此,在做教学设计时,尽管可选择的教学素材很多,但应当聚焦单元教学目标,对其他做大胆的舍弃,哪怕是非常有趣、人们常常津津乐道的内容,也决不能作为主要的教学内容。本单元要落实的内容目标,施教时必须重点落实,在有余力的情况下才可有选择地去兼顾其他内容。

(四) 明确授课教学目标

在明确了上述专业培养目标(语文角度的职业能力目标)、课程目标和单元教学目标的前提下,就可以在上述目标指导下设计本次课的授课教学目标,也就是说可以撰写教案里的教学目标了。

必须明确的是,教案里的教学目标不仅是写给自己、用以指导本次教学的,更重要的是写给学生看的,只有清晰地告知给学生教学目标,才可能有好的教学互动和教学成效。因此,在撰写授课教学目标时还得从学情实际出发,有针对性、有效性地去设计。至于对教案的检查、专家听课所需教案参照等,这些都不是教案的主要功能,都只是"他人"管理方面的辅助性功能。

教学目标的正确设计有三个要求。其一是不能好高骛远,只图"好看""有档次",必须实事求是、定位恰当。其二是不能脱离学情,不能一份教案"放之四海而皆准",针对不同的专业(培养目标的差异)、不同的班级(身心的差异)、不同的教学时间(学生接受时心态和身体状态的差异),教学目标的设计都应当有一定的调整。好的教育应当是有差异的教育,孔子称之为"因材施教","人民教育家"陶行知称之为"立脚点上求平等,于出头处谋自由"[①]。该调整的原则是:"基本"要求是一致的,"提高"要求是可以选择的,人才培养的参差不齐、百花齐放正是教育的应有面貌。其三,教学目标的设计应充分依据教学学时的可行性。在有限的学时中,是一节课,还是二节课,甚至可能是三节课的时长,采用什么教学方法(不同的教学方法导致教学时间有差异,甚至是非常大的差异),都是应当加以斟酌的。相应的教学目标设计可以是 2 个、3 个,也可以是 4 个,目标设

---

① 陶行知原句为:"人像树木一样,要使他们尽量长上去,不能勉强都长得一样高,应当是:立脚点上求平等,于出头处谋自由。"

计少了，绩效考核是个问题；目标设计多了，形同虚设也是问题。

二、教学目标的设计维度

在很长的一段时间里，人们都把"知识与技能（knowledge & skills）""过程与方法（process & steps）""情感态度与价值观（emotional attitude & values）"奉为金科玉律一般的"三维教学目标"，凡不按此设计教学目标的教学是不能在教学竞赛中获奖，不能在公开展示课中获好评的。其实，这是一个很大的误区。

该"三维目标"的提出起源于 2001 年教育部在普教系统启动的新一轮课程改革，它明确提出：国家课程标准是教材编写、教学、评估和考试命题的依据，是国家管理和评价课程的基础。应体现国家对不同阶段的学生在知识与技能、过程与方法、情感态度与价值观等方面的基本要求，规定各门课程的性质、目标、内容框架，提出教学和评价建议。尤其关注具有方法论意义的学习方式和学习能力，关注更加深远、更加本质的学生情感、态度与价值观等品质的发展。这个说法即使在现在也是非常具有现实意义的。可问题在于，人们基于各自的学习经验和语文阅读能力的强弱，对于该说法的认识和实践出现了较大的争议①。当时居主流地位的意见认为，该"三维目标"应当落实到教学目标中去，于是几乎所有的教案在教学目标一项都出现了如下三段式描述：

1. 知识与技能

2. 过程与方法

3. 情感态度与价值观

---

① 李亦菲、朱小蔓：《新课程三维目标整合的 KAPO 模型》，《天津师范大学学报》（基础教育版），2010 年 1 月第 11 卷第 1 期第 1 页。

　　因此,部分教师在教案中对教学目标的表述少则 3～4 项;多则在每一维度都有 2～3 项表述,总数近 10 项。有不少教师为此还列表表述以示清晰。即使如此,广大教师在撰写教案时依然充满困惑,于是出现在教案的教学目标一项,实际只有"知识与技能"和"情感态度与价值观"两个维度的表述,有些教师勉强加了"过程与方法"维度,但表述时语焉不详、文不对题。自然,以其昏昏是不能使人昭昭的。

　　其实,这里所谓的"三维目标",是一个课程目标,它用以指导"教材编写、教学、评估和考试命题"的全过程,因此它是纲领性、指导性的较为宏观的说法。当我们在评价该课程的"教材编写、教学、评估和考试命题"时,评价者通过对教材编撰的结果、施教者教学过程的整体观察和分析、评价者用于课程评价(含课程教学评价)的指标体系、考试命题及学生答题结果的分析,从三维度六个方面去实施。具体到教学环节,就是评价者用三维目标全面评价施教者在教育教学过程中是否上了一堂好课:施教者在施教过程中,知识能力目标设计是否合理,有无达成目标;过程方法(教学法)运用是否合理,是否有助于达成既定教学目标;情感态度价值观是否正确,"文道"是否实现了有机统一,也即是否达成了语文教学的根本目标。由此可见,该三维目标并非所谓教案中的教学目标,而是在课程发端之前,对编撰教材、实施教学、测量课程绩效、测量考试命题时的制作评价指标体系的指导思想,以及在课程启动后对该课程全过程实施评价的指导性维度目标。那些将三维目标等同于课堂教学目标的说法是严重的误判。

　　对该三维目标进一步分析可见,争议不在于对于"三维"的认识,哪怕今后人们认为可以丰富到"四维""五维"也都是可以讨论的问题。争议在于把原来的课程目标落到教学目标的实践上。在该三维中,"知识与技能"和"情感态度与价值观"是教师施教内容的组成部分,或可概括为文与道两个维度,唯独"过程与方法"不是教学内容。从教的角度说,教师无需向学生传"过程与方法"之道,授"过程与方法"之业(除非是教育学专业),解"过程与方法"之惑。从学的角度说,学生应当在学习过程中通过学习经历去获得一些经验体会,去主动参与探索性的教学活动,它主要取决于教师的教法引导,这与"文道"维度不在一个层面上,因而具体到每一次课堂教学的具体教学目标时,教师对"过程与方法"的表述感到困惑就可以理解了。凡不按一个分类标准去设置同一层面的相关视角维度,叫做逻辑混乱。教学实践中这个"三维目标"的说法,近十年有淡化的趋势,但还是少有人从理论上正本清源。

从一堂课的教学目标设计来说,严格地说应当只有"文"和"道"两个维度,然后用得体的教学方法,通过合理的教学步骤过程去呈现、去互动、去达成目标。特别是,教学时长是有限的,教学目标的设计应当精准,力求将教学内容层面显性的教学目标明确地罗列出来,而凡是罗列出来的教学目标应该是完全能够达成的(课中出现异常情况例外)。"文"的维度包括知识和能力两个方面,"道"的维度包括情感态度和价值观两个方面。至于在设计具体教学目标时,是否需要全面照顾到 4个方面而单列,就需要具体情况具体分析了,不宜一概而论。当前较为普遍的情况一般是设定为三个:① 知识;② 能力;③ 情感态度价值观。这样的设计案例,虽然逻辑体系有些不合,但还是可以意会并予以宽容的。

"教无定法"是基本的教育教学原理,教学目标的设计维度也不是一成不变的。必须指出,职业院校教学目标"维度"的设计,应当充分考虑是能够适应所用教学方法的,这也是职业院校与普通院校的区别点之一。在运用"项目教学法"和"行动导向教学法"时,上述"知识""能力""情感态度价值观"的表述就有所变化,但是"文道结合"的两个维度还是应当遵循的。

职业院校的教学起点是基于工作岗位,公共基础课教师也应该具有这样的思维习惯和施教能力。例如写作和听说教学,就应当是"写作的逻辑应当遵循工作的逻辑","听说(沟通交流)的逻辑应当遵循工作的逻辑"。这些语文教学领域,在职业院校更多的是奔着解决问题去的,所以教育部当前倡导"项目教学法""案例教学法""行动导向教学法"是完全适应职业教育基本特征和人才培养需要的。以"项目教学法"为例,与学科性教学模式的设计维度不同,如某写作教学可选用的教学目标维度设计(文道结合的维度不变)呈现方式可以是:

　　一、作业项目
　　二、教学目标
　　　　项目一
　　　　　　任务一
　　　　　　任务二
　　　　……
　　　　项目二
　　　　　　任务一
　　　　　　任务二
　　　　……

　　上述教学目标的设计基础,是将需学练的文种,按照工作过程加以组合,撰文的流程必须是工作流程,撰文的过程就是工作的过程。在语文学习的同时渗入专业元素,培养学生具有一定的工作意识和能力、解决问题的意识和能力。在实施该教学法时,教师将把整个学习过程分解为一个个具体的工程或事件,设计出一个个项目教学方案,按行动回路设计教学思路,其重要特征就是:只有完成了上一个项目,才能进入下一个项目,教师布置的是工作目标任务,实现目标任务的路径方法是学生在教师指导下自行探究(做中学)的,整个项目教学的子项目一环扣一环,直到达成总体教学目标(工作任务的有效完成)。其教学目标的表述是撰写出(告知学生)教学的目标任务,即要做什么,应呈现的结果是什么。学科教学中"文道结合"的教学目标内容,可以相应要求的形式,在专门立项的"教学要求"中明确。

三、教学目标的表述方法

这里主要阐述的是学科教学意义上教学目标的表述方法,项目教学的教学目标表述方法详见本章所附经典案例解析。

(一) 内容表述须聚焦单元目标

单元名称有侧重"文"的表述,有侧重"道"的表述。侧重"文"的表述,是将该学段应掌握的全部语文知识和能力概括为若干个主题,例如:开卷明意、把握语义、规范行文、建构寻径、文质彬彬、情景交融、品读分析、比较鉴赏、心手相应、学以致用等。在每一个单元的各个文本应设有细化的若干重点聚焦布局与呼应,例如侧重阅读与写作的文本可设置:立意、主题和材料、标题与选材、文章标题与行文、文章的结构、写作线索、承上启下、关键词关键句、口语与书面语、改写、缩写、扩写、复述、概述、评述等等。所有的重点聚焦呼应和涵盖单元教学目标,所有的单元教学目标呼应和涵盖课程目标,这样,在做课程"三维目标"评价时,就有助于全面把握和细化到位。

单元名称也可侧重"道"的表述。这是按照一个个人文主题组成一个个教学专题,例如亲情、友情、爱情,自然、社会、爱国,自尊、自强、创造,革命传统、先进文化、劳模精神,等等。

用什么专题名称不重要,重要的是在该单元下需明确"文""道"的教学要求,尤其须明确"文"的教学要求。作为语文教材,如果不列出"文"的要求,就会给施教者带来巨大困惑,需要施教者自己去对全套教材做整体构思,然后对各单元列出"文"的教学要求。

如果整个目标设计的逻辑是完善的(从专业培养目标到课程目标、到单元目标、到教学目标),施教者在具体的教学设计时只需重点把握学生的学情(含专业背景)以及单元教学目标。其中,单元教学目标是主要依据,学情是参照依据。学情有动态变化,单元教学目标是基于教材而固定

不变的。因此,这里主要阐述的是聚焦单元教学目标的表述方法。以"情景交融"单元为例:

【单元导读】

学习目标:本单元学习旨在能通过阅读作品,理解和领悟情景交融的表现手法,进而能通过习练,学会在一定的情境下借助于一定的景物表情达意。能够解读作品中"景语"的意义,能够把握"景语"与"情语"之间的关系。要认识到借景抒情不同于直抒胸臆,而是把景物描写作为情感抒发的重要载体,作者描写的"景语"其实质就是自己"情语"的观照。

学习要求:学习本单元四篇课文,要注意有针对性地品读其"爱"的情思,既要读出"景语",也要读出其对祖国、对故土爱的"情语"。要学会分析归纳作品情景交融中所表现的写作主旨,要在阅读中细细品味景物描写中所蕴含的特定感情。要读出景物描写引起的感官感觉、心理感受,读出篇章的结构用意,读出语言的不同风格,重点落实"能针对生活中的某一现象写出自己的感受和见解"的能力点,进而在写作实践过程中锤炼语言,并能从情景交融的角度立意构思。

【单元篇目】

1　故都的秋

2　壶口瀑布记

3　再别康桥

4　孟加拉风光

　　语文与生活

上述"情景交融"单元的 4 篇课文和"语文与生活"实践教学,由单元提示需聚焦"情景交融"知识点和"能针对生活中的某一现象写出自己的感受和见解"的能力点,同时对每一课文和语文实践做单元教学的整体设计,各

文本教学目标之间具有相互呼应和巩固推进的关系,其具体设计如下:

第一,由单元导读中提示要重点落实的知识点和能力点。具体如下:

(1) 单元要重点落实的知识点——情景交融

① 把握"景语"与"情语"之间的关系。② 借助阅读文本中景物描写所蕴含的特定感情,理解"情景交融"要义。

(2) 单元要重点落实的能力点

① 能针对生活中的某一现象写出自己的感受和见解。② 通过学习借鉴,能从情景交融的角度立意构思。

第二,本单元各篇目要落实的教学目标整体设计。具体如下:

(1)《故都的秋》(3 学时)

重点聚焦:情景交融、悲秋

教学目标:① 知识:体会课文紧扣"清""静""悲凉"来描写故都秋天的特点。② 能力:能辨析作者心目中"秋"的涵义,进而能分析文本描写的景物之秋。③ 态度情感价值观:体会作者当时对故都之秋特别眷恋之原因,体验"文人悲秋"的文化传统以及作者升华为深厚的爱国感情。

(2)《壶口瀑布记》(2 学时)

重点聚焦:立意、游记写景的角度

教学目标:① 知识:从立意角度理解作者如何借景抒情,深化作品主题、开掘作品深度。② 能力:能根据文本即景思悟、借情抒情地写作,能概括散文"形散神聚"的写作特点。③ 态度情感价值观:黄河是我们的"母亲河",作者对"壶口瀑布"的描写,塑造了"母亲"高大恢宏的形象,进一步体验中华儿女数千年矢志不渝的深厚爱国感情及文化传统。

(3)《再别康桥》(2 学时)

重点聚焦:意境、诗歌三美(音乐美、绘画美、建筑美)

教学目标：① 知识：通过诵读诗歌，认知和感悟"诗歌三美"特征。② 能力：能在品读中找出并解释该诗的意象，进而能简要概括该诗的意境。③ 态度情感价值观：人生充满了一个个给予自己启蒙和发展的转折点，当回首往事的时候，应当感恩给予自己生命力的机遇，应当对自己的举止作为无悔无憾。

（4）《孟加拉风光》（2 学时）

重点聚焦：烘托、小中见大

教学目标：① 知识：学习体会文章通过场景描写和人物行为描写来烘托人物的表现手法。② 能力：能在品读中，分析作者着眼于平淡生活的片断叙事抒情的行文方法。③ 态度情感价值观：感受吉卜赛人独特的生活情趣和乡土情结，学习其朴素坚强的性格。

（5）《语文与生活》（1 学时）①

教学目标：① 能力：以校园、社会活动的片段为素材，通过有内涵的景语抒发独特的思想感情（可给命题，可给命题范围，也可由学生自主提炼写作）。② 态度情感价值观：借助景语，抒发积极的人生观价值观。

（二）语言表述要恰当

教学目标的语言表述是分段立项的，每一段是一个维度，每一项是教学聚焦的主要内容。仍以《故都的秋》上述所设教学目标为例，加以阐述。

教学目标语言的恰当表述至少应遵循如下要求：

1. 表述要具体明确

知识目标明确提出要紧扣"清""静""悲凉"语词，这就便于教学中聚焦这些语词去探究有关情境、去分析景语与情语的交融。在目标表述上用词笼统、语意不清的问题，在当下是非常常见的。例如，"通过人物描写的方法，理解和分析主人公的形象特征"，"人物描写"的范畴很大，有外貌

---

① 如果本单元教学允许有 12 学时，则拓展训练可引入听说内容。

描写、语言描写、动作描写、神态描写和心理描写等，这篇课文涉及哪些？如果有些并没有涉及，这就是目标设计错误。如果都涉及，是否需要全面分析？学时是否允许？这样全面分析有无必要？这些都是需要斟酌的。当教学目标一旦这样设计后，在做教学评价时就需要全面评价，只要有一个方面没有在教学中落实，该教学过程就可评价为失败，因为教学目标没有得到全面落实。所以教学目标的表述常常需要具体到一个个恰当的语词，给予清晰的教学提示。

2. 目标指向逻辑要清晰

当我们确认用知识、能力、情感态度价值观为教学目标维度的时候，表述时相应的语词均应鲜明地指向该维度，特别是相关动词的选用应与目标维度的逻辑相一致。《故都的秋》教学目标在知识目标中用词是"体会"（知识范畴），能力目标中用词是"能"（能力范畴）。而且，这些动词都由学生角度提出，体现出重视学习主体的意义。常见的适用于表述教学目标的动词如表3-1所示（不限于表3-1所示动词）：

表3-1　常见的教学目标适用动词

目　标　维　度	适　用　动　词
知识目标	了解、理解、体悟、掌握……
能力目标	能、分析、提炼、应用……
情感态度价值观目标	感悟、体验、激发、树立、提升……

（三）教学目标语言表述例释

教学目标的语言表述一般由行为主体、行为动词、条件或情境等要素构成。行为动词已经在上述"目标指向逻辑要清晰"中例释。

行为主体应当指向学习者，不宜使用"培养学生""教会学生"之类语言，按"主语省略"现象，行为主体可以不出现在语言表述中，例如《沁园春·长沙》教学目标之一"领会'浪遏飞舟'的深刻含义"就是一个无主句，但行为主体指向的是学生。

条件或情境是根据"表述要具体明确"的要求，给出一定的限制性语境，用以说明学生可在何种情境下落实该教学目标，其呈现方式一般为前置的"状语结构"，例如《荷花淀》的教学目标可表述为："通过分析小说的景物描写，体会它在刻画人物、表达主题上的作用。"有时其呈现方式是提示学习步骤，仍以《荷花淀》为例，可表述为："品味文中三处人物对话，领会水生嫂及其他荷花淀妇女形象。""品味"在前，"领会"在后。但是这个目标语言表述是有不足的，文中对话有 10 次之多，所谓"三处人物对话"意义不明确，是水生夫妻之间的对话、妇女之间的对话、父子之间的对话，还是包含了妇女与游击队之间的对话？这样的表述是无法检测的。

下面是对一些教学目标表述的解析：

【例 1】　了解××(作者姓名)的创作风格和创作成就。

在职业院校，这一类内容不适合做教学目标，课前预习时要求一般了解即可。

【例 2】　学习通过人物对话、景物烘托、细节描写来表现人物性格和感情的写法。

教学目标表述不够清晰具体，除非上述对话、景物和细节描写等学习点都是文本中唯一的内容。

【例 3】　掌握阅读小说的基本方法。

"这一堂课"不可能达成这一教学目标，这类表述不具有可测性。

【例 4】　学习本文围绕中心组织材料的写作方法。

这一教学目标出自《群英会蒋干中计》教案，其中"中心"含义模糊，是其中某一片段的中心，还是全文的中心，该词宜用具体的内容加以表述。

【例 5】　赏析豪放词气势磅礴的风格。

这一教学目标出自《念奴娇·赤壁怀古》教案。由这首词赏析豪放词的风格，不太具有典型价值，因为该词的豪放主要在上半阕，可以用"赏析该词豪放句气势磅礴的风格"来表述，但是这样的表述似乎不适合作为教学目标了。

【例 6】　从文字视角去解读词中的景物描绘和人物刻画，让学生体味艺术美的感染力。

这一教学目标出自《念奴娇·赤壁怀古》教案,其中"行为主体"设置不妥,应由学生学习的角度改设。

 附录【本章典型案例解析】　**项目教学中教学目标的设计维度**

1. 项目任务

撰写一份会议简报。

2. 教学目标(作业过程中含有隐性的情感态度价值观目标。)

任务一:以"学习经验交流"为题,开展小组交流,在讨论的基础上形成会议记录(事先落实小组记录员 1 人)。

任务二:根据小组会议记录,各自撰写一份会议纪要。

任务三:通过小组交流讨论,归纳完成(撰写)小组会议简报内容。

任务四:为所撰写的会议简报内容添加报头和报尾。

任务五:班级交流评价,推举出最佳《会议简报》。

3. 教学重点和难点

教学重点:……

教学难点:……

4. 教学要求

(显性地提出知识能力、情感态度价值观方面的教学要求。)

在该教法中,教学内容经过整合后以项目方式呈现,该项目的完成是通过一个个任务完成的积累而逐次进阶习练的。因此,设计教学目标时,在列出项目名称后,还需依次列出任务的名称。由于解决问题的构想和路径主要是由学生自行探究完成的,所以有关的知识点和能力点还不能明示,必要的可用教学要求的方式提出。

第四章 ▷ 教学设计论

　　教学设计是一个宽泛的概念,从教学目标到重点难点、从教学环境到教学过程,既有预案的设计,也有过程灵活调整的设计。凡事预则立,不预则废①。但是,教学过程是动态的,施教中教学设计应随学情的变化而变化,随课堂新生成的内容调整而调整,因此,课前教学设计的作用仅仅是一个施教参考的预案,不能把它作为施教的全部依据。

本章暂且把教学设计的范畴限定为"教案"涉及的方面,也就是课前的教学预案。

一、教学设计的原则

　　教学设计是根据课程标准的要求和教学对象的特点,对未来施教过程的教学诸要素做有序安排,由此构建完整的、恰当的教学方案设想和规划。在教学内容层面,一般包括教学目标、教学重点难点、施教过程中解惑内容的预设和方法路径的预设(如何有效提问,如何实施有效的讨论)等;在过程和方法层面,一般包括教学环境的营造、教具的选用、教学方法

---

① 语出《礼记·中庸》。

的选用(含教学步骤的安排)、教学资源的调用、教学时间的分配等等。这是一个系统化的规划过程,也是一个合格教师应有的基本功。

教学设计应遵循以下基本原则:

(一) 教学设计的个性化

教学设计是教师成长成熟的重要桥梁,任何在教学设计上不思进取、投机取巧的行为都是对学生的极端不负责任,是做不好教师,也不适合做教师的。在刚做教师时可以借鉴别人的教案甚至有较多的模仿照搬,但是这种借鉴模仿是为了今后的不模仿,是为了将来独立撰写。如果做了几年教师还是动辄到网上照搬别人的教案,或者复制粘贴自己往年的教案(仅仅修改时间要素),那不仅是教学技术能力的问题,也是师德问题。教育类型不同,地域文化不同,学生成长经历不同,学校文化传统和追求不同,学生的专业背景不同,这些都要求教师做到一课一案,哪怕是在同一所学校、面对同一年级同一专业却不同班的学生,也因有学情的差异而须对教案做必要的个性化调整。

(二) 教学设计的简洁性

教案的撰写应该是言简意赅的。言简,不是指语言越简略越好,它还应以"意赅"为前提。因此,言简是指语言表述要简要,提纲挈领,脉络清晰,但各分项意义是完备的。言简,还因为未来课堂毕竟具有很大的不确定性,没有必要把自己将要呈现的内容每一句话都写下来,课堂中教师也不能不管不顾地照本宣科。一般说来,新教师必须撰写详案,写教案的过程是学习做教师的过程;而有了一定教学经验的教师可以撰写简案。详案和简案的区别主要体现在教学过程的表述上。相比详案,简案更为提纲挈领,一般写出教学思路、互动思路(组合性问题的序列)即可。每一个教师都应有教案,教案是写给自己看(课中参照)和为教学服务(因此也需课前告知给学生)的。成熟的教师在教学时,应做到心中有案,手中无案,教案搁在讲台上仅仅供自己需要时提示一下,而教师则应教学逻辑脉络清晰，语言流畅，既能体现教学预案的基本要求，又能随课堂内容的变化而做适当调整。

（三）教学设计的可行性

备课，就是联系课文备学生，如何让教法贴近学生，如何让教学内容更容易被学生接受。撰写教案必须因地、因时、因人制宜，需符合课堂教学的主客观条件。内容的选择应关注针对性，应重视有效性；教学技术的选择，应重视对资源调动的便捷性和可操作性。当发生对学情的误判时，教师应对下一轮教学的教案做必要的反思和调整。教学反思是写给自己看的，是为了总结自己的经验教训，有助于自己今后扬长避短。

教学设计的可行性，还体现在必须保持一定的开放性。有些教师在设计问题后，另起一行写"答案"，这是不正确的。课堂讨论的问题具有一定的导向性，也应具有一定的开放性，否则就是无效问题。教师不应该先入为主地给予学生"答案"，而是应该引导学生通过讨论获取较为正确的结果，有时这种结果未必是唯一的。教师写上"答案"，这是将学生置于客体位置，是不符合现代教育理念的；教师当然应该有"预案"的考虑，但这种考虑只能是"思考提示"，在教学中还需尊重和吸纳学生的学习成果。

（四）教学设计的可测性

教学设计应经得住教学评价。教学评价是依据科学的测量原理和相应的指标体系，对教学做出的综合性评价，教案评价、课堂教学评价都是其评价范畴。教案评价，主要是检测教案的规范性和科学性，主要评价教学目标设计是否合理、重点难点设计是否恰当、教学方法是否有价值、教学过程是否符合教学方法的逻辑体系、教学小结是否准确、作业布置是否恰当等。由于这是一个静态的评价，该教案尚未经历实践的检验，所以后续课堂教学的动态评价就显得更为重要。这里强调教案的可测性，是为了修正和完善原有的教学设计，这有助于优化教案和更好地实施未来的教学实践。

二、教学设计的特征

现代课程的教学设计理论研究已经有 100 多年的历史,当前遵循的一些成熟理论也已经有了六七十年的历史。从教学经验和便捷的实践探索出发,可将教学设计特征描述如下:

(一) 桥接转化的特征

教学设计是从教学原理到教学实践的桥接转化,将教学材料通过教学活动展示出来,它需遵循教育教学的基本规律,针对不同的教学对象,设定恰当的教学目标,选择恰当的教学内容,解决必要的教学问题。

(二) 系统规划的特征

教学设计的范畴很广,仅仅是教案罗列的填写项目就非常丰富,约有 18 项之多,兹列表 4 - 1 予以概括:

表 4 - 1 教学设计项目

课 程		授课时间	
教 材		出版单位(版次)	
课 题		授课节次	
班 级		计划学时	
教学目标			
教学重点			
教学难点			
教学方法			
场景设计			

续　表

教学用具		
辅助教学资源		
教学过程	课前预习	
	教学导入	
	教授新课	（每一步骤为一项教学专题，层层深入和浅出）
	教学小结	
	作业布置	
板书设计	（即使在 PPT 状态下，板书作为一种教学手段的补充，还是必要的）	
教学后记（教学反思）		

上述表格各院校不尽相同，但主要的栏目还是一致的。可见，这是实现课程教学目标的计划性和决策性的实践活动，通过推敲一项项填入的内容，解决必要的教学问题。

(三) 赋能优化的特征

教学设计不仅是一项严谨缜密的思维活动，也是教学资源、教学技术整合的系统性工程。智慧赋能、资源赋能、技术赋能是教学设计的一大特征。

教学设计的智慧突出地表现在一系列的反躬自问上，它与教案的呈现、教学反思的总结构成了完整的"教学三问"。一问：教学呈现出的是什么？二问：这么设计是为什么？三问：这样的设计和呈现效果怎么样？其意义及关系如表 4-2 所示。

教学资源和技术赋能的意义在当下信息技术时代尤为突出。当前不少学校还在使用 PPT 作为教学的技术手段，这对传统的黑板教学是一大进步，但它的局限性也是显而易见的：它是一个线性的呈现，难以现场随

表 4 - 2　教案、教学设计、说课的意义及关系

	教案（是什么）	教学设计（为什么）	说课（怎么样）
要素	教学目标 教学重点和难点 教学资源 教学方法、手段 教学组织形式 教学步骤和教学内容 板书	教学目标设定是否正确 教学重点和难点怎样突破 教学内容的处理是否得当 采取的策略、方法、步骤、手段和组织形式是否提高教学效益	设计思想 教材分析 学情分析 重点、难点确定 教学策略与手段的采用 教学过程的安排 课前的准备 课后的反思
作用	指导教师上课用，是备课结果 体现教师教学的预设	以解决教学问题、优化教学效果为目的 体现教师的理性思考和科学合理的安排	以解释设计的依据和教学的思路为目的 体现教师的专业水平、教学水平和表达水平

机做大幅更改。所以教师在使用 PPT 时，一定要借助其他辅助性教学工具，让教学内容的呈现有更多的平台（黑板、投影、图片、挂板纸等），从而促进教学互动。非线性的电子屏技术进入了我们的教室课堂，使我们有可能突破时空限制，可以"随心所欲"地现场调动教学资源，做到"活页化"教学。因此它催生了大量的教学资源建设。这也为教学设计提供了很大的助力。赋能优化，不仅做到了教学设计的层面，也做到了施教过程的层面，这又反过来推动了教学设计的进步。设计的资源不是固定不变的，而是既有预设，又能通过信息技术自由调动补充丰富的。教师应当根据学情自由调动资源并在教学中拾遗补阙。

三、教学设计的方法

由教学目标和学情出发，对每一项教学要素都应仔细推敲，认真设计。兹择要分项例释其具体方法如下：

（一）显性的教学要素

教学目标的设计前文已述，其他主要有：

1. 教材的处理

教材是教学的基本依据，对教材的处理就是对教学内容的选择、提炼和加工。一般说来，教材处理应以课程标准为依据，斟酌教材的适用性；以教学对象为关注焦点，由单元提示明确本堂课教学内容的选择。语文教材具有鲜明的"道"的指向，它理所当然地优先为国家利益服务，古今中外莫不如此。所以语文教材出版历来都在国家规划或地方规划中。但是在高等教育阶段，教材的出版目前还具有较大的随意性，以《大学语文》为例，全国出版的版本（含本专科院校）竟高达 1 400 多种①，高校各行其是的现象比较严重，随之出现了良莠不齐的问题。所以教材处理首先是斟酌教材的适用性，哪怕是国家规划教材也不是到处都适用的，都需做施教的具体处理。对于职业院校来说，考虑的主要是：选文是否符合职业院校的层次（本科、专科、中职），不宜错位；选文是否具有权威性，这需要组编单位、编撰人和出版单位加以遴选。如果地方有相应的课程标准，还需符合国家制订的课程标准（尚无国标的，应符合地方标准）。此外，对教学内容的选择应充分考虑教学对象的兴趣、基础、需求、能力、教学互动的基础等，必须关注施教的可行性（适配性）。

不少教师在说课时"说教材"只是说用什么教材、谁主编、什么出版社出版，这是不对的。"说教材"是说在教学设计中是如何处理教材的：选择什么切入角度，侧重怎样的文本信息；由文本出发，突出什么内容，删减什么内容，补充什么案例学材；由学生认知心理特点出发，对教材如何做适用的施教再处理等。而在教学设计环节，就应把上述因素预先考虑进去。

2. 教学重点的设计

教学目标的设计取自本次课的主要事项内容，不可能在字面上面面

---

① 数据取自 2010 年全国大学语文研究会年会工作报告。

俱到,但应该涵盖了最重要、最突出的事项。而教学重点则是来自教学目标中。一般说来,教学目标有2～4项,但教学重点一般仅限一项,因为多重点就是没有重点。被选择为教学重点的要么是落实单元教学目标的需要,要么是完善学生知识结构和能力结构的需要。教学重点的语言表述,可以直接来自教学目标的表述,也可以在教学目标表述的基础上加以发挥,但原意不宜改变。

3. 教学难点的设计

教学难点设计的依据是学情,应充分预估学生学习的可行性和难易度,从整个教学过程着眼,预估哪一部分哪一点是学习时的难点,再从中提炼一个与教学目标最接近的作为难点设计。我们的选择之所以要尽可能与教学目标挂钩,是因为教学目标是一定要落实的。如果提炼出的难点与教学目标没有直接的联系,那也不必硬联系,从中选择一个对于建构学生知识和能力结构最重要或最迫切的一项就是。

4. 教学导入的设计

教学导入的关键是激发学习者的学习兴趣。凡事开头难,特别是学生由生活状态进入学习状态需要一个过渡。"导入"的作用有两个,一是唤醒学生的学习意识和注意力,实现状态的转移,调整到学习状态;二是为后续教学内容做必要的铺垫。教学导入的时间可长可短,一般掌握在三五分钟内。导入的方法很多,背景知识的交流点评、旧课所学的复习巩固、用故事铺垫后续相关内容、话题讨论、设情境提问题等,没有最好,只有更好。其宗旨就是让学生动起来。

5. 教学过程的设计

教学过程的设计,实质上就是对教学方法的选择。每一种教学方法,都应该是一种教学模型,它由一定的课改理念指导,有一定的步骤程序构成该方法的主要框架;做教学设计就是按照这种教学模型规定的步骤将预设的教学内容有序地呈现施教。当然这里涉及很多具体的问题,这方面内容放在后续章节("教学方法论")中专门叙述。无论选择何种教学方法,其教学思路基本是一致的,那就是:整合文本内容,聚焦单元教学目标,融入专业元素,通过有针对性的组合问题,引导学生学中做、做中学,例如案例问题导入,一个个环环相扣的问题探究实践,一个个质疑、纠错过程的互动,最后在互动提高中完成课堂教学。整个教学过程要把控好教学节奏以及环节与环节之间的自然衔接。

6. 教学小结

一堂课的教学内容应该是比较饱满丰富的,涉及多个教学知识点和能力点,特别是在师生互动式教学过程中,教学不仅有目标的直接指向,还有面的宽度指向,甚至是跨界学习的指向,因此教师在本堂课将要结束时,应当对教学内容做必要的梳理,清晰地小结教学了什么,这些内容之间又有怎样的逻辑关系,帮助学生建构和优化知识能力结构。即使本堂课教学内容没有结束,教师也应该对所教内容做小结,然后对后续教学做必要的引导。

(二) 隐性的教学要素

在撰写教案时,有些属于程式化的内容,例如课程名称及课题(本次教学主题,如课文标题)、教学对象(班级编号或名称)、教学时间(上午还是下午,是第几节课)、教学场所(教学环境)等。这些看似与课堂教学设计没有直接关系,其实是有很大关联的,因此称之为隐性的教学要素。而这些要素是必须予以斟酌的。

1. 教学课程名称

当我们落笔填写课程名称时,应当下意识回顾一下该课程定位:作为语文课,主要应解决什么问题?须认识到这是支撑整个专业培养目标课程体系的一个重要组成部分,而不单单是一门文化课;进而提示自己须关注该班教学对象的专业背景。因此,教师应侧重回顾本专业的培养目标描述和企业岗位所需的语文能力等,帮助自己提炼专业元素。

2. 教学对象

当我们落笔填写班级名称或编号时,不要仅仅是程序的填写,须思考(哪怕停笔思考回顾或翻阅)有关专业培养目标及人才规格表述中对语文知识和能力的要求,回顾企业岗位对未来从业者的语文要求,同时应侧重辨析学生的年级(年龄特点)和既往学习状况。这是施教分析学情的重要组成部分。不同的专业对象和不同班级的学情,是施教前必须充分考虑的。

3. 教学时间

当我们落笔填写教学时间时,切勿随笔填写上午还是下午,是第一节、第三节,还是第五节,这事关有效施教的大局,直接影响到的就是导入如何设计和教学内容安排得丰盈还是精简。上午第一节课,学生精神饱满,没有特殊情况的话他们进入学习状态一定都很快,所以导入要快,整个教学内容的安排可以较为丰盈;但是如果是上午第三节,学生进入学习状态就不那么快了,需要更好的导入(也许有时间延长的要求),需要更好地斟酌内容的饱满度;如果是下午第一节(全天的第五节),学生不仅有进入学习状态慢的问题,甚至还可能有许多外在因素的干扰(如:刚从球场归来,浑身汗津津的,心跳剧烈;刚从教师办公室谈话回来,心情还不那么愉快;埋头打瞌睡刚刚醒来,呈昏昏然状态;等等),于是导入的设计更需要精细化,教学内容的选择更需要精准化。可见,填写这些要素的过程也是思考和提示教师如何做好教学设计的过程。

4. 教学环境

语文课可以在教室上,也可以在实景(校园、公园、展馆等)上。教室是一个封闭的场所,我们借助信息技术可以突破时空间束缚,可以营造"全息空间"教学环境;也可以借助非信息技术手段,如四周墙面的布置、展架的渲染、小组讨论的分合、课堂情景剧的布景等,通过情景教学、浸入式教学增强教学的有效性。实景中上课,环境更加逼真直观,效果会更好,但可能会受到能否出行等诸多因素的制约。无论如何,教学环境的营造,本质上是为教学互动服务的,没有互动,环境的创设就无意义。

第五章 ▶ 教学方法论

按照教育学的基本原理,教学是一项双边活动。该活动本质上就是教师和学生双主体之间的互动。不过,作为教师,则不仅是主体,还需要在该活动中发挥主导作用。教学方法包括教师教的方法和学生学的方法两个方面,教师应发挥自己的主导作用,用先进的、适当的教法去引导学法,由此实现教法与学法的统一。

教学方法是一种教学模型,其要素由课程改革的核心理念、教学步骤及相应策略构成,都不可避免地具有一定的局限性。因此,没有一种教法是放之四海而皆准的,只有较为适用的,没有万能的,是谓"教无定法"。

一、掌握教学方法的意义

当前最大的问题是教师都知道教学要讲究方法,积极去运用教法,但是对什么是教法,几乎都是不明白的。

许多教师认为自己上课讲了案例,就是用了案例教学法;请学生根据课文角色分别朗读课文就是角色扮演法;用了情景剧演绎教学就是用了情景教学法;用了视频演示就是直观教学法;把班级分为若干小组施教,就是用了小组讨论法。这实在都是些望文生义的错误认识。

有些教师机械地接受了某些近年较为流行的教学方法概念,然后生搬硬套地用以施教。例如某高职学院教师宣称用"任务引领教学法"上语文课,教学内容是诗歌阅读,他设计了四项教学任务:识记生字、诵读诗歌、依谱歌唱(自行选用现成的任一首歌曲谱子,将诗歌填入谱中歌唱)、改写为散文。这样的设计,只是把传统的教学目标改称为教学任务,其他一成不变,不仅理念错误、教法的步骤过程没有,就连"任务引领"的痕迹一点都没有。

许多教师不明白,选用教法实质上可以说是对教师角色的一种定位。是教师以讲授为主、以陪伴学生过程学习为主、以激励学生展示积极的讨论为主,还是以指导学生探究研讨学习问题的方法路径为主,如此等等。这些年来,很多教师在所谓"主流说法"引导下,其教育教学基本原理的认识出现了很大的偏差,例如有人津津乐道"师讲生练",这其实是学生被动学的典型表现之一;有人说教师的角色是导演,导演主持拍摄电影,其定位一是确定电影脚本(移至教学就类似教案),二是指导演员进入角色(移至教学就是引导学生积极主动地学习),三是确认后期的剪辑制作定型。教师工作与导演工作有相似之处,但毕竟是有根本区别的,即导演是不入场所实景镜头的,而教师必须入镜,必须与学生同处一个场所实景。教与学的互动,互以对方的存在为前提,在教学中,只见学生不见教师(教师如导演般在场所实景外面授机宜)是万万不可的,所以决不能将教师定位为导演。有些教师还质疑教师的主体地位,争辩说"教师是主导,学生是主体"。如果教师不是主体,其主导又从何谈起?

韩愈说"道之所存,师之所存",就是因为教师是传道授业解惑者。教师的定位一般更多的是存在于教学过程中,离开了课堂教学,教师往往是不能动辄以教师自居的,这也是"道之所存,师之所存""教与学是双边活动"的基本意义所在。由此可见,现代教育教学范畴,教师通过教学方法施教时,其定位一般应当是:陪伴者、指导者、引导者。

要把握教学方法,一般应由如下三方面去考量:

(一) 课改理念(教法核心思想)

职业院校教学方法有共性,也有个性,共性的理念如下:

把整个学习过程分解为一个个具体的工程或事件,设计出一个个项目教学方案,按行动回路设计教学思路,不仅传授给学生理论知识和操作技能,更重要的是培养他们的职业能力,这里的能力已不仅是知识能力或者是专业能力,而是涵盖了解决问题的能力:方法能力、接纳新知识的学习能力以及与人协作和进行项目动作的社会能力等。

践行该理念的共性作为是,施教者需将本次授课的目标任务和要求公布给学生,让每一个学生都知晓今天的教学要做什么、怎么做。每一个学生既要对今天的学习有一定的准备,也要对未来教学过程中可能会发生什么有一定的心理预判,如此才可能产生积极的互动。此外,施教者的教学设计思路应当是一个相对闭环的行动回路,不至于教学毫无边界,也不至于师生的互动仅仅就事论事。在该理念指导下,教学要传授知识,但更重视知识迁移为能力。对上述理念的理解,特别要把握两点:

第一,学生需要学习理论知识和操作技能,但这不是重点,更重要的是学习和提升职业能力。

第二,学生需要学习和掌握知识能力或者是专业能力,但其中的重点是学习和掌握解决问题的能力:方法能力、学习能力、社会能力等。

(二) 教学实施步骤

每一种教法,都有一个环环相扣、逐渐推进教学的若干步骤,形同一个个恰当的阶梯,师生携手沿着这些阶梯(步骤)最终到达教学终点。通常的教学方法都会有3~5个步骤。

例如在20世纪曾产生重大影响的发现式教学法,它以学生为主体,旨在教师的启发引导下,使学生自觉地、主动地探索科学知识,探究解决问题的方法及步骤。其教学过程有五个步骤[①]：

步骤一：创设问题的情境，确定学生在这种情境中感兴趣的问题，提出要求解决或必须解决问题的目标要求。

步骤二：把问题分解成若干必须回答的疑点，激发学生的探究精神，引导学生去收集解决问题所需的材料（依据）。

步骤三：引导学生依据收集来的材料，运用直觉思维提出解答的假设答案。

步骤四：根据探究实践获得的材料或结果，从理论或实践上检验自己的假设，进而得出结论。如学生中有不同见解，还可以开展讨论。

步骤五：反思与评价，留心发展趋势，引导学生概括和理解新知识的应用情境。

当前我们也倡导探究式学习，教师的责任就是要把这"探究"过程合理地分解为一个个环环相扣的教学步骤，而不是让学生无序地、盲目地去探究。

（三）教法的局限性

事物的发展规律决定了其发展性和不完美性。教法也是这样。任何教法都有一定的缺憾，因此在选用教法时，施教者应尽量地调动智慧和资源将这种缺憾降到最低程度。

例如，同样是在 20 世纪曾产生过重大影响的暗示教学法，其教学原理依据是教学心理学和神经生理学理论，认为人均有可暗示性，非注意心理反应在学习中具有特别意义，因此要让学生在相互信任和尊重中学得自信、愉快而不紧张。但是，现代教学是班级教学，在较大群体教学中，教师对学生施加的暗示，常常难以保证预期的效果，特别是语言教学是一项非毅力不能完成的事项[②]，记忆常常伴随的未必是愉快，要求群体都能愉

[①] 该教法为美国教育家杰罗姆·布鲁纳在《发现的行为》中提出并积极倡导。教师扮演学习促进者的角色，引导学生对这种情境发问并自己收集证据，让学生从中有所发现。

[②] 毛泽东《反对党八股》："为什么语言要学，并且要用很大的力气去学呢？因为语言这东西，不是随便可以学好的，非下苦功不可。"

快地学习不是一件容易的事情。这就需要其他教学方法去辅助以提升学习效果。

综上所述,学习借鉴一种教学方法,需研究其理念和内涵,切勿人云亦云,只是照搬形式。

二、常用教学方法举要

成熟的教学方法有二三十种。本章着重解析其中的项目教学法和案例教学法。

(一) 项目教学法

1. 课改理念(核心思想)[①]

不是简单地通过教师的预设和讲授去告知给学生一个结果,而是在教师的指导下,学生通过信息的收集去设计探究完成项目的路径,并循着该路径去最终得到这个结果,继而进行展示和自我评价。该模式下,教师是学生学习过程中的引导者、指导者和陪伴者,学习的重点在学习过程而非学习结果,因而这是一种典型的以学生为中心、做学一体的教学方法。

我们的传统教学往往是"让学生按照教师的安排和讲授去得到一个结果",目标是教师设定的,路径是教师设定的,结果也是教师设定的。这样的"沿袭式"传承教育能出当下成果,但由于缺乏创新意识和创新能力的培养而难以取得未来的成果。

项目教学法开章明义第一句话中前五个字的否定("不是简单地")非常关键,它要求:目标是教师设定的,学习任务和要求是教师提出的,但路径是学生自行探究的,教师最多可以做一些必要的指导,结果也是学生根据自行设定的路径去获取的。因此该教学模式中,教师更多的是发挥

---

① 该教法萌芽于欧洲的劳动教育思想,2003 年德国联邦职教所制订以行动为导向的项目教学法,让学生更多地发挥学习主体作用。

陪伴和指导的作用。这样的教学,充分体现了以学生为中心的现代教育理念,充分体现了"做中学""学中做"做学一体的职业教育特点。

2. 教学步骤

步骤一:教师提出并分析项目教学的教学目标和有关要求。

步骤二:学生收集相关信息,尝试制定项目实施的路径。

步骤三:学生实施项目。如果实施过程中发现有问题,可以对该路径进行调整和修正,直到最终力求得到合理的项目结果。

步骤四:学生自行检查和验证项目结果。

步骤五:师生共同评价项目,并为下一个项目做准备。

3. 实施重点

项目教学法是根据工作岗位的任务和要求,将教学内容设计为教学的目标任务,按照项目工作的流程和规范去实施教学。这里有几个实施要点:

第一,这是一种基于学生自主"做中学"的教学方法。教师将工作任务布置后,学生自行收集信息、设计工作方案、修正调整路径、做项目评价。教师是过程中的陪伴者、引导者和指导者。

第二,实施该项目,收集信息是基础,这里的信息往往是跨学科的,不仅有本课程的知识能力要求,还需有跨学科、跨专业知识能力的要求。例如以曹操《短歌行》(对酒当歌)为例,讨论诗歌中景物描写的多重意义。其中"月明星稀"诗句就具有天文学常识,如果误以为"月朗星繁"般众星拱月,不仅犯了常识性错误,也不能更准确地把握诗歌主题。由于生活中语文无处不在,因此语文教学跨学科是一个普遍的现象。项目教学特别需要跨学科、跨专业的知识综合运用,否则就很难完成项目。

第三,一个教学目标下有系列项目任务,这些项目任务按工作流程有序组合,构成一个闭环的管理序列,一个项目完成后自然地进入下一个项目,因此教师设计这些目标任务时,要把握好其中的逻辑关系。

项目教学的第一步,是提出目标任务和要求,明确地把学生当作教学的合作者,充分尊重学生的"主体""中心"地位,告知学生今天要做什么,做的要求是什么,学生由此清晰地知道,自己在这次教学中如果不发挥自己的主动性积极性,是没有可能完成项目的,因此心理上就有了做项目的充分准备,也对未来做项目的过程有了一些预估和预判。明确目标任务和要求是项目教学之纲。

第二步是该教学法最关键的环节。有了目标任务,怎么达成,首先要有路径,没有路径就达不到彼岸;而要有路径就需制订寻找路径的方案。虽说"条条道路通罗马",但也有合理不合理、恰当不恰当的问题,当然某些"通罗马"的道路或许是"死胡同",需要更为繁琐的方案才能走通该路径。因此在明确目标任务后,需要制订一个合理的方案,去探索路径,去达成目标。要制定方案,就必须首先收集相关信息,根据对信息的分析制定出合理的方案。没有相关信息,路径方案是构建不出来的。例如要正确地指出所面对窗户外的东西南北方位,收集信息的渠道可以是手机内置的"指南针",可以是天文学中太阳月亮的方位,可以是植物学中树木枝叶茂密的状况,也可以是北半球、特别是我国民居建筑的文化特点等。在这个学习过程中,教师还是一位合作学习者。

第三步是第二步的继续,有了方案就去尝试走通它。但是,世事纷繁,往往是不如意者十之八九,达成目标也不是一蹴而就的。当我们第二步设计的路径方案走不通时,就需要对路径做必要的调整和修正,包括回到第二步去制订新的路径方案。例如,比较阅读《卜算子·咏梅》(陆游、毛泽东):

【目标任务】(教师提出的)

两首词境界立意的相同点与区别点。

【路径方案】(学生自行探究的)

品读词中"意象",由身世经历、理想抱负、词人性格胸襟、时代特征等尝试探究其异同。

【实践探究】(学生自行实践的比较阅读与实践)

关键要抓住毛泽东词小序中"反其意而用之"几个字。

相同点：志向高洁（梅的共性人文特征）

区别点：陆游侧重个人的体验和追求，独善其身的境界。

毛泽东侧重为大众谋幸福的理想追求，胸怀天下的境界。

教学实践中的比较阅读还应该更为细化一些。

上述作业中，收集信息的过程就是制订路径的过程，就是学生学做项目的过程。实施该步骤，直到达成目标为止。在教学中，寻找路径不是一件容易的事情，学生常常忽略词人性格胸襟，尤其是具有鲜明时代烙印的词人抱负，这是学生不太了解时代特征，不具备文学史、党史等跨界知识导致的。因此，项目教学法的第二步、第三步很可能会有一个较为漫长的求索过程，往往不是几分钟、十几分钟就能达成目标的。这也是该教学模型较为费时费力的原因，也由此可见，一堂课选用的教学方法，多则滥；一堂课能将一种方法亦步亦趋地有效实施就已经是比较艰巨的任务了。

第四步是项目目标达成后，并不简单到此为止，还需有一个验证的步骤，这与企业工艺流程的质量检验要求是一致的。验证的过程是学习深化的过程，是复习巩固的过程，是质检纠错纠偏的过程，是做项目总结提高的过程。检查和验证，一是看正确不正确，二是看合理不合理（是否还有更好的路径方法），在能解决问题的基础上，能更好地解决问题自然是值得推崇的，这也是职业院校融入"匠心匠艺"精神的具体体现。

第五步是教学小结的环节，一是通过学生互评、教师点评对教学做小结，二是根据项目教学环环相扣的特点，为做下一个项目做铺垫，包括作业布置和交代新课预习等。

项目教学的特点是：尝试入手，先练后讲，"以项目为主线"做中学，做中教。而一个相对独立的项目往往包含着跨界的课程知识和技能。正因为做项目在收集信息和制订路径方案时具有不确定性，需要不断尝试性实践，所以有人也把该教学法引进国内后改称为"尝试教学法"。

4. 局限性

（1）学生需具备一定的多科（跨界的学科或专业）基础和较好的综合

素养,教师尤其需要具备较强的跨界解决问题的能力。当师生任何一方不具备该条件时,是无法使用该教法的。

(2)比较费时。讲授法10分钟能讲完的内容,实施该法也许45分钟也不够。

由项目教学的步骤可见,要走通路径达成目标具有很大的不确定性,因而需要不断的尝试,这就比教师"让学生按照教师的安排和讲授去得到一个结果"的教学费时费力得多,就好比教师说"1+1等于2",学生很快记住了,但是在项目教学中,教师非但没有公布结果"2",连"1+1"的路径也是需要学生自己探究获得的。这就在学界有了"重教学过程"还是"重教学结果"的争议。重结果往往是"师讲生学""师讲生练",学生能跟着老师的讲授一蹴而就;重过程就需要学生艰难地去独立探索。

上述所谓局限性,严格地说并不是什么问题,因为重过程的教学能"走得更远",当下费时多了,未来的学习或解决问题的经验多了而费时就少了,当下解决问题的能力积攒了,未来处置问题更能得心应手,这就是所谓"学会学习"。职业教育是跨界的教育,跨界知识越多,破题解惑能力越强,做项目的能力也越强。这里归于局限性,是着眼于教师和学生须具备一定的学习基础,否则该教学方法难以实施;也着眼于该方法较为费时,而教师可用的学时是有限的,这就需要教师适当地用一些其他教法辅助,加快学习进程。

(二)案例教学法

1. 课改理念(核心思想)[1]

为了在教学中引导学生注重能力的培养和习练,鼓励学生在学习过程中独立思考并开展积极的双向交流,教师应将来自生活、工作情境中的真实事件转化为独特的教学案例实施教学。该案例本质上是提出一种教

---

[1] 该教法起源于1920年代美国哈佛商学院的商科教育,1990年代进入我国研究和实践领域。

育的两难情境,没有特定的,也没有唯一的解决之道,从而引发教学中的热烈讨论,在自行探究和集思广益的过程中实现学习能力的提升,而教师在教学中扮演着设计者和激励者的角色。

由其理念可见,这是一种注重能力的教学方法,它是在学生掌握了一定的知识之后,主要侧重思维能力、管理方面综合能力的训练。与项目教学法的适用面广泛不同,案例教学法早先起源于商业管理授课,后来推广至文商类课程。所以,相对而言,它的适用面是有局限的。同时应关注到,当代优秀的教法都是聚焦"以学生为中心",倡导学生积极主动地学习。

案例教学法所选的案例,是一项"两难情境"的命题,没有固定答案。这意味着该案例一般是前所未有的,没有可资借鉴的渠道,自然也没有"复制粘贴"的可能,这是后续教学中能"讨论"得起来的必要保证。案例需要教师下企业实践或在真实的校园活动中获取,然后对它做精心教学设计,即将生活工作中的特定情境案例转化为教学案例。当前职业院校积极推进双师型教师队伍建设,其实这不仅是对专业教师的要求,也是对所有课程教师(包括文化课教师)的共同要求。不同的教师下企业实践的目标任务不同,相应的时间长短也不同。语文教师每年能下企业三五天,调研工作岗位对语文能力的要求,将其转化为教学要求;收集企业工作案例,将其转化为语文能力训练的案例,这不仅是语文教学融入专业元素的需要,也是丰富语文教学资源的需要。将工作案例转化为教学案例,这是评价教师下企业实践成果的核心指标。

选用案例教学法的关键点,是设计一个"两难情境"案例,这不是说没有答案,而是说有多个答案,所有的答案都依附于一个特定的前提条件,例如企业发展的策略,在什么情况下选用什么方案是最恰当的(企业初创阶段、发展阶段、品牌建设阶段、跨越式发展阶段、转型发展阶段……)。所有的方案都有利弊,不见得都是利大于弊的方案才是优选的方案,还要看什么是适应当下发展的方案。因此在讨论中,学生不仅要提出解决问题的方案,还需解释制订该方案的依据和绩效。互动讨论,不是争辩谁是谁非，而是去伪存真、揭示各自方案的合理性。

教师在教学设计时须把重点放在"两难情境"上，如果解决方案趋同，或者大同小异，就讨论不起来，无法组织起有效的课堂教学；教师在教学过程中需要对各方（不同的解决方案方）予以适当的提示和激励（甚至还需适当地扶持弱方），不能允许讨论的趋同，只能激励各方讨论的深入。这就对教师教学设计和施教提出了很高的要求。

2. 教学步骤

（1）准备阶段。教师精选案例并给出一定的思考题，学生自行消化案例。

（2）讨论阶段。要求学生经过缜密的思考，提出解决问题的方案。

（3）集中讨论阶段。鼓励每一位学生就自己和他人的方案发表见解，从而优化方案。

（4）总结阶段。由不同学生的不同理解补充新教学内容，做引导性教学评价。

上述步骤中，第一步是教师教学设计和学生在教师教学设计的基础上准备讨论预案的阶段。这个阶段特别重要，它直接影响到后续教学的成败。一方面，教师设计的案例必须具有"两难情境"，学生后续讨论不易趋同；另一方面，学生需事先做好自己的讨论预案，初步具有了解决问题方案的雏形，否则受学时影响，会影响到教学进度和讨论的效果。

第二步可以称作小组讨论阶段。观点趋同的学生结为一个小组，对各自持类似观点的方案集思广益、精益求精，拿出一个小组的方案。讨论的过程，是缜密思考的过程，是取长补短、优化完善方案的过程，最终形成的小组方案应当是一个基本成熟的方案。这里有一个关键点，就是小组讨论的小组是如何组建的。我们习惯于两种方式，一是按照就近原则自然形成，如前后桌4人一组，班级4排中每排为一组等；二是按照教师的认知组合而成，其组合依据是："好差"搭配，该组中有成绩好的，表达能力强……问题是我们的分组讨论往往讨论不起来，这是为什么？老师们常常归咎于学生"差"，其实不然，这是最大的认识误区。其根本原因还是在教师身上：一是指导学生预习不充分（常常与教师明确目标任务不够有关），二是分组不合理。把缺乏准备的学生，或者准备中想法不充分、观点不相干的学生分在一组，他们在短时间内很难形成一致观点乃至共同方案。在正确的"案例教法"中，分组的人数可能是不均衡的，但讨论的质量是能得到保证的。

第三步是大组讨论阶段，也就是全班的讨论。既可以对本组观点丰富补充，也可以对他组的观点"评头论足"——批评修正、补充完善、视角建议等。这阶段的讨论，不是为了推翻哪一方的方案，而是逐渐形成较为成熟的若干解决问题的方案，这样的方案是用于教学的，很可能也是有助于解决生活工作情境中实际问题的。

第四步是教学小结阶段。小结不完全是教师的行为，学生的系统总结是小结，教师的点评也是小结。案例教学法的小结通常是基于"两难情境"，自然最后的解决方案就不是唯一的，因此这里的小结是引导性的，主要点评方案的合理性和适用性。

具体到语文教学，可示例如下：

【课题】

《李将军列传》（司马迁《史记》）

【讨论话题】（案例）

李将军悲剧性命运的根本原因是什么？由此所得人生的启示是什么。

【探究路径】

1. 提出话题（课前预习中应把握）

李广一生经历文、景、武帝三代，参战建功立业，匈奴不敢当其锋。基于畏惧心理，匈奴军队要么远远避开，要么集中绝对优势的兵力与之作战。所以李广往往要么是战无可战（匈奴避战），要么是死伤无数（兵力劣势）；前者属于无功而返，后者属于功过相抵。从文帝赞他"如令子当高帝时，万户侯岂足道哉"，到武帝时他自述"广结发与匈奴大小七十余战,今幸从大将军出接单于兵,而大将军又徙广部行回远,而又迷失道,岂非天哉!且广年六十余矣,终不能复对刀笔之吏",而引刀自刭。究其一生英名远扬却未能封侯,命运堪悲。

品读课文,联系自己的阅读理解(含拓展阅读),指出造成其悲剧性命运的原因是什么?

2.阅读梳理要点(课前预习中应完成)

内因:常犯险作战,以力战为名(功过相抵);治军简易,士卒咸乐为之死;心胸狭隘,公报私仇杀霸陵廷尉;匈奴避战无以建功;讷口少言,不擅交际;杀降卒留遗憾;秉性刚直,引刀自刭……

外因:青年时生逢盛世(文景)难获战功;中年时匈奴避战或集全力作战,难获战功;老年时多居偏师,难获战功;因武帝和卫青任人唯亲而难获重用;每当述职,必受当朝盘问,引以为辱,不惜引刀自刭……

3.方案讨论(课前有预案,课中激辩并优化方案)

方案一:内因是根据,外因是条件,内因居主要作用。心胸狭隘的性格缺陷造就人生悲剧;杀降卒导致匈奴要么避战要么集全力作战而难以建功。人生启示是:加强修身,放开襟怀,增强交际能力,进而在服务社会国家中实现人生价值。

方案二:环境制约人的后天发展,任人唯亲的封建制度是造成李广悲剧性命运的根本原因。人生启示是:加强修身,增强适应社会的能力,通过努力改善生存环境,进而集天时地利人和为一体实现人生价值。

(上述两个方案只是核心内容,具体到讨论形成的方案还需较为全面和完整。)

综上所述,案例教学法不在于对案例争辩是非曲直,而在于拓宽观察问题的视野,提高综合分析问题的能力。解决问题的思路须清晰,解决问题的路径须有根据且合逻辑,核心观点须鲜明(不能模棱两可)。在整个讨论过程中,所持观点的判断、推断都须有真实的文本或史料依据支持。

三、教学方法的组合应用

教学方法是一种程式化的教学模型,但是它并不排斥与其他教法的组合应用。特别是在这种组合式应用中,辅助性的教法应有助于弥补主教法的局限性,增强课堂教学的有效性。

选用教法,应把握如下事项:

第一,每一次课的教法选用宜少不宜多,因为如不能按照该教法步骤完整实施,那就无所谓教法了。正是出于这样的考虑,正确的教法选用,每次一般为一两个,一个为主,一个为辅。

第二,辅助性教法无需完整地、与主教法一样同等地去亦步亦趋实施。辅助性的教法,主要是穿插在主要教法的某一步骤中实施,不宜交错穿插,即不能乱了主教法的阵脚。因此,辅助性教法的实施可以是局部性的,即将某一两个步骤穿插到主教法的某一步骤去实施。

第三,辅助性的教法,一定是针对主教法的某一局限性去的,否则就不具有教法组合的充分必要理由。

例如"项目教学法"与"小组讨论法"的组合式教学。先了解一下"小组讨论法"的教学模型。

课改理念(核心思想)

充分重视以学生为中心的教学内容呈现过程,重视学生在习得过程中综合能力的培养和训练,教师给出的讨论题一般应是基于课本的拓展内容,而不是教材上直接给出的内容。学生在讨论过程中不仅习得一般知识和能力,更能习得缜密的思维能力和宽阔的视域,能听会说的能力以及分析问题、解决问题的综合能力。

教学步骤

步骤一:教师将教学目标任务发布给学生,要求学生根据讨论题分工(职能岗位、话题领域等;教师予以必要的协调),各自侧重预习一块内容,这是开展小组讨论的必要前提。

步骤二:根据预先分工,在教学之初依据预习内容先组建讨论小组。小组讨论时有分工,更有协作,共同丰富优化对讨论题表述的内容以及形式。分工是为了做更深入充分的准备,协作是出于取长补短的设计需要,协作是合作教学、共同提高的要旨。

步骤三:小组交流。提出本组的基本观点(可以不限一种)以及相应依据,同时对这些观点提出基本的评价意见。小组讨论不是为了集中统一,而是要汇总各方意见。这些都要有理有据,合情合理。最后要有小组综述。

步骤四:班级交流。在小组代表主述的基础上,全体同学都可以发表自己的补充性意见(不重复赘述)和评价意见。

步骤五:教学小结。教师应紧扣教学目标,从学生分析问题的视野角度、话题与教材的逻辑关系、学生的综合能力表现以及听说表述能力的表现加以引导性评价。

如是,则在实施项目教学法时,针对"费时"的问题,可在项目教学的第二、第三步穿插小组讨论法的"第三步",变单兵作战为小组作战,集思广益,旨在缩短尝试探究的时长。

在选用组合式教学方法时,对主教法必须科学严谨,选之有据。当前看来,人们自称的教法数不胜数,但是科学有据的极为有限,除了上述"发现法""项目教学法""案例教学法"之外,比较可靠的还有[①]:

1. 问题教学法(四步骤)

步骤一:提出疑问,启发思考。

步骤二:边读边议,讨论交流。

---

① 这些教法,除了"行动导向教学法",均引自 1985 年上海教育出版社《教师手册》笔者编撰部分。

步骤三：解决疑难，提升能力。

步骤四：练习巩固。

2. 范例教学法（四步骤）

步骤一：提出问题，集中精力解决"典型个案"的教学问题，激发学生学习动机，掌握"个案"的解决之道。

步骤二：由"个案"迁移到"类案"，习练归纳提炼能力，在众多"个案"的尝试中探索一般的规律。

步骤三：理解和掌握分析问题解决问题的一般规律，能做到"举一反三"。

步骤四：把教学重点由客观内容转向学生精神世界的开拓，能把所学知识内化为自己的认识和经验，并能用来指导自己的学习。其关键是：从个案的迁移，到内化。

3. 暗示教学法（四步骤）

该法尤其适用于外语教学。

步骤一：精心设置教学环境。

步骤二：教师用不同的声调读几遍课文，或放不同视频的画外音。

步骤三：播放音乐，按音乐的节奏，教师再反复读课文，要求学生只听音乐，不要听教师所读的内容。

步骤四：让学生用做游戏、用所学的外语唱歌等方法反复复习课文。

4. 程序教学法

模式一：直线式程序。其结构如图 5-1 所示。

①→②→③→④→⑤→⋯⋯

图 5-1　程序教学法之直线式程序

直线式程序教学以提问的方式，把教材分成许多细小的连续的部分，要求学生依次作答，前一个答案是下一个答案的提示，如此学完要学的内容。

模式二：分支式程序。其结构如图 5-2 所示。

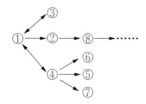

图 5－2　程序教学法之分支式程序

图 5－2 中,①②⑧是主线,③④是分支,⑤⑥⑦是亚分支。分支式程序采用多重选择反应,以适应个别差异的教学需要。选择答案完全正确的学生,可以一直沿主支前进,学习进度就快;选择答案不正确的学生就要进入分支,等澄清错误后再回到主支上继续学习;如果是这方面基础知识欠缺的学生,还要进入亚分支,直到掌握了这部分基础知识后才能回到主支上继续学习下去。

5. 掌握学习法(三步骤)

步骤一:教师解释作为范例的"典型事物"。

步骤二:讲解案例的类型和种属关系。

步骤三:引导学生掌握与范例同一类知识的规律所在,从而由点到面,联系实际,提高运用知识的能力。

6. 图表教学法(五步骤)

步骤一:详细讲解教学内容。

步骤二:出示"纲要信号"图表,讲解重点和难点,指出各部分知识之间内在的逻辑联系。

步骤三:课后分发"纲要信号"图表,以便学生结合课文消化、复习和巩固所学知识。

步骤四:下次上课,让学生根据记忆,在各自练习本上再现"纲要信号"图表。

步骤五:设计问题,让学生在课堂内根据图表来讨论或回答。

7. 行为导向教学法

行为导向,也称实践导向、活动导向。它是由多种教学方法组合而成的共同名称。其共性特征是以培养学生能力为核心。这个概念最先于1960 年代出现在英国,随后在世界各国得到广泛推广应用,特别是在德国职业教育中有了系统的总结。它包含的教学方法有:大脑风暴法、项目教学法(也称项目引导法)、张贴板教学法(也称卡片展示法)、引导文教学法、案例教学法、角色扮演法、模拟教学法和未来设计法等。其中每一种教法都有相应的步骤要求。

　　仔细研判上述教学法,它们不仅在理念上具有相似性,在教学步骤和方法上也有相通性,教师倘能精研两三种教法,定能有触类旁通之效。

　　教学策略的范畴很广,一般也把教学方法归之于教学策略范畴。这里仅将教学策略限于教学全过程中动态调整的范畴,包括教案的调整、教学实施中内容方法的调整和课堂教学中因人因事管理方法的调整等。实施有效的教学策略,是为了提高课堂效率,为学生终生发展奠定良好的基础。

　　教学本质上是一种人文互动。有人曾断言,由于信息技术的发展和人工智能的出现,教师距离全面下岗不远了,教师职业也将消失。这是绝对不可能的。社会是人与人各种关系的总和,人类社会赖以生存的最根本需要之一是交际沟通,没有了交际沟通也就没有了社会存在;没有了教学,也就没有了人类文明的发展和传承。教育的最本质特征之一就是人文互动,教育学和心理学的原理都是基于此发展起来的。因此,教育教学的形态可能会发生变化,但是教学互动、教育传承必将是永恒存在的。

一、优质课的达成要素

　　在具体了解助推好课的教学策略之前,有必要先明确什么是一堂好课,然后才能聚焦这些达成要素去实施教学策略,从而积极主动地上出一堂好课。

优质课一般可以由如下三个视角观察：

（一）观察教师的教学状态

教师在课堂中的工作状态是有职业特殊要求的，自信、亲和、爽朗、举止得体等品质直接影响到教学效果。

首先，教师在教学中需面带微笑，这是一种自然的表情而不是刻意的表情。这不涉及技术问题，也不涉及个人的种种教学不足问题。微笑不仅代表着微笑者具有自信、热忱教学的良好品质，也代表着对学生的尊重和关爱，还是营造良好教学氛围、促进师生互动的必要前提。只有亲近、和谐的教学关系，才可能具有上一堂好课的基础；除非这一堂课教学内容不适合微笑。有些教师笑不起来，这在职业院校尤为普遍，这是一个很大的原则问题。职业院校的许多教师对学生具有天然的"嫌弃"感，认为这是对"淘汰者"（高考、中考）的教育，连带着对自己的职业生涯也不甚满意。这是一个极其不负责任的错误想法。在这些教师看来，职业院校的学生学习基础差、学习态度差、学习习惯差、学习行为差、学习成绩差（所谓"五差"），这固然有受社会对职业教育偏见的影响，其本质还是这些教师不懂得什么是"教育"。教育的本质是促进学生成长，教育应遵循共性的教育方针和类型教育的培养目标。五根手指有粗有细、有长有短，论力气拇指为尊，论灵巧食指为先，对每一根手指的能力功效评价，不是用一把尺子衡量的，评价学生犹如评价"手指"，适用的就是好的。对职业教育范畴的学生，不能用"学科考试成绩"一把尺子去衡量，他们情商较高，动手能力较强，活泼好动，虽然有些厌烦枯燥的记忆，但往往都具有独特的"小聪明"，用一纸试卷去评价，他们是弱者；用项目活动去评价，他们往往是强者。教育就是因材施教，发现其长处，补益其短处，最终还是应高兴地看到学生"于出头处谋自由"。试卷评价是一时的，项目活动评价是终身的。我们不仅不应嫌弃他们，还要看到这类学生与职业教育的适配性，更应端正自己的教学定位，帮助学生学业进步和生涯发展，满足社会对各级各类人才的需要。教师要面带自然得体的微笑，如果真有教师说自己不会微笑或笑不出来,那么形体礼仪训练应当是其从教的第一课。

其次,教师的基本功是声音响亮。当前不少教室出现一个怪现象,教师佩戴"小蜜蜂"(扩音设备)上课,如此场景是不可能有师生互动的:教师的提问异常响亮,学生的回答异常微弱,反差特别大。这是教师教学的大忌。一般说来,教师在90人左右的教室中,其发声应该能清晰地被最后一排学生听见,如若不能,教师就应自我训练发声。"大嗓门"可以视为教师的"职业病",这是教学的需要;"大嗓门"又不是放开喉咙说话甚至是吼叫,这个词语加上引号自然是有其特殊意义的,这就是对其音质("音量""音色""音高")有要求。"大嗓门"不是指其音强分贝需要有多高,而是指其音质是否均衡和饱满,既是自然流畅的,又是有抑扬顿挫的节奏控制的。声音饱满洪亮的"度"是:当教师与学生互动时,所有的学生都能清晰地听到继而能做出必要的反应。

最后,教师的教学语言也有一些讲究。有些教师动辄说"老师我"如何如何,这是封建的"师道独尊"余毒。在课堂上,教师的定位是陪伴者、引导者和指导者,他是"双主体"之一,双主体之间的互动交流,严格意义上说是平等的,教师不应"居高临下"地以教师自居,不宜动不动去提醒学生尊重自己。教师应尽量说"我""我们",特别是"我们",把自己放进教学环境中作为一个平等的主体与学生对话,推进教学进度,共创教学质量。教学语言要简明扼要,没有啰唆;要清晰流畅,没有赘语;要点评到位,没有虚伪(如一概地说"嗯,回答得不错"等)。教师在课堂上的举止也属教学语言范畴,教师应当站立上课,可以有必要的移动(根据互动的需要),但站姿、手势和必要的移动均需得体、符合教学内容的表达需要又不影响到学生学习的关注力;上课期间不喝水、不抽烟、不接电话(手机),优秀的教师还能做到不看手表。

在规定的时间内、规定的地点中,面对规定的教学对象,讲授规定(文本为基础)的内容(如果有调整也不留明显的痕迹),这是一个优秀教师的基本功。

（二）动态观察教师的教学过程

动态观察的目标指向是"有效教学"。并不是所有教学都是有效的，有些可能是无效的，甚至可能是负效的。观察课堂教学的"有效性"，其要旨如下：

（1）通过师生的共同努力，是否达成教学目标。

（2）所设教学的方法路径对于目标达成是否恰当，是否可以更为恰当。

（3）学生的积极主动表现是个别的还是群体的，是表面的还是实质的。

（4）本课教学的意义是就事论事的，还是对于未来学习是有成长发展意义的。

据此，评价一堂课是不是好课，对其教学过程的动态观察可着重考察如下方面：

1. 教学内容是否有价值

文本内容是丰富的，教学时长是有限的，教学阶梯是科学的、渐进的，因此对教材内容必须正确遴选。教材是"此"，是典型案例，教学目标不仅在"此"的理解掌握，还须能举一反三到达"彼岸"。教材是"船"，要渡过"学海"，这一艘船不仅要帮助学生渡过去，还要帮助学生掌握渡海所需船只的一般原理和要求，以便下一次渡海时能驾驭下一艘船，而不是这同一艘船。由此可见，对于教材无需全面地"教"（教教材），必须是有选择有针对性地教（用教材），这就是所谓"教是为了不教"。

还是以《荷塘月色》（朱自清）为例。教学目标设计不同，教材内容的选用也不同：

一种侧重思想主题（道）的教学，需要探究"心里颇不宁静"之由，遵循全文情感线索探究作者的心路变化，评价作者的思想境界，进而学习语文知识，掌握相应的写作能力。

另一种侧重表现手法（文）的教学，无需探究"心里颇不宁静"之由，只需探究作者为了排遣"颇不宁静的心情"是如何创设情景交融的情境，刻意描写"月色下的荷塘"和"荷塘中的月色",学习作者融汇"景语""情语"(绘景抒情)的写作手法,进而把握情景交融的意义和表达方法。

　　由单元教学目标出发,基于不同的教学目标要求,从课前预习、课中互动到课后作业的要求都是各有侧重的。上述案例由于其"道"具有相当的局限性,因而大多教师都侧重"文"的教学,对其"道"一般只做简介即可。教学实践中是不需要全面理解把握该文本知识内容的。每一篇文本只需解决若干问题,全套教材就能基本覆盖该学段的语文全部问题。时间是个常数,如果每一篇文本都意图解决全部问题,则全套教材教学下来必定是教得浅尝辄止、支零破碎又重复令人生厌,而学生的知识和能力结构依旧残缺。

　　因此,教学内容有价值就显得特别重要。该价值集中体现在:教学目标设定的逻辑是否合理;教学内容的遴选是否紧扣教学目标;教学过程的把握是否有助于教学目标的达成;师生互动是否体现了实现教学目标的最一般要求。

　　2. 学生在学习中是否有积极思考

　　本来规范的说法,应该是"学生在学习中是否参与了积极的互动",但是"互动"一词被用滥乃至被不少教学实践曲解了,于是这里不得已用了"思考"两字。

　　"互动"指的是教与学在双边活动中的互相作用,最典型的就是师生问答了。师生问答本身不是问题,生生问答也值得提倡,但问题是现在不少课堂充满了"假互动"。诸如:春风杨柳多少条啊?答:万千条①。"万千条"答案哪来的?书本上来的。现实中的问题自然不是这么显而易见,但我们的课堂显见的是教师问了一个问题后,学生拿起书本熟练地找到文本语段,把一段文字读出来,这段文字甚至还被教师投屏在 PPT 上,这就是"虚假的互动"了。师生的双边活动,是基于有思考、有信息收集整

---

① 语出毛泽东《七律·送瘟神》(二首)其二:春风杨柳万千条,六亿神州尽舜尧。红雨随心翻作浪,青山着意化为桥。天连五岭银锄落,地动三河铁臂摇。借问瘟君欲何往,纸船明烛照天烧。

合、有信息提炼加工的，不是按照既定"剧本"表演出来的。例如《师说》(韩愈)问题讨论：韩愈的师生观与当代的师生观有没有区别变化？

首先，搜寻来自教材的信息(师生观)："是故无贵无贱，无长无少，道之所存，师之所存也。""孔子曰：三人行，则必有我师。""是故弟子不必不如师，师不必贤于弟子，闻道有先后，术业有专攻，如是而已。"

其次，概括提炼。上述语句的核心意思是：谁掌握"道"，谁就是"师"；能者为师。

最后，进行拓展、加工、表达(结合自己的学习经历和生活体验)。

韩愈的"师生观"放在当今，核心观点没有变，依然有现实意义；有变化的是：① 当时尚有以"从师"为耻的风尚，如今已经没有了；② 当时的"从师"，基本上是"崇师"接受的关系，如今的主流观点已经完全改变了，既强调学生"从师"学习，又强调学生在学习过程中的主动精神和质疑意识，同时也关注教师在教学活动中的陪伴和学习。

如果只是将文本信息照本宣科，这不是"互动"；基于文本信息做提炼加工后的回答，是有思考活动过程的，这才是正确的"互动"，否则"教学相长"就是一句空话。最需要克服的是教师教学态度的"虚伪性"：提出一个问题，若干学生分别解答；教师一概报之以"嗯，不错，请坐"。美其名曰是正向鼓励，但是，随即教师会出示 PPT 说"这个问题是这样的……"于是学生就会产生疑问：为什么刚才您都肯定我们的回答不错，而现在出示的"标准答案"与我们学生回答的内容似乎不是一回事，那么到底什么才是恰当的答案？为了考试得高分，学生只好记忆并照搬教师的答案，可是随之学生的学习主动性就没有了：既然我们的回答都只是一种可有可无的说法，那今后就不说了，也就是不思考了。这也是初中后学生回答问题积极性不高的主要原因之一。教师要反思自己，对学生的敷衍，就是对教学的敷衍，就是对自己职业的敷衍；要整改就需从教学设计之初教案的设计开始，直到实施全过程的完成。要切实将"以学生为中心"的理念贯穿于教学全过程。

有思考的互动，就会有课堂新生成的内容，就能上成一节"灵动"的活课。对于学生的主动提问应当欢迎,哪怕提的问题角度有些不当、提的内容不够明确,教师应当善于把它调整为恰当的教学问题,引导学生通过思考展开讨论。

3. 教师在教学过程中对原有教学设计是否有合理的调整

严格地说,教案只是预案,在教学实施过程中,原有教案应当是有调整的。一个教师,做了一个经得起教学专家推敲的教案(预案),这才是他迈出的一小步;在教学中他把教案很好地演绎了一遍,这个教师大概率是出了问题。一个预案,怎么可能把未来将要发生的事件过程预料得丝毫不差? 难道学生群体中每一个个体的学习状态和进程都能被"如神"料中? 教育心理学原理和教学经验告诉我们这是不可能的。如果发生这一状况,只有一个答案:学生没有发挥主体作用主动地学,整个课堂还是教师"一言堂"。有些教师可能会觉得委屈:教学设计中设计了问题呀! 设计了讨论环节呀! 教学过程中学生也积极回答问题了呀! 怎么是"一言堂"呢? 那我们可以追本溯源:学生是否按照教师给出的教学路径方法亦步亦趋地学习,是否按照教师给出的教学思路得到了教学结果? 如果是,那毫无疑问,其课型就是"满堂灌"式的一言堂教学。所有教学互动都是假互动:要么是有教师预设"标准答案"的互动,要么是可由文本照搬答案的互动。这种重结果的教学,不是现代意义上的主流教学形式。

以《假如你想做一株蜡梅》(赵丽宏)为例。有教师对教学过程的设计主要有如下环节:

第一环节:拓展导入新课;

第二环节:分析文章重点段落;

第三环节:拓展、问题探讨;

第四环节:课堂小结;

第五环节:布置作业。

这样的教学设计框架没有什么问题,比较完整和流畅。教师在说课时强调自己的教学设计有如下两个优点：

（1）讲民主、平等。师生双方坦诚地袒露襟怀，有了这样和谐宽松的生成空间，任何问题都能具备解决的可能性。

（2）课堂上，对问题不设所谓的"标准答案"。努力为学生营造一个有利于教学的"氛围"，唤醒学生的"自我"意识，鼓励学生做阅读的真正主人。

这样的教学反思看似没有问题，还有着不错的亮点。但是考察其具体教学过程，学生真的提出了一个探讨性的问题："老师，这蜡梅是不是喜欢出风头？"只见该教师不慌不忙紧接着说道："这是一个好问题，后排坐着一排听课专家，课后请专家回答你，现在我们继续上课。"

说好的"讲民主、平等"呢？说好的"师生双方坦诚地袒露襟怀"，借助和谐宽松的生成空间共同解决"任何问题"的呢？说好的"课堂上，对问题不设所谓的'标准答案'"和"唤醒学生的'自我'意识，鼓励学生做阅读的真正主人"呢？教学设计是一回事，教学实践是另一回事。由此可见，教学设计提出的"第三环节：拓展、问题探讨"就是一场文字游戏的假互动，自然这堂课的"课改"形象完全崩塌了。在与教师课后交流中，教师坦言道：怕自己预设的教学进程完不成，所以不得不搁置学生的现场问题。

上述案例极为典型，可供思考的问题主要有四个：

其一，教案的预设作用是什么？它是指导教学实践的，不是拿来照搬的。

其二，教学互动是什么？不是回答"假问题"，不仅应回答教师预设的问题，更重要的是应回答学生在学习过程中创设（新生成）的一个个新问题，这才是当今课改的核心——"以学生为中心"。

其三，教学进度是什么？它不是恒定的事物，必须是动态调整的事物。在课前预设时，有一个备用的教学进度；在教学实践时，有一个适用的教学进度。教学是人与人的互动，进度必然会因人因班而异。

　　其四，教学内容的取舍是贯穿教学全过程的。写教案对教学内容有取舍，施教时也需酌情对教学内容再取舍。问题不在于内容的取舍本身，而在于是否全程聚焦教学目标。

　　该教师担心完不成教学进度、坚持预案初衷而导致教学失败；如果该教师大胆舍弃一些后面的教学内容（如果这些内容确有必要用于教学，可以在后续课程中继续施教），拿出一些时间引导学生对该问题展开讨论，就可能上出一堂好课。正确的做法是：教师将学生看似"荒谬"的问题转化为聚焦教学目标的有意义的讨论话题，组织学生开展讨论，其构想要点可以是：

　　（1）这是一篇托物言志的散文。情景交融是重要的知识点之一。

　　（2）景语（寄寓在物上的人文精神）是端正情感态度价值观的重要载体。

　　（3）"蜡梅是否喜欢出风头"的问题，问的是"物"，折射的是人，这恰是"情景交融"问题极好的教学切入点。

　　据此，我们可以假设课堂或许会出现下列情景：

　　师：××同学提出了一个很好的问题，"这蜡梅是不是喜欢出风头？"有哪位同学能贡献出你的见解啊？

　　生：这蜡梅又不是人，怎么谈得上出风头不出风头。

　　生：大千世界，万物形形色色，不是蜡梅，也会有其他花物俏立枝头的。

　　生：××同学不该打岔，你这个问题与课文主题无关。

　　……（议论纷纷，莫衷一是）

　　师：我觉得××同学倒是提出了一个很好的问题，今天的教学目标之一就是理解把握散文的"情景交融"写作特点，我们不妨从"情景交融"概念和表达方法上思考一下××同学提出的问题。哪位同学能继续表达你的看法呢？

如是,根据新生成的内容,仍然能聚焦教学目标实施教学。教师立即调整教学设计,拿出一定的教学时间,聚焦"情景交融"知识点,组织学生展开讨论,进而明晰"情景交融"本质上是人把自己的感情(人文精神)投射到物(蜡梅)的身上,然后这种精神又折射回来被人(自己)感悟;看似梅在思考动作(梅的"逆时"而长),实为人的思考动作(人的逆境奋斗),因此人感悟和追求的其实是发自内心的人文品质、文化传统精神,由是"景语""情语"实现了统一,这才是"情景交融"的原因。教师及时根据课堂新生成的情况,把学生的问题演化为聚焦教学目标的教学问题,既讨论明晰了一项重要语文概念,又是一次生动的人生观价值观"道"的教育。这需要教师具有一定的素养和基本功,也是教师应持的正确情感态度和价值观。

(三)"三维"网格化综合评价

评价是不是一堂好课,必定有一个客观的评价指标体系作为共性的依据,这就是三维目标:知识与技能、过程与方法、情感态度与价值观。三维六个方面对教学的网格化评价,能较为客观、全面地实现综合评价。

是不是优质课,要点在于知识与技能的设计是聚焦教学目标的、内容遴选是恰当的;过程与方法的设计是科学和有效的,是有助于教学目标达成的;情感态度与价值观的教育是正向落实的,对于开发学生学习中非智力学习因素是积极的。这一点在后续"教学评价论"章节将予以专述。

二、助推好课的教学策略举要

教学策略是一个很宽泛的概念,从不同角度分类,其类别下的策略也有形形色色的表述。这里仅以三项基本的教学策略为例,教师可以以此为基础,通过不同标准分类去推断,进而体会理解相关的教学策略。

(一)自我形象塑造的策略

人之交往,比较重视第一印象。这是因为初次印象最容易被人形成主导性记忆,它将影响到对后续行为活动的认知和评价,这已被心理学所认可。如果第一印象不佳,后续要有所改观,就需要付出多得多的努力。因此教师新入教职,或者新接班级,一定要重视给学生带去的第一印象。这里的第一印象,不仅仅指外貌方面的因素。容貌上佳自然占了些先天优势,但这不是最重要的,这里的第一印象特指"对教师的第一观感":像不像一个教师;有没有亲和力;有没有对班级的管理能力。

人有欺生的习性,初次见面,教师"掂量"学生,学生也"掂量"着教师。第一印象能在一定程度上主导未来教学的主导权由谁掌握。经常遇到这样的窘境:教师跑来投诉说班级学生怎么怎么调皮捣蛋,学习纪律怎么怎么不好。教师是课堂的主导,学生纪律问题不是教师自身的问题吗?怎么好意思跑来投诉求外援呢?为什么往往是同一个班级,有些教师教得得心应手,纪律良好,而有些教师就怕走进课堂呢?经验告诉我们,问题出在他们彼此的"第一次印象"。

教师的"第一次",应该是注意修饰的:服装整洁、端庄规范(不合教师规范的服装会让学生上课分心,也削弱课堂教学的严肃性);面容修饰,朝气阳光;举止得体,稳重大方;仪态亲和,具有感召力;管控自如,具有独到的处事能力。不修边幅的大教授也有,讲课不讲规范的也有(例如坐着讲课,上课抽烟等),但他们学界有地位,学问有功底,学生对他的第一印象不是来自第一次见面,而是来自学长们神话般的传说,所以一开始就对他们肃然起敬。

为此,有些基本功是需要教师练习的。

对着镜子修身、整饰服装;对着镜子练习举止行为、音容笑貌;对着镜子练习发声,练习对教学行为语言的掌控。教师的装饰忌浓妆、忌艳服;教师的举止"止乎礼",切忌对学生随意肢体接触(摸头、拍肩、搂抱以示善意等),要保持社交距离;教师对学生说话须注意分寸,既要平等友善,又须克己守礼,顾全大局。

教师应尽可能多地与形形色色的人交往,锤炼与人交往的心态和沟通交流技巧;多观察其他教师的举止行为;学会在校园内主动与学生微笑并点头招呼。教师的胸怀是开放的,心态是阳光的,对每一个学生都是抱有期望的。对学生可以有非显性的偏爱,但绝不能有偏见。

学习一些管理学知识,多考虑一些班级可能发生的、影响教学的异常情况,进而做些设计预案:学生一见面都盯着自己发笑该怎么办?学生开小差不听讲该怎么办?学生上课打瞌睡该怎么办?学生交头接耳影响到课堂教学秩序该怎么办?学生不服教育公然顶撞该怎么办?教室外出现异常的巨大声响把学生全部注意力都吸引外移该怎么办?学生上课打架该怎么办?自己上课突然卡壳该怎么办?自己提问后学生答不上来该怎么办?学生提问自己答不上来该怎么办?如此等等。管理举措自然应具体情况具体对待,但也是有共性要求的:

原则:教育引导。

目标:化解问题,保持教学的可持续性。

方法:现场大事化小,不激化矛盾;个别的问题不扩大到"面"的问题;尊重学生,为后续解决问题留有余地,除非一开始就到了不可收拾的局面。

教师重视"第一印象"的塑造,就是要站稳讲台,赢得学生的好感乃至尊重。同时教师也应明白,有时候,成功也不一定取决于主战场(教室课堂),而取决于一些场外因素。因此,教师应学会与学生打成一片,成为"孩儿王"也是必要的。当学生对教师敬重起来(甚至崇拜)后,教学往往事半功倍,教学管理也会事半功倍。

这里举一些典型案例。

【例1】 自我介绍的第一句话

《金岳霖先生》(汪曾祺)里描写西南联大著名教授金岳霖先生:

金先生的样子有点怪。他常年戴着一顶呢帽,进教室也不脱下。每一学年开始,给新的一班学生上课,他的第一句话总是:"我的眼睛有毛病,不能摘帽子,并不是对你们不尊重,请原谅。"他的眼睛有什么病,我不知道,只知道怕阳光。因此他的呢帽的前檐压得比较低,脑袋总是微微地仰着。

看来金岳霖先生的模样有些怪诞，一般说来学生对他的第一印象应该是不佳的。但是金先生总是说的第一句话让学生肃然起敬：大学生是文化人，他们不会去嘲笑一个人的生理缺陷，反而会因为金先生毫不掩饰地自我介绍而敬重老师，当然金先生在校园也有良好的学术和教学口碑作第一印象的铺垫。

【例2】 教师的说话分寸

有一位专业老师，特别喜欢与学生开玩笑，他以为这能增进与学生的情感。没有想到，有一次学生们主动与他开起玩笑来，这玩笑开得有点大了，教师脸上挂不住了，只好向班主任去投诉。

这是一则发生在身边的真实案例。教师可以与学生开玩笑，但须注意分寸。内容分寸上，宜雅不宜俗。雅是幽默，俗则不合乎教师身份。处置事件的形式分寸上，宜个别不宜群体，宜课外不宜课内，宜私下不宜公开。该教师遭到学生们的玩笑，一定是先犯了一些"不宜"之忌。这是错一。错二在于他不是自己设法消弭化解，而去求助班主任（辅导员），这"求援""告状"导致自己威信受损，就丧失了与学生互信的可能，将矛盾公开化，将人情裂痕扩大化，这是缺失危机公关能力的表现。果然，该教师在该班的后续教学一直很不顺畅。

（二）尊重学生认知发展的策略

这是根据著名心理学家皮亚杰的"认知论"理论研究构建起来的。他认为，学生的认知发展有四个阶段：

（1）感知运动阶段：认知来源于对外界事物的感知。

（2）前运算阶段：感知认知后有一个大脑智力运动操作的过程。

（3）具体运算阶段：思维具有一定的弹性，具有了一定的完整性和逻辑性。

（4）形成运算阶段：能够发展命题之间的联系，能够运用逻辑推理、归纳或演绎的方式去解决问题。

皮亚杰认为,学生的认知发展有四个条件:① 成熟;② 实际经验;③ 社会环境的作用;④ 平衡化。其中"平衡化"是最重要的条件,它通过多重的"去平衡"和"再平衡",导致存在差异的平衡状态递进发展,产生认识上由量变向质变的飞跃。学生从实践活动中获得知识,教育活动应以学生为中心,教学应是个别化(差异化)的,社会交往在教学中发挥着重要作用。这一点在职业院校中特别适用。

为此,职业院校的教学活动应尽可能用项目方式呈现出来,应重视学生感知学习阶段的知识积累,不要让学生毫不费力地得到学习结果;应重视学生思维过程的训练,培养学生建构起健全的、积极的思维意识和能力结构,培养学生"联系"地思考问题的习惯,最后实现综合能力的提升和分析问题、解决问题的能力迁移。

这里以《名二子说》(苏洵)的教学为例进行探讨:

教学路径:问题导向。这些问题可罗列如下。

(1) 文本讨论:苏洵给儿子苏轼、苏辙取名字有怎样的苦心和寄托?

(2) 拓展讨论:中国人取名问题的思考。① 中国人取名的意义。② 中国人取名的作用。

对学生而言,取名字是常见的事,也是完全能理解并提出自己见解的事。但是作为专题讨论,训练的是视域角度和综合表达能力。

文本教学中的问题比较好理解,有教材提供视域和理解线索;有史上可考的苏轼、苏辙两位大文豪的历史踪迹作为提炼答案的依据。

拓展讨论的问题就需要学生自行收集素材、探究解决问题的路径方法(自行发现和提出问题),做出恰当的回答。

可供展开讨论的提示有:

① 中国人取名的意义:符号意义(原始意义);心理意义(口彩和暗示意义);文化意义(寄寓理想、反映时代面貌特征)等。

②中国人取名的作用：对孩子命运的期望；折射人的个性；寄寓家族命运转折的期望等。

学生开展讨论的路径可以是：① 对书本所得信息、身边所见所获信息的收集和现象归纳。② 对现象归纳结果的分析和推断，进而分类再归纳。③ 对分类归纳再做提炼和表述。

"讨论提示"是教师在备课时应当关注并预设的，但是在教学中，教师一定不能代替学生去思考，一定不能引导学生循着教师自以为是的正确思路顺利达成教学目标。应遵循学生认知发展的规律，引导学生获得充分的感知和体验，这个过程可以花费较多的时间，然后引导学生内在的思维能力训练和外化的思维品质提升，结合口语表达能力的训练和提升，达成语文知识的积累和语文综合能力的提升。同时也是对学生传承优秀文化传统、弃文化糟粕（辨析心理意义与迷信的界限）的"传道"教育。

（三）教学过程的调整策略

有道是"计划赶不上变化"，教学预设好好的，临到教学实践却遇到意料外的新情况。举其要有如下表现：

1. 学生说教材内容学过了

教材选文体现了教材编撰者的编撰指导思想和教学要求。选文尽量不重复，但重复不等于是问题，关键是教什么和怎么教。例如《静夜思》（李白）教学。

义务教育阶段选文侧重识字诵读，了解大致文意。高中阶段选文侧重意境理解和体验。大学阶段选文侧重品读文化意蕴和"道具"训诂（如"床"的字意）。当备课内容到教学实践中无法按部就班地实施时，教师必须求"变"：花一定时间聚焦教学目标，实现文本在本单元中应体现的作用意义（知识点能力点），然后向学生年龄段"跳一跳可接受的"方面去拓展，侧重教学中的"解惑"环节。语文教师基本都是中文系专业毕业的，学历当下一般都达到了研究生程度，这种即兴调整是完全可以做到的。非中文系专业(含对外汉语专业)毕业的教师,应在平时加强阅读,夯实语言和文学底蕴以适应这类教学的需要。

2. 教学难点的预设与实际情况不符

教学难点的预设是教师备课时的考虑,临到现场有时候会发现与实际不符的情况。一般说来,对教学难点的处理,一是花较多时间去引导学生理解掌握,二是会设计更为明晰的教学路径(含案例解析)去帮助学生解惑。当发现该难点"不难"时,就应当及时缩短教时或简化该内容的教学路径,把教时或更多的方法路径用于现场发现的难点中去。例如《故都的秋》(郁达夫)。

教师预设的难点:文人悲秋的文化意义。

实际的教学难点:通过五幅画面诠释"故都的秋"清、净、悲凉的特点,学生觉得画面并不悲凉。

对此,教师对文人悲秋问题可简单例释带过,应着重引导学生对文本"景语"的深入理解。因为文人悲秋固然是一个知识点,但不是学生非掌握不可的知识点,远不及探究"文如何载道"的"五幅画面"重要。

3. 组织学生讨论,但讨论不起来

不少教师喜欢用问题导向教学,即将系列问题组合起来,环环相扣,一个接一个地按逻辑线索逐次推出,引导讨论。但是现场发现,学生或者不愿意发言,或者发言内容流于表面(仅仅是课文直接呈现的内容)。对此有两个基本的破解路径。

其一,从根本上解决学生是否愿意发言的问题。这需要教师从第一节课开始就要建立与学生的良好联系,让学生知晓并接受你的教学方式——教师希望学生的学习状态是怎样的,良好的教学秩序是怎样的,学生是否应积极主动地发言,以及怎样发言等,所以教师的第一次课往往不是按着教材教学,而是突出师生之间的沟通。在日常教学中尊重学生的发言,不敷衍,应适当地把学生发言要点板书在黑板(白板)上,在教学小结时结合学生们的发言要点做引导性教学小结,而不是简单地按照自己预设的内容做小结。

其二,在现场对所问内容的路径方法做必要的调整,给予产生联想和提炼的必要提示(但不是直接给出思路或结果)。正如孔子所说:"不愤不启,不悱不发。"①要把握好学生"发奋"的度和欲"开口说话"的度。当一个学生回答不出问题时,有些教师往往会换一个学生,要求其继续回答问题,换一个尚可,多换几个的话,不仅会没有效果,还会破坏教学节奏乃至整个教学氛围。这时的策略不是"换人",而是换教学路径。

4. 学生提出"怪"问题

这里所谓的"怪"问题,是指教师意料之外的问题,甚至有时是让教师发蒙的问题。这里必须要明确的是:只要学生的发问在情感态度价值观上是积极正面的,就是课堂允许的。

当代信息社会资讯特别发达,学生中不乏偏科偏爱好者。很多青少年阅读量大、阅读面广,而不少教师从业后除了阅读教材和一些媒体的碎化信息外,往往不太去主动阅读了,这很可能会出现学生提问时,教师答不好、答不上来的情况。

对于学生的提问,教师必须首先判断:该问题是否符合当次课的教学目标;凡符合的就应去积极面对;凡不符合的就应告诉学生这可以放在课后讨论。另外,凡符合教学目标范畴,教师自己明白的,应将学生的问题整合成课堂教学的问题,引导学生讨论及解惑;如若教师自己感到不太明白的(没有涉猎过,答问没把握等),应立即坦言这个问题虽然很好,但当下解惑还有一定的困难,需留待下一次课去解惑。

总之,学生无论提出什么问题,都不能回避,要积极地去应对。

5. 教学导入的设计出现偏差

撰写教案时,教学导入的设计是着眼于教学内容的授课需要。但教学实践中影响"导入"的因素很多,例如下午第一节课,受中午篮球比赛的影响,个别学生汗津津地跑进教室,心跳140多。一些做"啦啦队"的学生兴高采烈,还在不断议论比赛的精彩片段和输赢问题。这时的教学导入

---

① 语出《论语·述而》。

不仅是预设内容的导入,还要引导学生平缓心情、集中注意力。教师站在讲台上是不能静默的,需要讲什么、如何有效让学生平静下来并集中注意力,这是教师在设计现场导入词时必须面对的问题。下面是一个真实发生的典型案例。

某名师培养基地组织公开展示课"沟通技巧",由于该授课教师具有较大的影响力,这天去旁听的专家和学员多达 20 余人,占据了约一半的座位。上课铃响时不见一个学生进教室,直到过了 10 分钟才看到 20 余名学生红着眼睛心情"悲哀"地走进教室入座。任课教师又花费了 10 多分钟导入,然后课堂进入了可圈可点的互动教学,下课铃响,教学目标全部达成,且学生的满意度极高。后来得知,学生晚进教室是有原因的:学生非常喜欢听这位教师上课,可座位有限,约有 20 名学生进不了教室,学生的情绪发生了较大的波动,后来在班主任的协调下,部分学生虽然进了教室,但心情还在波动状态。现场观察可见,授课教师对教案做了较大幅度的调整:教学环节时长分配的调整,教学内容次序的调整,教学内容详略的调整,互动问题组合方式的调整等。教师在较长的教学导入中一面安抚学生情绪,一面对后面的讲授内容做必要的铺垫,成就了后续约 20 分钟的"讲授新课"环节,整个课堂由情绪沉闷走向活跃,上出了精彩一课。

(四) 课堂管理的策略

管理是以服务教学为宗旨的,种种管理技术和举措都应助推教学的有效性。

1. 借助"硬性条件"的管理

当前信息技术手段已经普遍应用于课堂,它主要有两方面的意义,一是突破时间空间的限制,可以在电子屏幕上随心所欲地调动各种教学资源,然后恰当地、有效地呈现出来;二是加强即时的信息统计与反馈,继而适时把握学情、调整教学内容与进度。这种现场的"适时性"就是施教者教学策略的具体表现之一。但是,现场突然网络不通了怎么办?电子终端出现了故障怎么办?是解决了信息技术问题以后再施教,还是应当立即调整教学技术手段？恰当的做法是：确认电子终端或网络是否真发生了故障，故障确认的话应立即调整教具及教学技术的应用，让学生陪着在课堂静默、让教学停顿下来是不妥当的。至于辅助性的信息技术应用能力的掌握也是必要的，这是跨界教学能力的又一重表现。

2. 借助"软性条件"的管理

这主要指的是依据"人力"可为可控的管理举措。教师是杂家，是课堂教学实施的主导者和管理者，必须掌握一定的管理学常识并具备一定的群体管理能力、教学管理能力。特别是教师处理学生的异常问题时，需要用到较高的管理艺术。处置不当会导致矛盾升级激化，可能会由点及面"星火燎原"，最终会管理失控。教师在实施课堂管理时有几个问题是必须清醒认识的。

（1）根据教育心理学原理，高中学段及以上年龄段的学生，主动学习的关注力可以长达 180 分钟；但是在课堂教学期间的关注力一般不会超过 20 分钟。一节课 40 分钟或 45 分钟，教师需要安排得张弛有度，在有效的教学时间内，通过得当的教法，落实教学重点及主要教学内容，引导学生通过"有意注意"或"无意注意"习得或实现思维品质提升。

（2）高校的生源比较复杂，有来自普通高中的，有来自"三校"本专业的，有来自"三校"非本专业的。课程学习程度参差不齐，甚至可能差异极大，学习习惯也会有较大的差异。教师需要因材施教。

（3）学生一般都好面子，教师批评到位，但不留"情面"，往往会适得其反。教师管理课堂特别需要讲究教育方式方法。

（4）课堂的有序和无序，都是相对的概念。一味强调有序，就没有了学生的学习主动性；放任课堂的无序，也会造成教学秩序的失控。做教学评价，观察课堂秩序，能判断该教师是不是一个成熟的教师。

三、举一反三，总结发展教学策略

教学策略举不胜举，既有前人总结的，也有自己体验感悟的。在当今时代,教师还应与时俱进,借助科学技术的进步,跨界学习,跨界成果转化,有意识地总结发展教学策略,指导自己上出"好课"。

科学界有一个"耗散结构理论",它认为,一个系统从无序向有序方向转化,形成耗散结构必须满足四个条件:① 系统必须是开放系统。② 系统必须远离平衡态。③ 系统内部各个元素之间存在着非线性的相互作用。④ 涨落导致有序。

其中"涨落"是指系统的某个变量对平衡位置的偏离。涨落是偶然的、随机的。当系统处于平衡状态或者线性近平衡区域时,涨落是一种干扰,由于这时该系统本身具有较大抗干扰能力并保持原来的平衡状态,涨落的发生只使系统状态暂时偏离平衡位置,最终还要回到稳定的平衡位置。当系统处于非线性远离平衡态区域时,系统中的一个随机的微小涨落,通过非线性的相互作用和连锁反应被迅速放大,引起系统从不稳定状态跃迁到一个新的稳定的有序状态,导致系统发生突变,从而形成一种新的稳定的有序结构。

科学界的该理论恰好能跨界被教育界所借鉴,由此能发展出一个全新的教学策略,用以指导我们的课堂教学实践。将上述科学界理论语言"翻译"成教育界教学语言,可表述如下:

第一,课堂教学过程是一个系统,它必须是开放的,不能只是将"教案"简单地演绎一遍,不能简单地让学生按照教师的引导直接去获得学习结果,它应当有鲜活的新内容即时生成,成为课堂教学的有机组成部分。

第二,课堂教学的实施,必须远离平衡态。师生互动、生生互动的过程不能总是平衡的,要允许有新内容的不断生成,要允许学生提出各种有效的问题,要允许师生之间观点出现碰撞和不统一。

第三,课堂教学过程中良性的师生互动、生生互动,其间存在着非线性的相互作用,因而教师需要不断适时地调整教学内容、调整教学进程,切实做到因材施教。

第四,课堂教学过程中所出现的偶然的、随机的事件,看似对教师的教学预设构成了干扰,引发了暂时的"教学无序"(相对教案而言),但是教师的主导作用应能保证教学的总体有序和平衡,教学内容和过程可以因之调整,但是教学目标必须全面落实,最终形成良性有序的教学局面。

简而言之,该理论对我们教学的启示是:一堂好课,应当是一堂"乱得有理"的课。学生积极主动地发言,甚至无需举手、坐在座位上发言都是可以被允许的;学生中出现相持不下的激烈争辩,也是可以被允许的;学生质疑教师的讲课内容也是可以被允许的,这种"偶然的、随机的"涨落事件是"以学生为中心"的具体体现。由看似无序到终归有序,关键取决于教师的教学主导能力和课堂组织管理能力,能力强的教师可以上成"波澜壮阔"的优质课;能力弱的教师一定不会允许这种教学状态的出现,他们可以上一些不起波澜的课,因此也就上不出真正意义上的好课。

第七章 ▶ 教学评价论

这里所述的教学评价是依据《课程标准》、参照教师所设教学目标,对其教学过程及结果进行价值判断的质量监控活动(其他涉及面较广,不在本章阐述范畴),它是对教学活动中教师教的状况、学生学的状况进行现实的或潜在的价值判断的过程。它一般包括教师和学生的表现及获得、教学目标的设计、教学重难点的提出、教学内容的遴选、教学方法路径的选用、教学环境的营造、教学管理面貌等因素,最终聚焦在学生学习成效上。

教学评价是面向教学活动闭环管理中的一个中转环节,它既可以监控教学质量和管理质量,也可以对后续教学实施和教学管理提出诊改性的建议和要求。它可以要求教学活动和管理工作继续推进,也可以要求其退回诊改后继续推进。

教学评价的方法是多样的,按照不同标准分类,分别有:过程评价和结果评价,定量评价和定性评价,书面评价(含问卷、试卷等)和听说评价(座谈、说课、访谈等),诊断性评价、总结性评价、相对评价和绝对评价等。

教学评价的目的不同,相应的选用方式也会不同。一般说来大量的、日常的教学评价,多为过程性评价、诊断性评价和相对评价。当前学生最熟悉、最看重的是书面(试卷)评价和定性评价。恰当的教学评价会促进教学质量的提高;不恰当的教学评价会导致教育教学方向的偏离,会导致教学兴趣的弱化乃至厌教厌学情绪的出现。

一、语文教学内容评价的主要观察点

语文学科的评价内容和要求，应该较为系统地出现在《课程标准》中，通常用以指导编撰教材、指导教师对标教学和指导学生对标学习。由于"道"的知识点和能力点是在"思政"课（主渠道教学）中全面落实的，因此语文课程标准所强调落实的"道"，一般在"课程性质与任务""学科核心素养与课程目标"以及"课程理念""课程设计思路"等部分加以概括性的表述，而"学习内容与要求"部分则侧重表述"文"的知识点、能力点以及其他相关的语文学习内容（含文化传承的有关内容）和要求。如果上述内容不加以明确阐述，编撰的教材可能会出现与《课程标准》脱节的现象，也会造成教师使用《课程标准》的一系列困惑。

下面对语文教学的知识点和能力点择要罗列。由于职业本科是新生事物，它与原先应用型本科的联系与区别还有待实践探索加以明晰，因此职业本科的语文教学目标和要求可以暂时参照高职教学，但应在思想文化方面适当加强一些。

（一）语文的知识点

语文的知识点主要包括如下方面：

1. 阅读与写作教学

立意、主题和材料、标题与选材、文章标题与行文、文章的结构、写作线索、文章开头、承上启下、卒章显志，叙述、叙述文的语言特点，议论、议论文语言特点、论证方法、夹叙夹议、中心观点、论据，关键词、关键句、常见语病、口语与书面语、标点符号的作用（情感意义）、遣词造句、诉求要清晰、表述要得体、语法、改写、缩写、扩写、仿写、归纳、演绎等。

2. 听说教学

普通话、声母、韵母、声调、语音的变化、节奏（含停顿）、语调、语速、语气、朗读、寒暄、聊天、介绍、交谈、商洽(含劝说)、主持、演讲、倾听、听话听音、姿态语、复述、概述、评述、应聘、即兴发言、辩论等。

3. 文体知识

记叙文、说明文、论说文、游记、科学小品文、散文、序跋、诗歌、小说、戏剧、对话体散文诗、文艺随笔、书信体、笔记小说、骚体、杂文、史评文、寓言、词话、自由体诗、文言文、白话文、条据、启事、说明书、导介词、记录、专用书信(邀请、感谢、自荐、倡议)、规章制度(制度、规则、守则、公约)、计划(规划、安排)、总结、通知、报告(实验、调查等)、公文、新闻(消息)、通讯、迎送辞、贺词(悼词)、开幕词(闭幕词)等。

4. 文学鉴赏

形散神聚、情景交融、借物抒情、托物言志、写景的角度、开门见山、小中见大、戏剧语言、戏剧冲突、小说三要素、抒情、描写、细节描写、人物描写、环境描写、白描、典型人物、典型环境、批判、质疑思辨、比较阅读、形象化的时政语言、高屋建瓴、浪漫主义、现实主义、比喻、排比、通感、拟人、比拟、借代、夸张、对偶、设问、反问、反语、对比、炼字、推敲、叠词、用典、烘托、意象、意境、讳饰、悬念、虚拟、称谓转换、品味语言、整句与散句、反诘句、想象、联想、象征、四言诗、五言诗、七言诗、律诗、古风、重章叠句、诗歌三美、婉约词、豪放词、辩证统一、品读、鉴赏、文论、词论、画论、成语、寓言与成语的区别等。

5. 文化传承

文化、天下为公、仁、义、礼、智、信、忠恕、孝悌、四书、五经、修身齐家治国平天下、中庸之道、诗经六艺、学思结合、爱国、风骨、悲秋、宗庙、纪传体史书、国别体史书、语录体史书、古典四大名著、精益求精(匠心匠艺)等。

6. 中文工具书的使用

词汇类:字典、词典(含古汉语)、辞海、辞源等。

类书:成语、人物、地名、掌故、典章、书目、大事记等。

(二) 语文的能力点

语文的能力点主要包括如下方面:

1. 听说教学①

听说教学具体能力要求如表7-1所示。

表7-1 听说教学具体能力要求

语文能力（知识）	具 体 描 述	学习要求	
		中职	高校
1. 能用普通话进行朗读	1-1 能正确地使用普通话朗读	√	
	1-2 能语音清晰、通顺地朗读文本	√	
	1-3 能语调自然、节奏恰当、有感情地朗读文本	√	
2. 能在日常交流中迅速把握说话者的大意	2-1 能有语境意识，关注交际场合与交际对象	√	
	2-2 能听完、听清对方信息	√	
	2-3 能捕捉（提取、筛选）关键信息	√	
	2-4 能把握要点，记住并理解大意	√	
3. 能辨析关键信息	3-1 能结合自己的经验，根据语境辨别信息的正误	√	
	3-2 能借助语气、神态、肢体动作等判断交际对象的态度和倾向	√	
	3-3 能听出交际对象话语中隐含的真实意图	√	
4. 能对相关信息进行复述和评述	4-1 能遵照原意具体、完整地复述关键信息	√	√
	4-2 能对相关信息进行归纳整理后作概述	√	
	4-3 能较有条理地对相关信息作简单评述	√	

① "听说教学"以及下列"阅读与写作教学"能力体系，均引自笔者参与编撰的、上海市教委2015年颁发的《上海市中等职业学校语文课程标准》（修订版）；同时根据高职院校语文教学定位和要求对该列表做了部分内容的补充和调整。

续　表

语文能力 （知识）	具 体 描 述	学习要求	
		中职	高校
5. 能口述日常生活、学习与工作的经历	5-1　能从自己生活经验出发，清晰、完整地口述所见所闻	√	
	5-2　能有重点、有条理地口述相关职场情境中常用的文字、表格、图表等材料的主要信息	√	
	5-3　能根据需要恰当地运用语音、语调、语速和节奏进行口述	√	√
	5-4　能借助态势语增强口头表达效果		√
6. 能在交谈中进行应对	6-1　能在交谈中做到话题相关	√	
	6-2　能根据谈话内容，清楚地表达自己的感受和见解	√	
	6-3　能根据不同场合和自己的身份，遵循一定的礼仪规范得体地进行交谈	√	
	6-4　能在协商、论辩等情境中，综合考虑他人的态度与观点，形成自己的立场，阐明自己的观点	√	√
	6-5　能从特定情境出发，选用恰当的材料和方式说服他人	√	√
	6-6　能有针对性地、得体地反驳不同观点		√
7. 能按照要求或围绕专题发言	7-1　能根据语境确立发言中心，并搜集、整合资料，有针对性地发言	√	√
	7-2　能从发言效果出发，较快形成思路，有条理、较完整地进行发言	√	
	7-3　能即兴发表演讲	√	√

2. 阅读与写作教学

阅读与写作教学具体能力要求如表 7-2 所示。

表 7-2　阅读与写作教学具体能力要求

语文能力（知识）	具 体 描 述	学习要求	
		中职	高校
1. 能借助工具书解决阅读中的问题	1-1　能正确使用中文工具书	√	√
	1-2　能借助各类工具书或网络等数字化手段搜寻所需要的信息资料	√	√
2. 能快速把握阅读材料的大意	2-1　能识别阅读材料的基本用途	√	
	2-2　能基本了解阅读材料的主要内容及大意	√	
3. 能根据阅读目的，从阅读材料中获取所需要的信息	3-1　能对阅读材料的基本内容进行梳理和提炼	√	
	3-2　能根据阅读目的，收集和筛选阅读材料的关键信息	√	
	3-3　能借助阅读材料所使用的表达方式理解作者的情感倾向	√	
	3-4　能根据阅读材料中的文字表达，推测其隐含的信息	√	
4. 能结合语境解释阅读材料的含义	4-1　能体会阅读材料所反映的情境	√	√
	4-2　能解释字、词在具体语境中的含义	√	
	4-3　能解释句、段在具体语境中的意义	√	
	4-4　能对相关职场情境中常见的表达诉求、说明事理等阅读材料的主要内容作基本的分析和解释	√	√
	4-5　能根据阅读材料中的文字表达，分析作者的写作意图	√	√
	4-6　能根据阅读材料的立场、情感倾向和选材、写作思路等，合乎情理地推断、分析其思想含义		√
	4-7　能联系写作背景和作者生平有关线索，推断并解释阅读材料的内在含义		√

续　表

语文能力 （知识）	具 体 描 述	学习要求	
		中职	高校
5. 能归纳、概括阅读材料的主旨或主要内容	5-1　能结合语境提炼阅读材料各部分的主要内容	✓	
	5-2　能对相关职场情境中常见的表达诉求、说明事理等阅读材料进行主旨的提炼、归纳和概述	✓	
	5-3　能从整体上把握阅读材料的主要内容，并概述其核心思想及情感、态度倾向		✓
	5-4　能在比较阅读中归纳概括阅读材料的联系与区别		✓
	5-5　能独立完成重要著作（文章）整本阅读，能归纳概括著作（文章）的重要观点和主旨	✓	✓
6. 能梳理阅读材料的基本思路与结构	6-1　能从作者写作意图出发，理清阅读材料的基本思路与结构	✓	
	6-2　能通过段落或层次之间的关系，分析阅读材料的基本思路与结构	✓	
	6-3　能从材料的选择和安排角度，分析阅读材料的基本思路与结构	✓	
	6-4　能通过比较阅读，分析阅读材料的撰文思路特点和结构文脉特点		✓
	6-5　能独立完成对重要著作（文章）写作思路和结构的梳理		✓
7. 能对阅读材料进行适当的评价或赏析	7-1　能从内容或表达方式上对阅读材料主要特点简单地发表自己的看法	✓	
	7-2　能结合自己的经验，评价阅读材料的意义和价值	✓	
	7-3　能借助一定的文艺理论，欣赏和分析阅读材料的语言及写作特色		✓

续　表

语文能力 （知识）	具　体　描　述	学习要求	
		中职	高校
7. 能对阅读材料进行适当的评价或赏析	7－4　能对阅读材料进行生发和联想，引申出其他有意义、有价值的思想、观念等		√
	7－5　能通过比较阅读，辨析有关信息的联系与区别，做出有价值的鉴赏或判断等		√
8. 能结合情境对词句表达、标点运用等进行修改	8－1　能发现常见的错别字并加以改正	√	
	8－2　能发现常见的语病，并按规范要求改正	√	
	8－3　能根据具体情境要求，对词句表达、标点运用等进行修改和优化		√
9. 能结合情境对所给文字材料进行仿写、缩写、扩写	9－1　能在辨识语句、语段的结构和修辞的基础上，进行仿写	√	
	9－2　能从文章中提取主要信息，进行缩写	√	
	9－3　能根据文章的内在联系和自己的合理想象，进行扩写	√	
10. 能对生活中的人、事、物、理进行客观描述	10－1　能抓住人、事、物、理的特征进行叙述	√	
	10－2　能对生活及相关职场情境中的有关诉求、事理等进行较清晰的、较有条理的叙述	√	
	10－3　能结合生活及相关职场情境，对人、物、事、理等进行较准确的、较生动的描述		√
11. 能针对生活中某一现象写出自己的感受和见解	11－1　能表述对生活现象的直观印象	√	
	11－2　能结合生活经验，较清晰地、较有条理地表述自己对某一现象的看法	√	
	11－3　能结合特定的情境，得体地表达自己的见解		√

续　表

语文能力 （知识）	具 体 描 述	学习要求	
		中职	高校
12. 能从写作需要出发进行选材与谋篇布局	12-1　能根据主题或具体情境，提炼文章标题	√	
	12-2　能根据写作需要选择真实、新颖、典型的材料	√	
	12-3　能根据不同的写作需要构思文章结构		√
	12-4　能按照主次、轻重、详略的需要，合理地安排段落层次		√
13. 能从写作目的出发选择合适的写作方式撰写文章	13-1　能选用合适的文体（文种）撰写文章	√	√
	13-2　能运用恰当的修辞手法增强文章的表现力	√	
	13-3　能运用恰当的表达方式提高文章的写作效果		√
	13-4　能根据专业学习需要撰文（含论文）		√
14. 能从阅读中积累成语、俗语、文学常识和背诵指定的传世的文言诗文	14-1　能识记和理解常用的名言名句	√	
	14-2　能背诵常见的、较浅显的和篇幅短小的文言诗文	√	
	14-3　能在一定情境中运用常见的文言诗句	√	
	14-4　能了解基本的文学常识和解释常见传统文化掌故、成语、俗语的基本含义	√	
	14-5　能在写作实践中适当引用传统文化掌故、成语、俗语、经典文言诗文名句		√
15. 能阅读经典文言诗文	15-1　能借助注释理解较浅显的、简短的文言诗文大意	√	
	15-2　能用自己的语言概括较浅显的、简短的文言诗文大意	√	

续　表

语文能力 （知识）	具　体　描　述	学习要求	
		中职	高校
15. 能阅读经典文言诗文	15-3　能从较浅显的、简短的文言诗文中获得有价值的启示	✓	
	15-4　能阅读理解指定的（或与专业相关的）经典文言诗文	✓	✓
	15-5　能从经典文言诗文中获得有价值的信息，并能归纳概括出其现实意义		✓

上述基本涵盖了一般意义的语文知识点和能力点，由于全国职业院校开设的专业多达 1 300 余个（12 余万个专业点）[①]，不同专业的语文教学，同一专业在不同区域、不同院校的语文教学，其要求会有所不同，因此，各职业院校在实际的语文教学过程中，对上述的知识点和能力点是应该有所遴选的。

在教学设计中，上述知识点和能力点是有计划、呈阶梯状分布于全套教材中的，由各单元提纲挈领地提出，在每一堂语文教学（听说读写）中落实并前后形成呼应和强化。语文课堂教学评价，应该观察教师设了哪些点，落实了哪些点；实施中这些点的要求落实到位了没有。所以这些点就是语文教学内容评价的观察点。

二、语文教学网格化评价的主要观察点

语文教学过程评价应当根据教育部《课程标准》倡导的“三维目标”实施评价。这是在课堂教学之后，对教与学的整体状况做出诊断性或结果性评价。

---

① 《我国建成世界规模最大职业教育体系》，《人民日报》，2022 年 5 月 29 日。

"三维目标"提出的三维视角、六个表现方面（知识与能力、过程与方法、情感态度与价值观），是一种网格化评价要求，要落实落细，则是需要有一个客观的指标体系作依托的。其客观的指标体系构建有如下要求：

（一）指标体系构建的基本原则：明晰、简便、中肯

明晰，是要求给出的指标内涵表述简明扼要，一目了然，不仅让听课评课者清楚怎么评，而且也要让被评者了然自己怎么被评。这样，在执教者，就能指导自己如何备课、如何施教，如何上出较好的教学状态；在评价者，就能在一系列的听课评课中用好"这一把"评价尺子，尽可能避免评价出现偏差。

简便，是要求指标内涵的表述角度逻辑清晰，相对全面周到，评价者既能把自己的评价意见迅速对应到相应的评价指标栏目，也通过打钩表达出自己的基本意见，文字性的综合评价意见可根据实际需要撰写。"打钩"对应的教学状态满意度，一般分五等，这是为了有一定的区分度，有利于拔尖和找出问题。

中肯，是要求所有评价指标都指向语文教学全过程的关键点，角度恰当，表述适度，内容务实，有助于评价者流畅地观察、思考、分析、提炼，进而能在短时间内形成评价意见。

（二）指标体系构建的设计要求

除非特别需要，一般诊断性、过程性的语文教学评价，其指标体系的构建一般有1～2级指标以及对该指标的内涵说明，有参考分值和综合性的简要评价意见。其他就是一些信息类、说明类的文字了。

适用于管理、专业评估等教学检查（包括教学能力竞赛）的教学评价表一般都是通用模式，其一级指标一般由教学设计、教学内容、教学方法、教学效果、教师素养等组成。其评价专家多来自不同专业、不同学科，他们着重评价的是教学过程和教师素养，对涉及学科内容的评价不宜做细致的要求，如表7-3所示（其中内涵说明以角度提示方式呈现）：

表 7 - 3 教学评价指标体系

评价项目	内 涵 说 明	评价等级（分值）					观察说明
		9～10	7～8	5～6	3～4	1～2	
教学设计 （权重：）	1- 1 （教材处理的角度）						
	1- 2 （教案预设和动态调整角度）						
教学内容 （权重：）	2- 1 （科学性,含文道结合的角度）						（含道的现实意义）
	2- 2 （针对性、有效性的角度）						（含融入专业元素）
教学方法 （权重：）	3- 1 （施教方法得当的角度）						
	3- 2 （对教法局限性优化的角度）						
教学过程 （权重：）	4- 1 （导入的角度）						
	4- 2 （过程科学性、完整性角度）						
	4- 3 （教学双主体作用、互动角度）						
	4- 4 （教学目标达成度的角度）						
教学效果 （权重：）	5- 1 （教的角度）						
	5- 2 （学的角度）						
教师素养 （权重：）	6- 1 （人文素养）						
	6- 2 （专业、科学的素养）						
	6- 3 （教学素养）						
评价意见：							总分：

上述表格，对于所有人都是既简明又可操作的。缺陷是通用性过强，针对性就会较弱。特别是当需要针对某一学科（如语文）做诊断、同行之间观摩交流时，这样的评价表就显得不合时宜了。

采用网格化的三维六目标评价指标体系，有助于针对语文学科全面细致地实施评价，特别是能够较全面地观察评价课程是否落实了《课程标准》的要求。能胜任该评价职责的专家，应当具有语文学科背景。语文网格化教学评价如表7-4所示（其中二级指标内涵说明以提示方式呈现）：

表7-4　网格化教学评价指标体系

一级指标	二级指标	二级指标内涵说明	分值	得分	观察说明
知识与能力	科学性	（内容遴选得当、正确）			
	逻辑性	（内容呈现有序合理）			
	适度性	（符合课标、学情）			
	文道结合	（文道结合，又突出重点）			
	核心素养	（全面、有侧重地落实核心素养）			
	能力为本	（教案预设注重能力培养）			
	专业元素	（符合专业培养目标和岗位特点）			
过程与方法	教学目标	（预设合理，实施聚焦）			
	教学内容	（预设合理，动态调整）			
	教学环境	（预设有特点，实施有助推作用）			
	教学步骤	（教法完整有序、有效）			
	教学活动	（活动设计合理，目标内容落实）			

续　表

一级指标	二级指标	二级指标内涵说明	分值	得分	观察说明
过程与方法	教师表现	（定位正确，主导作用明显）			
	学生表现	（学生群体主体作用发挥明显）			
	教学效果	（注重能力，学生群体习得显著）			
情感态度价值观	立德树人	（导向正确鲜明、教学有侧重）			（非空、套话）
	态度积极	（双主体积极性显著）			
	职业素养	（兼顾职业素养，联系职业能力）			
	非智力因素发展	（关注和发挥好学生非智力因素在学习中的作用，突出人格塑造和精神陶冶）			
综合评价意见：			总分：		

非语文专家对"过程与方法""情感态度与价值观"一般大致能把握。所以上表与通用的教学评价表有别，其最大的特点集中体现在对"知识和能力"的细化上，这是学科教学细致观察和评价的关键点，它体现的是语文学科教学评价的类型特征，此外，作为公共基础课，将应当融入专业元素的"职业素养"纳入了情感态度价值观二级指标中，这是职业院校语文教学的类型特征。尽管如此，网格化评价的三个维度是不可偏废的。

三、语文教学过程评价的主要观察点

过程评价是所有评价形式中最常态化的一种，它具有基础性、经常性、过程记录留痕的特点。在许多人看来，其重要性远不及终极性评价，其实不然，就人的终身发展而言，过程评价的作用是最具深远意义的。下面主要阐述对学生学业的过程评价。

过程评价可以是定性的，可以是定量的，它的主要功能是促进学生学业的进步，它并不给予一个评价性结论，它只是由教师对学业过程中每个环节给予一个认可或不认可的态度：对于认可的学业，教师会给予肯定的激励；对于不认可的学业，教师会给出具体的学业指导建议。例如，学生课前有没有预习、预习的质量怎样，教师都会一一记录在案，该激励的激励（不一定是表扬，给予课堂交流发言也是一种激励），该指导的给予指导，该提出改进要求的给予具体要求建议等。

从理论上说，过程评价应该成为结果评价的重要组成部分，每一个过程记录都应该得到教学评价中的应有地位，这样过程评价的意义才能得到充分发挥。当前学生普遍不重视过程评价，这与我们教师的指导思想和评价策略运用不当是有直接关系的。

语文教学过程评价的主要观察点可以设计如下：

（一）学习态度

侧重非智力因素方面，如：兴趣、意志力、学习的主动性（积极性）、学习的参与度、合作学习的表现、独立完成作业情况、出勤情况等。

（二）学习行为

按时预习、有计划地课外阅读；能当场完成互动作业；能根据安排完成即兴演讲、小组交流；能临场提出有价值的问题（质疑、疑问）；能完成课后作业等。

（三）学习表现

主要是各教学环节（含课前、课外）口头回答问题、书面作业的学习质量。例如一课一练作业（巩固性、拓展性）成绩、单元作业成绩、期中测试成绩、阶段测试成绩、期末测试成绩等。

　　根据教学内容的侧重和简化结果性评价要素的需要,语文教学中有些过程评价可以不纳入总评中,例如在教学导入阶段,不少教师安排学生做"一分钟演讲"口语训练,在作业环节安排一课一练作业(巩固性、拓展性作业),这时一般不会有相应的考核成绩。但是,每一项(态度、行为、表现)应当形成一个综合评价,并在结果性评价中给予一定的权重。

　　过程评价要素权重赋值可以设计为如表7-5所示。

表7-5　学习表现综合评价

评 价 要 素	权 重 赋 值
学习态度	10%
日常学习行为	20%
单元作业	10%
日常检测(含期中检测)	20%
期末检测	40%
	100%

　　将上述内容,特别是平时的学习态度和主要行为表现纳入结果性评价范畴,既是对学生综合评价的需要,也是对教师的一个提醒:要重视服务学生的发展,要认真审视学生在学习过程中的发展状况,要按照职业教育的类型特点和工作岗位要求,特别关注学生"习得"过程中的每一点进步,特别关注学生探究、解析、破解问题能力的进步。

　　重视学生业过程性评价,可以不在乎学生每一次成绩都"不错"或"很好",关键是看语文核心素养的落实乃至提升情况。要特别重视学生学业中思维品质的提升和恰当的优秀文化传承。为此,高职教育阶段的作业可以每一次课后都布置,但不一定要求学生每一次都做,可以提出每学期完成不少于三分之一作业的要求,重在作业质量。

　　过程评价的主体,不一定由教师独自担当,生生互评应当占有一定位置。此外,语文是一个综合性的学习活动,语文无处不在,教师应把语文延伸到校园、家庭、社会和企业,那么评价主体更是多元化的,这对学生成长具有特别积极的意义。一项调研表明①,学生的"习得"主要不在课堂(课堂固然有引领作用);当学生走上社会之后,学生和用人单位发现学生的"习得"更多地来自校园和社会。这项研究无意否定课堂教学的重要意义,但从一个侧面说明,如果教师只关注考试结果,忽视日常过程评价,就会导致人们对学生认识上的偏差。

---

① 乔刚:《高等职业院校通用能力教育认识悖论与思考》,《教育与职业》(中华职业社主办)2008 年第 24 期(总第 592 期)。

下　卷

第八章 ▶ 阅读教学论

　　语文教学总是着力于聚焦听说读写的,其中阅读教学是最普遍、最基本的形式,总占比约在语文教学的 60% 以上。需要特别指出的是,这里的"阅读教学"指的是偏重文本阅读的教学,严格地说,"读"中也有"写"的教学,也有对"听"的教学的启示意义,听说读写的教学总是互相融合在一起的,不会偏废。阅读的对象可以是散文、诗歌、小说、戏剧,也可以是时文和生活工作情境中的素材;阅读的方式可以是课堂内的精读、泛读,也可以是课堂外的选读、跳读、代读(读别人提炼的梗概、书目、序跋、书评)和整体阅读(一本书、一套书)。此外,阅读的方式还有碎片化阅读和组合阅读等。阅读方式的选用取决于阅读目的,而课堂内的阅读教学,受制于"文如何载道"的总体教学目标,其形式主要是精读和泛读,其方式主要是读、品、析、鉴、评等。

　　语文教学的重要载体是教材,这就决定了学习方式主要是阅读。阅读的主要文本是教材,为了达成学习目标,还有相应的拓展阅读作辅助。

一、阅读教学的重点是读

　　从教学逻辑上说,阅读教学的重点是读。读作者的思想观点,读作者的文脉思路,读作者的文如何载道。读的要领是"探究",而不是主观意会或者代替作者说文论道。理由只有一个:我们是教学,而不是创作。教学是把别人创作、经过历史积淀形成经典的范文,进而成为用以施教的一个案例,引导学生传道解惑、学语用文。所以教师施教的一个重要前提是备课:充分了解文本产生的背景(作品所处的时代背景、当时作者的生活工作状态和写作背景),由此把握文本的思想观点,然后借助教师自己的文学素养和教学素养厘清文本写作线索(逻辑结构);决不能人云亦云地照搬照抄,把自己的思想观点和写作线索强加给作者。教师施教时有两个重要任务,一是学习,引导学生演习文本的思想观点和写作线索,由此达成学习借鉴的目标;二是评价,引导学生认识文本思想观点和写作线索存在的局限性或可优化完善之处。学习任务是语文教学的基本任务,否则该文本就没有成为课文的价值;评价任务是语文教学的重要任务,具有传道解惑的现实意义和文化传承意义。时代在发展,文化也在发展,所有文本都不可避免地具有一定的历史局限性,施教评价时应本着历史唯物主义和唯物辩证的态度,做出恰如其分的评价:合理的要素,进步的价值,当下的指导或借鉴意义;不合理的内容,思想观点的偏差,应予纠正之处,等等。但是,这样的评价不应成为对文本的苛求,否则我国三千年封建时代的文本以及近现代的许多文本都不能作为教材了,西方数百年的文本由于文化差异也都不能进入教材了,这不是唯物和辩证的态度。

阅读教学的"战场"绝不应仅仅局限在课堂,课堂上的阅读教学,还应培养学生的阅读习惯,引导学生掌握阅读方法,从课内的阅读走向课外的阅读。鼓励学生课外阅读要"杂"、要跨界,兼顾有目的指向的精读和无目的指向的泛读。必须明白,学生的阅读基础来自课堂阅读教学,阅读素养的提升则主要来自潜移默化的课外阅读。

二、阅读教学的主要课程模型

从教学路径上说,阅读教学须以读为主,其教学模型主要有两类:一类是读读讲讲练练的指导性教学,一类是问题导向的探究性教学。

（一）指导性教学

指导性教学一般用于每个单元教学的第一次课、文本学习不太容易理解的课。

每个单元教学的第一次课,一般不仅具有本课的教学意义,也有指导本单元后续文本教学的意义。所以教师应力图用较为典范的阅读教学方法引导学生掌握阅读的要领,在"举一"的基础上习得"反三"能力。

学生不太容易学习理解的文本,有的是主题较为隐晦(历史的原因、曲笔的原因等),有的是文种不太熟悉(例如文言文、诗歌)等。例如《雨巷》(戴望舒)。这首诗创作于 1927 年夏天,作者时年 22 岁,是个进步青年。面对大革命的失败,他陷入幻灭和痛苦之中,心中充满了忧愁、哀怨、迷惘,又似乎有着朦胧的追求,所以人们一般认为作者诗中充满着失望和希望、幻灭和追求的双重情调。诗中"丁香一样的姑娘"自然就是作者所怀朦胧的希望了,如果作者表现到此也就罢了,偏偏又加了许多表示感伤的凄美词语:忧愁、哀怨、彷徨、冷漠、凄清、惆怅、凄婉、迷茫。这首《雨巷》很有名,戴望舒也获得了"雨巷诗人"的称号,但这首诗的情感态度无论如何是不值得我们当下提倡的,有人评论说戴望舒的诗主要不足在"阴柔有之,阳刚不足""耽于情调,缺乏风骨",两句话是一个意思,这都是当代青年学子不可取法的。人生有顺境逆境,而十之八九是逆境,"我们的同志在困难的时候,要看到成绩,要看到光明,要看到希望,要提高我们的勇气"①。可见,要提炼这首诗的主题思想并不容易,要让学生自己做出恰当的评价也不易。此外,这首诗选用的象征、反复等表现手法,描写的意象也不是那么容易理解的。所以教师选用指导性教学方式是可取的:一读把握诗的大概意思;二读寻找意象,品嚼诗的主题思想;三读领会一

———————————

① 语出毛泽东《为人民服务》。

些诗歌表现手法对主题思想的表达作用（含学习领会，能借鉴）；四读把握全诗双重基调；五读正确评价作品主题。而这一切都需要教师在充分备课和指导学生预习的基础上通过读读讲讲练练去实现的。在高中阶段，这首诗不太适合进入教材；如果编入了教材，则需掌握好教学分寸，一是引导学生了解到文学上有一种朦胧而含蓄的美感即可；二是对这首诗的主题一定要做出恰当的分析和批判，否则在对学生的思想教育导向上就会出偏差。作为高中学段的教材，从"道"的角度说，与其选用《雨巷》远不如选用《我用残损的手掌》（戴望舒，1942 年，鲜明的爱国主题）更有价值，而且这两首诗同样具有诗歌教学的意义。

（二）探究性教学

探究性教学一般适用于话题讨论，或者是在学生已掌握一些基础知识的教学基础上深入理解问题、解惑的课。探究性教学的基础必须是读，课前预习是读，课中复读是读，重点片段品读也是读。读然后知困，读方能有解惑的基础。与指导性教学的"读"有所不同的是，探究性教学的"读"，需要带着问题读，需要辅之以一定的拓展性阅读或比较阅读。问题导向的探究性教学非常适用"项目教学法"。其具体方法是提出一个讨论的话题（核心主题），将本课的所有问题组合起来，按照一定的逻辑顺序，依次提出（含学生提出问题）、依次讨论，在一个问题解惑的基础上有序进入下一个问题，最后实现全课教学目标的达成。例如《郑伯克段于鄢》（《左传》）。

《古文观止》收录东周至明代散文 222 篇，《郑伯克段于鄢》位列第一篇。该文虽然是古文，但是其文言文字除了个别字读音外，总体上阅读难度不大，作为职业类高校选文，比较适合用作探究性教学素材。作为语文教学目标，可以考虑的主要有三个方面：一是"道"的方面，"孝"的表现与现实意义；二是"文"的方面，学习借鉴《左传》对战争的叙事方式，略写战争本身，详写战前战后人物活动中的矛盾冲突与事件的戏剧性和完整性；三是说话策略方面，作为臣子的颍考叔如何为君王破解"母子矛盾"，既要

达成目的,又不失君王脸面,学习借鉴劝说的沟通技巧。将上述三方面内容综合提炼,可作如下设计:

【项目任务】

本文的主题是什么?

【教学路径】

探究性教学的问题链可以设为(课的主体部分):

1. 本文写了哪些人物,这些人物之间的关系怎样?

主要人物有:郑庄公、共叔段、武姜、祭仲、公子吕、子封、颍考叔。

构成关系是:母子、兄弟、君臣。

2. 这些人物的形象特征分别是什么?(需要证据支持)

郑庄公(可进一步讨论:虚伪性的认识问题)

共叔段(可进一步讨论:其成长道路上有哪些不良外因)

武　姜(可进一步讨论:母爱的问题)

四大臣祭仲、公子吕、子封、颍考叔。

举例说明细节描写对人物形象刻画的作用,进而理解其事件、矛盾冲突发生、发展的脉络及其原因(行为描写、对话描写、隐含的心理描写)

3. 这些人物之间产生矛盾的主要原因是什么?(利益关系等)

4. 本文写作材料的剪裁特点是什么?

(1) 以母子兄弟之间的矛盾为中心线索来组织材料。

(2) 详写兄弟矛盾激化过程,略写战争过程。

进一步探究:标题是"克段于鄢",应当聚焦战争叙事,但是文本涉及战争的仅仅一小段,20来字。这样的构思意义在哪里?

(3)《左传》善于写战争,试归纳其叙写战争的风格特点。

5. 本文主题是什么?

6. 颍考叔的出现,对文章走向的意义是什么?

可组织讨论：简要概述颍考叔的说话艺术（角色定位、寒暄的作用、生活细节的借题发挥把握、出谋划策的分寸、字斟句酌的意义等）。

7. 评析"孝"

如下三方面的阅读为前提：

（1）共叔段向叛乱夺权道路上转变中，郑伯起了怎样的作用？

（2）仔细阅读理解文本最后一段"君子曰……"。

（3）拓展阅读：儒家倡导的伦理文化是什么？（推及）

在这些阅读的基础上，辨析评析：郑伯的"孝"；颍考叔的"孝"；"孝"与"纯孝"；当今孝文化的意义辨析与传承等。

三、阅读教学的同课异构

（一）同课异构的原因

在职业院校，同课异构应该是最为普遍的教学现象，它既有该年龄段共性的原因，也有其多方面的特殊性原因。共性的原因如教育家苏霍姆林斯基所说："在每个孩子心中最隐秘的一角，都有一根独特的琴弦，拨动它就会发出特有的音响。要使孩子的心同我讲的话发生共鸣，我自身就要同孩子的心弦对准音调。"①我国古代教育家孔子概括为"因材施教"。

特殊性原因是多方面的。首先生源具有很大的差异性：中等职业学校同校同班生源的中考分数可以多至 400 分的差异，高分有五百多分的，低分有一二百分的。在上海，中专录取分数划线为至少 300 多分，所以中职学校中中专、职校、技校学生的录取分数线是很不一样的。而高职院校的生源有来自普通高中的（没有专业学习基础，文化课基础较为齐整），有来自中等职业学校的（具有一定的专业学习基础，文化课基础参差不齐），

---

① 语出苏霍姆林斯基《给教师的建议》。

还有来自社会历届生的。如果说中职学校的学生学习差异性主要体现在学习基础上，那么高职院校学生的学习差异性是形形色色的，特别是混编班级后的教学，学情异常复杂。

职业院校班级学生的特殊性还体现在不同的专业背景上。在职业院校开设语文课，既是国家国民教育在高中段的普遍要求，也是学生所学专业对语文课的特殊要求，比如文秘类、财经类专业对语文的听说读写教学普遍要求较高较全面，理工类专业对语文教学偏重阅读教学，艺术设计类专业对语文教学偏重形象思维训练和美学理论基础的积累，护理和旅游类专业偏重听说等沟通交际的学习。此外，由于各院校的校园文化不尽相同，各校追求的育人模式和人文精神表现也不尽相同，校园活动和社团组织活动也因此不尽相同，这就造成在语文教学侧重上也会呈现出一定的差异性。

同是在一所学校上语文课，教师完全可能会面临形形色色的学情。同课异构的提出，是贯彻"因材施教"原则的具体举措之一。

同课异构主要有两种情况。

一种是殊途同归，即在相同的教学目标下，重难点的设计基本相同，但根据学情选择的达成目标的途径方法有所不同。这种方式适用于生源差异不大、专业背景相同的教学对象。

另一种是各得其所，即针对不同的学情（特别是不同的专业背景），给同一篇课文或同一个教学点确立不同的教学目标、不同的重难点，按照相应的教学路径展开教学。由于教学目标、教学路径的差异性，学生的"习得"不尽相同，甚至基本不相同。

(二) 同课异构的设计原则

1. 正确评价学生的学习基础

在中等职业学校，撇开分差几百分的个案，中考成绩相差100多分不是什么大问题，不能据此就评价学生学习基础差。在高职院校，学生进分相差没有那么大，但所谓"落榜生"确实不少。在学校中，常见的情况是分数成绩较好的学生群体思维能力或表达能力未必较好,在听说类比赛场合、在无领导小组讨论中,往往是一些善于沟通、勤于表达的学生脱颖而出。所以,对学生的评价,不应当单一地拿普教考试分数的尺子去衡量,应该依据职业教育类型特点和要求去重新衡量,为这一类学生量身定制"学习培训包"。培,往哪一类职业岗位方向、按什么路径培养;训,按学做一体、项目化教学要求去训练,充分发挥这类学生普遍情商较高、爱好动手学习的特点因材施教。在职业院校教学,特别应该鼓励学生开口和动手。教师要从自身找原因,如何让教法贴近学生,如何让更多的学生积极地开口动手。只要教法得当,这一类学生应该是欢迎开口和动手的,这是本类型教育的特征之一。

2. 正确分析学生所学专业的岗位要求

一份人才培养方案中的所有课程都指向专业培养目标,否则该课程就没有设置的必要。语文教师不了解专业培养方案,不了解学生未来就业的职业岗位要求,就无法融入专业元素,也是上不好语文课的。如前(本书第一章"专业元素"小节)所述,融入专业元素不是把语文课上成专业课,也不是把语文课与专业课嫁接;而是根据学生专业所决定的未来岗位所需的语文知识和能力要求有机地融为一体,上的是语文课,突出的是专业所需的要求和特点。根据语文教学的基本要求和专业培养的特殊要求,贴近学生的认知水平及日后发展需求,取舍教学内容,确定本次课的教学点,遴选恰当的教学路径,选择得体的教学策略。

3. 正确处理教材

一个文本,可选用的学时数可以是多样的。短则一学时,多则三四学时,极端的可能会多达十余学时。20 世纪 80 年代,有一位可敬的语文前辈把王安石的《读孟尝君》上到了 16 学时,这 88 字的课文在他看来是主教材,但聚焦主课文的拓展性课文和读写训练就构成了一个教学单元,他教学的中心就是如何"评":如何抓住要害评,如何抓住特点评,如何运用得体的方法评,如何有详略取舍地突出重点评。他不在乎同校语文教师的"同进度",不在乎是否与同校语文教师教得一样、学生学得一样。这似乎有些"离经叛道"，但反思之下，我们的教学管理者是否对职业教育类型下的同课异构显得不够关注、不太重视呢？

上述是把教材用到极致的个案，大多数情况下，我们面临的是对教材内容遴选的问题。较为典型的如日本作家栗良平《一碗阳春面》（又名《一碗清汤荞麦面》）。作者出生于 1943 年，该文本创作于 1987 年，作者幼年经历了日本战后重建的生活，作品用民间故事方式向读者展示了在日本军国主义发动疯狂侵略战争失败后，社会重建过程中，社会小人物（普通百姓）一面承受着统治者种下的恶果，一面又不得不顽强面对生活的不幸，展示其在陌生人之间的关爱和相互扶持中的励志成长。作为教材，我们可以按照小说三要素（全部要素）的特点组织实施教学，也可以重点聚焦人物描写（小说的个别要素）和标点符号的应用意义（健全语文知识能力架构）。可以通过本篇作品的教学，引导学生认识到：标点符号的应用不仅应该规范，还应该恰当，因为标点符号是有情感意义且有助于刻画人物形象的。文中先后出现四次"母亲"要面的语句：

　　第一次："呃……阳春面……一碗……可以吗？"
　　第二次："……呃……阳春面一碗……可以吗？"
　　第三次："……呃……阳春面两碗……可以吗？"
　　第四次："呃……三碗阳春面，可以吗？"

这里的省略号，不是语词的省略，也不是语意表达的省略，前三次表达的是"母亲"态度迟疑、囊中羞涩的窘状，也显示出"母亲"一家生活在好转的趋势；第四次表达的是刹那间引发出遥远的回忆和当下的平静态度。可见，这里的标点符号已经不是冠名的"省略"意义，而是具有了独特的情感意义。为了充分说明问题，还可以进一步引入句号、顿号、逗号、省略号综合应用的典型案例（某武侠小说）：

　　他在出剑。

他、在、出、剑

他，在，出，剑

他……在……出……剑……

句号、顿号、逗号、省略号都有停顿的标点作用，但从句号到省略号的呈现，显见停顿时间依次在增加，该出剑人从态度的毫不犹豫（起于句号），到情感的越来越犹豫（停顿时间逐次增加、终于省略号），充分描写出"他"在出剑时的思想斗争越来越激烈，"他"面对的是黑帮老大，也是自己的亲生父亲。按理，他应大义灭亲、为武林除害；按情，他毕竟是弑父，有违人伦。标点符号的恰当运用，无声胜有声，很好地发挥出描写人物心理、刻画人物形象的作用。

看起来，本课"异构"导致的教学范围小了，语文教学不够全面，但正是这较为具体深入的教学，有助于学生掌握相关知识点进而迁移为语用能力，相比于每一篇小说都由三要素入手泛泛教学有效得多。而且，也需要这类一个个"开口小，挖掘深"、聚焦一个个语文教学点又逐次呼应进阶的课堂教学，建构和优化学生的知识能力结构。

(三) 同课异构的步骤

第一步，研读专业培养目标（含人才培养方案中的职业素养、职业能力对语文的要求），分析"应该教什么"；

第二步，研读文本，对标语文核心素养，按照单元教学提示，分析"可以教什么"；

第三步，全面分析学情，进而遴选教学内容，确定"实际教什么"；

第四步，分析学生专业背景及未来职业岗位对语文知识和能力的要求，提炼并融入"专业元素"，研究如何有针对性地体现职教特色。

下面是提示性的同课异构教学设计方案：

课题：《中国人失掉自信力了吗》（鲁迅）

学时：2

教学设计（见表8-1）

表8-1　《中国人失掉自信力了吗》教学设计

教学设计（一）	教学设计（二）
学情：国际商务专业 　　中职二年级（上）其他情况大致相同	学情：护理专业 　　中职二年级（上）其他情况大致相同
教学目标： 　　知识：由"他信力""自信力"入手，领会唯物辩证看待问题的方法，提升思维品质。 　　能力：能概括"反驳论点"的一般方法，对作者的写作思路作出恰当的分析评价。 　　情感态度价值观：学习作者民族自信的态度，自觉承担文化传承的使命。	教学目标： 　　知识：理解作者"自信力"的内涵。领会作者着眼辩驳的行文逻辑结构。 　　能力：能辨析课文中多处"中国人"的具体含义，掌握客观、准确表达语意的写作要求。 　　情感态度价值观：谨慎选词用字，由学习到工作自觉树立"匠心匠艺"精神。
教学重点、难点： 　　重点：由"他信力""自信力"入手，领会唯物辩证看待问题的方法，提升思维品质。 　　难点：作者着眼辩驳的行文逻辑结构。	教学重点、难点： 　　重点：能辨析课文中多处"中国人"的具体含义，掌握客观、准确表达语意的写作要求。 　　难点：理解归纳作者的写作思路。
教学方法：项目教学法	教学方法：问题教学法
教学过程：（路径步骤） 1. 提出本课项目目标任务和要求 　　目标：探究并指出作者反驳"中国人失掉自信力"观点的写作思路。 　　要求：找出作者的思维脉络以及论证依据的合理性，提升思维品质。	教学过程：（路径步骤） 1. 提出疑问，启发思考（下列问题逐项提出，形成完整的问题链） ➢ 什么是"他信力""自欺力""自信力"？ ➢ 上述"三力"之间是什么关系？ ➢ 中国人到底有没有"自信力"？（这是反驳"失掉"的大前提）

续　表

教学设计(一)	教学设计(二)
2. 尝试探究作者的写作思路(由收集文本信息出发,课前预习的拓展素材可作为必要依据) 3. 提炼归纳作者的写作思路 (1) 所谓"自信力"从来就没有过,也就无所谓"失掉"。有的只是"自欺力"。 (2) 真正的"自信力"从来不缺失,在中国脊梁式群体中。 (3) 驳论文的开头与结尾。 四种人"自信力"的表现(论据的合理性)既应找到鲁迅之前的代表人物,也应找到民主革命时期、社会主义革命时期的代表人物。 4. 交流评价作业,优化作业 5. 师生点评互评,教学小结 (1) 学习作者民族自信的态度。 (2) 学习作者辩证分析问题的方法。 注:教师在导入新课和教学小结时,可根据学时学情适当增补一些教学内容。	➢ 文本五处出现"中国人",分别具有怎样的特定含义? ➢ 逻辑上关于判断的要求:单称、特称、全称。五处的"中国人"分别属于哪一类? ➢ 作者反驳"中国人失掉自信力"观点的写作思路是什么? 2. 边读边议,讨论交流 3. 解决疑难,提升能力(以充分调动学生学习主动性积极性为基础) 4. 练习巩固 结合护理专业岗位要求,说说沟通交流中要求客观性、准确性的意义。 5. 教学小结 (1) 学习反驳论点的写作思路。 (2) 学习客观准确表达意图的方法,树立"匠心匠艺"精神。 注:可根据学时学情适当增补一些教学内容。

上述两份教学设计方案,其"异构"的着眼点主要是学生的专业背景不同,由融入专业元素出发,对教材的教学内容和重点难点做出了有侧重的选择。

国际商务专业涉及的职业岗位,要求从业人员做项目时要有完整的闭环管理思想,具有严密的工作思路和优化工作方案的能力,还要求从业人员在交流沟通时能即时作出反应。因此,提升思维品质是极为重要的教学任务。"教学设计(一)"就是聚焦作者反驳的思路、提升思维品质而展开的。

　　护理专业涉及的职业岗位,要求从业人员既要与病患者有温情的人文沟通,也要有客观准确地表达病情、慰藉病患者的能力。由于我国人口众多,医疗资源不足,特别是大城市、特大型城市的医疗资源被全国各地病患者共享后,医患、护患之间的矛盾比较突出甚至尖锐,这就要求护理人员一方面须具有爱岗敬业的职业操守,另一方面也需要在与各类病患者交流沟通时字斟句酌,力求用语准确客观,既能达到解决问题、慰藉病患者的效果,又能把握分寸、不留下日后护患纠纷(最终是医院与病患者的纠纷)的后遗症。"教学设计(二)"就是聚焦逻辑上的"判断"问题,以厘清文本出现的五处"中国人"内涵为重点、正确把握和使用语词而展开的。

　　面对不同专业的学生群体融入专业元素施教,这是当前大部分教师备感困惑的事,但是这个问题不解决,职业院校的语文就达不成人才专业培养目标,语文课就教不出职业教育的类型特点和要求。倒推上去,当下大部分职业院校的人才培养方案或者专业教学标准都没有明确列出对语文等公共基础课的教学要求,这也是当下语文教师无所适从,或者不重视类型教育下语文课改的原因之一。

　　融入专业元素同课异构,其前提条件是熟悉了解企业、职业岗位,当教师具有自觉下企业调研的意识,主动掌握学生未来从事岗位所需的语文知识和能力要求之后,同课异构就显得容易起来。

　　这里以《麦琪的礼物》(欧·亨利)为例,谈一谈在面对不同专业学生时,在认识和学习"细节描写"时的教学角度:

- 商务专业:德拉妆容的心理活动等(识人断事)。
- 会计专业:一分一角钱积攒下的经济困窘(核算与管理)。
- 语言专业:信箱、头发、金表,含泪的微笑(铺垫与照应)。

　　再以《绝版的周庄》(王剑冰)为例,谈一谈不同专业教学侧重点的不同:

- 旅游专业:在"抒情化的诉说"中感受作者对周庄的特殊情感及字里行间的人文气息(得体导介)。
- 计算机专业:紧扣"绝版",领悟作者对周庄的钟爱之情及缠绕其间的淡淡忧思(创意设计)。

- 园林专业：紧扣"绝版"，聚焦商业开发和景观保护之间的关系，提升人与自然和谐相处的设计意识(环境保护)。

在探索职业院校语文课改时，有些教师请专业教师同台讲课，偶尔为之，未尝不可，但这已经不是语文课了；有些教师在施教小说时，联系学生专业背景如数字媒体艺术设计或动漫类专业，要求学生在课堂上创作4～5幅画(速写)表现小说情节，这也已经不是语文课了。

四、文本的整体阅读

教学中，文本的整体阅读，一般指有阅读目标指向的通读和有重点的精读，即根据阅读目标任务，对该文本通过整体阅读把握有关要点，就该目标任务形成整体认识。对同样一个文本，由于阅读目标任务的不同，在通读过程中搜索记忆的内容指向会有不同，因此后续精读的方向也会不同。

(一) 整体阅读的基本原则

在职业院校，引导学生整体阅读，不应违背以下三项原则。

1. 不宜阅读纯文学性的文本

基于专业培养目标和语文教学的需要，教师不宜要求学生整体阅读纯文学的文本。整体阅读的教学目标，同样适用"文道结合""学以致用""文化传承"和"专业元素"四项语文教学指导思想，整体阅读的文本既要适合其语文学习的需要，也应适合其专业发展、生涯发展的需要。不属于教学范畴的整体阅读，其文本阅读要求则不受此限制。

2. 不宜阅读"庞大的"文本

整体阅读的要旨在"整体"，不在篇幅的长短，读100万字的文本和读1万字的文本，只有数量和繁杂程度的差异，而没有难易和本质的区别，即使是一篇数百字短文的阅读也可称之为整体阅读。如果要求职业院校的学生去读数十万或百万字的文本则是一项毫无意义的教学任务。因为就目标而言,整体阅读为的是整体把握、就某一个方面形成整体认识;就方法而言,整体阅读的过程是学习聚焦的过程,是综合理解、提炼概括的过程,并非文字越多越难理解、越难提炼概括越好,有时往往是言简意赅的文本反而较难理解和提炼概括;就绩效而言,学生没有这么多闲时,毕竟该学习群体的 70% 左右的时间和精力需放在专业上,不恰当的长文(巨篇)往往会削弱其阅读兴趣,阅读的倦怠感会导致整体阅读成为一句空话。与其要求学生阅读数十万字、百万字的小说,不如要求学生阅读《史记》中的"本纪""世家"或"列传",而且这 112 篇也可以只限定其中的若干"本纪""列传"或"世家",最终可能只是阅读了数万字,但既有整体阅读又有比较阅读,反而能收到阅读之效。这里提出的不是文言阅读要求,而是以此为例的整体阅读模式。

3. 不宜忽视文本的"整体性"

教师指导学生整体阅读,一定要讲清楚什么是整体阅读,整体阅读的步骤方法是什么。整体阅读既包括文本自身的全部信息,例如标题、作者、出版时间、基本内容、文本涉及的主要事件及人物的背景等基本事实(辨析生活的真实和艺术的真实)、写作特点、共鸣处及争议点、独特点与启示点等,还包括文本外的相关信息(诸如背景资料和有代表性的读后感、评论文等)。要介绍通读该怎么读,精读该怎么读,比较阅读该怎么读,由阅读的整体性吸纳与思考,到最终阅读成果"整体性"的呈现。

(二) 教学中整体阅读的基本策略

无论宏文短篇,整体阅读也是讲究阅读方法的。提出整体阅读教学要求的文本,一般掌握在万字到十数万字为宜。其基本策略主要是:

1. 通过代读把握阅读指向

教学范畴的整体阅读,是应该对阅读提出具体要求的,至少要告知学生通过阅读需解决什么问题。因此,学生在整体阅读前可以先通过"梗概""提要""序言""后记"这类"代读"性质的文字,了解该文本的写作背景、大致内容主题以及一些评价性观点。由此把握整体阅读时该重点读什么、记忆什么（也可用批注、札记方式表达）、哪些内容需要迅速串接建立关联等，构成对后续阅读的指导。

2. 通过通读把握文本概貌

阅读一般都有由浅入深的过程。对文本的初次阅读一般只是概略性的了解，不太会有把握细节和脉络的可能。因此整体阅读的教学任务是在多次阅读、反复阅读中完成的。通读的意义在于记住主要情节、主要人物或事件，对觉得重要的点可以批注或做记录。这时候，需要核对教学任务，根据教学任务确定下一次阅读的重点和阅读要求。

3. 通过精读把握阅读重点

精读的过程是边读边对阅读内容作出是否有重点阅读价值的判断，也是回应教学任务的基础。根据教学任务，有指向地精读重点片段、重点章节，并且与通读所获取的信息建立联系，尝试对教学任务做出回应。在这个过程中，阅读是精细的，字斟句酌的，也需要分析判断和评价，因此这个过程是比较费时费力的。不要寄希望对全文的精读，特别是数十万字、上百万字的鸿篇，全文精读是不可能的。

4. 通过比较阅读完成阅读任务

鉴于每一个阅读者都是个体的，其阅读能力是建立在自己的阅读经验和阅读素养基础上，因此对于学生来说，阅读能力一般都是具有较大局限性的。这时，学生就应该主动开展拓展性阅读，通过相关文本的阅读和阅读他人对该文本的分析评价等，进行比较辨析，丰富自己的作业内容，提高自己作业的质量。但借鉴比较绝不能成为可以抄袭别人作业成果的理由。

五、文本的组合阅读

对于生活和职业来说，单一的文本阅读不是最普遍的，单一的文本阅读主要出现在学习和休闲阅读中。在生活和职业中最常见的阅读方式是组合式阅读，阅读目标只是指向综合信息本身，而不会去关注是什么文体。因此，在职业院校，语文教学应该引入组合式阅读，引导学生提高组合式阅读的能力。

　　本章所述组合式阅读,主要指非连续文本阅读,其阅读目的是提高学生的阅读素养,能通过这一阅读形式,增长知识、发挥潜能,并积极参与社会活动和职业活动,增强对文本的理解、运用、反思和参与能力,特别是在各种情境中提出问题、解决和解释问题时,能够有效地分析、推理和交流,进而实现个人的生涯发展目标。

　　这里以国际学生评估项目 2008 年试题"气球"为例进行分析。该试题给出了如图 8-1 所示的阅读材料,并提问:这位打破热气球飞行高度

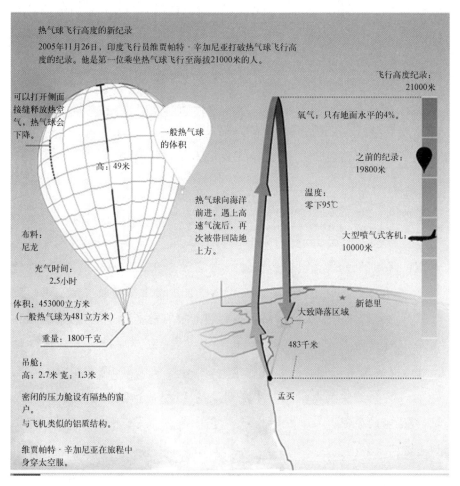

图 8-1　国际学生评估项目 2008 年试题

记录的飞行员利用了另外两种交通工具的技术,它们是哪两种交通工具?

该题的文本形式为非连续文本,文体类型是图文描述型,没有单一文本那般有序阅读的逻辑顺序。阅读方式是检索信息,辨析提炼。答题方式是根据题干指向要求,由文本所给信息进行分析推断。

由文本所给信息看,有4个小标题,分别是上端的"热气球飞行高度的新纪录",右侧的"飞行高度记录",左侧中间的"布料"和左侧下端的"吊舱",构成既相对独立又互相关联的4项文本信息。其中前两项标题以及相关信息与题干指向无关,可视为干扰信息;后两项中"布料"信息说的是热气球本身,不是所问"另外两种交通工具",则只能从"吊舱"所给信息去分析推断了。由"压力舱"所得提示是飞行器,由"飞机类似的铝制结构"提示是"飞机",由"太空服"提示是"飞行器"。其赋分方式也是较科学的,答出飞行器、飞机就可给分,答出两项给满分4分,答出其中一项给2分。

近十年来我们加强了非连续文本的教学,教学目的是帮助学生熟悉这一文本样式,初步获得相应的阅读能力,为进一步深造或胜任职业岗位工作奠定一定的基础。例如,向学生出示如下三组材料:

【材料一】

　　肥皂剧(soap opera)是从英语传至中文的外来词汇,又称泡沫剧。肥皂剧的起源其实和宝洁公司有关。在20世纪30年代,收听广播节目是当时的时髦事。而广播节目中常常会播放宝洁公司的肥皂广告,因此美国人就转而把那时候的节目称为肥皂剧,后来通常指一出连续很长时间的、虚构的电视剧节目,每周安排为多集连续播出,因此又用来称系列电视连续剧,例如超长韩剧,现多指以家庭生活和爱情为主的电视剧。肥皂剧最早主要的意思比较贬义,含有无聊拖沓的意思。

【材料二】

　　英美等国都将剧种分为三大类:soap opera(肥皂剧),sitcom(情境喜剧)和TV drama(电视剧)。国内许多人认为国内风靡一时的

《我爱我家》《编辑部的故事》都可以拉入肥皂剧的范畴,但按照西方电视剧分类,严格上讲它们还是仅仅被定义为情境喜剧(sitcom),因为两部戏各集之间的故事关联不紧密,往往可以独立成章,而且最后一集都被安排了完美结局。英国有社会学学者指出,肥皂剧有明显的助长人类不良习惯的倾向。

【材料三】

请学生作答如下 3 题:

1. 由上述材料的表述看,对肥皂剧制作的目标群定位,描述恰当的一项是(　)

A. 知识阶层　　　　　　　B. 市民阶层

C. 军旅人士　　　　　　　D. 演艺人士

2. 由上述材料的表述看,对肥皂剧定义的关键词,理解不正确的一项是(　　)

A. 时长　虚构　拖沓　无聊　　B. 虚构　冗长　家庭　系列

C. 品位不高　虚构冗长　　　　D. 形态搞笑　内容无聊

3. 由上述材料综合理解,对【材料三】所示,其中属于肥皂剧的一项是(　　)

A. 林海雪原(64 集)　　　　B. 三国演义(84 集)

C. 步步惊心(40 集)　　　　D. 人民的名义(52 集)

这 3 题的参考答案是:1. B;2. D;3. C.

　　具体的解题思路是：由【材料一】"现多指以家庭生活和爱情为主的电视剧"和【材料二】"肥皂剧有明显的助长人类不良习惯的倾向"语句看，它当然不是面向知识阶层、演艺人士和军旅人士的；所有材料中也找不到"形态搞笑"的依据。最后从主题意义上，《林海雪原》《三国演义》《人民的名义》都是主题严肃的剧作。因此上述选项是可以辨析的。

　　语文教学中，教师应善于从日常生活、学习和贴近学生专业的相应职业岗位中提取阅读素材，构成非连续文本实施组合阅读教学，这有助于在教学中实现职业岗位要求与教育要求、当前能力要求与发展性能力要求、职业能力与普通文化知识的"三结合"，有助于提升学生的职业素养和职业能力。

　　阅读常常是审美的、快乐的，有时也带有明确的目标诉求，它令人充实，也能增强人们的社交能力和自信。阅读习惯是需要培养的，在当今信息社会中浅阅读、碎片化阅读"泛滥"的倾向下，语文教师有责任对学生做出正确引导：浅阅读只适用于浏览泛读，而有目标指向地从碎片化阅读中搜索信息、从整体阅读中提高学习能力应当成为阅读主流。

第九章 写作教学论

　　职业院校的写作教学,有不少人认为就是应用文写作教学,这是不准确的;也有人认为是实用文写作教学,这是不科学的说法。应用文写作,离不开基础写作的训练和能力提升,而且应用文写作的核心要求就是用记叙、说明、议论、描写等方法撰写能适用于日常生活和工作交流的文书。实用文是相对于文学创作的一种说法,除了诗歌小说戏剧以外,差不多都可归入实用文范畴,如果有人再从中分出记叙文、议论文和实用文等,这就成为一种不科学的分类方法。有人把实用文等同于应用文,这种说法既不正确,也说明"实用文"提法与其他文体并存的提法不科学。

　　一般说来,语文教材 60％ 左右的篇幅都是侧重阅读教学的,但其中不能说没有写作教学。在引导学生探究"文如何载道"的过程中,学生应习得"文以载道"的写作能力,由"这一个"典型案例(教材文本)的学习借鉴,迁移到"那一个"普遍的生活情境写作上去。所以,阅读教学都兼有写作教学的任务。同时,教材也会有写作教学的要求和指导,教师也会拿出一定的学时有目标任务、有重点地组织学生习练写作,由此掌握写作的一般规律和方法。

一、写作教学不能窄化为应用文教学

写作教学的重中之重是基础写作中"表达方法"的指导和训练。

记叙：第一步是学会把事情或事物交代清楚；第二步是学会把事情或事物有详有略、借助一定方法交代清楚；第三步是学会把事情或事物有分寸地交代清楚，得体地显示自己的诉求。

说明：第一步是学会客观直白地陈述事情、说明事物；第二步是学会按照一定的逻辑顺序把事情、事物作多侧面的陈述说明；第三步是学会根据自己的诉求合理组织素材，得体地客观直白地陈述事情、说明事物。

议论：第一步是学会明确地表达想法和观点；第二步是学会建构主论点与分论点之间的逻辑关系，并借助较为准确的语言有序地表达出来；第三步是学会阐述、引述、评述等多种议论角度和策略，提升写作的说服力。

描写：第一步是学会有关描写方法；第二步是学会根据自己的诉求得体地描写事物的方法，以突出主题。

抒情：第一步是学会把自己的感情写出来，看看是否能感染人（共情）；第二步是学会运用一定的策略方法抒情，看看是否能感动人（煽情）。

这些基础写作方法的教学是应用文写作教学的重要基础，这些写作能力不落实，应用文是写不好的。有人说，应用文写作不需要抒情和描写，这是很大的错误。以日常书信和通报为例，就离不开描写。基础写作是根，是土壤，它开枝散叶出来的一个个应用文具体成果都离不开基础写作的语文素养和语文能力。

职业院校语文教学是建立在基础教育之上的，它的一个基本任务就是整合学生已学的内容和形成的能力，进一步健全优化其知识和能力架构。所以，职业院校语文教学具有整合性、综合性的特点。

职业院校的写作教学可以是这样一个施教逻辑：

第一部分：写作基础

1. 立意与运思

2. 选择与安排

3. 表达与修改

本部分的习练以一般散文为案例，重在把握写作的基本要求。

第二部分：概述性写作

1. 把握主题

2. 归纳材料

3. 组织语言

本部分的习练以消息、报告等突出"概括性"要求的应用文为案例，重在提升对事物的概括能力。

第三部分：演绎性写作

1. 正确定位

2. 合理联想

3. 连贯首尾

本部分的习练以计划、策划书、求职信、演说辞等突出"演绎性"要求的应用文为案例，重在提升对事物想象和演绎的能力。

第四部分：诉求性写作

1. 明确诉求

2. 研思角度

3. 整合材料

本部分的习练以诉状、合同、广告、规章制度等突出"诉求性"要求的应用文为案例，重在提升对诉求把握和有分寸表达的能力。

第五部分：评价性写作

1. 述有选择

2. 评有针对

3. 破立结合

本部分的习练以通讯、评论（书评影评）、简报等突出"评价性"要求的应用文为案例,重在提升对事物做出恰当评价的能力。

第六部分:研究性写作

1. 行文条件

2. 获取材料

3. 综合把握

本部分的习练以调查报告、市场预测报告等突出"研究性"要求的应用文为案例,重在提升对事物做出恰当总结、提出方案或建议的能力。

第七部分:文娱写作

1. 情境起兴

2. 格调境界

3. 节奏韵律

本部分的习练以书信、日记、见闻、博文等等较为自我的"文娱性"应用文为案例,重在提升对事物做出恰当记叙、议论、说明、描写、抒情的表达能力。

第八部分:故事写作

1. 叙述元素

2. 描写角度

3. 结构设计(兼顾戏剧结构)

本部分的习练以笔记体小说、微型小说、短视频剧本等"故事性"较强的文本为案例,重在提升对事物做出恰当记叙、描写的表达能力。

在上述施教逻辑下,不可避免地触碰到当下语文课改的一个问题,就是:写作教学中的应用文究竟应该如何教?这个问题的破解放在下面详细阐说,这里必须提出,当下应用文教学有两大误区:

其一,将应用文按照文种类别划分单元,然后逐个文种施教。这是教学上的形式主义,脱离语境,或者虚构学生不熟悉的语境,或者就事论事、不加联系地单文种教学,学生是学不会应用文写作且得不到学习愉悦感的,教师在施教过程中也得不到长进和愉悦。

其二,由"按文种逐个施教"导致的弊端,就是注重讲解应用文的格式规范,不外乎标题、称呼(主送单位)、正文、结束语、落款几部分的组成和怎么写,对内容的运思教学不够,对语言的润饰更是很少触及,特别是完全不顾应用文写作与生活工作情境的办事逻辑,这就大大偏离了写作教学的方向。

上述所给施教逻辑的意义在于废除现有的施教逻辑,将应用文的写作教学放在写作的总体框架中实施,强调写作教学的基础性和整体性,应用文写作既是写作教学的典型案例,又是写作教学的落脚点。

应用文是用于日常生活、工作交流的文书,它与文字同时诞生,最早的文字全部是服务于应用文的。因此应用文的形成和发展,源于应用,又高于应用(创新写作);始于情境,又成于情境(符合生活工作办事逻辑)。对于应用文而言,它行成于思,又切实是文以载道。因此,应用文教学必须基于一定的情境,写作实践必须置身于一定的办事过程中。

写作教学中的应用文范例讲解与讨论,格式问题只需在最初一两个文种中加以介绍即可,其他文种都大同小异,无需专门花较多时间去讲练。教学的重点和主要的学时应放在"诉求要明确,表达要得体"的如何运思和语言斟酌润色的写作上。

二、写作教学的策略

当下应用文写作的教材名目繁多,不下几千种(版本),但是其体例格式基本是雷同的,就是按文种分类编撰单元,指导教师按文种逐项施教和习练。这就给教师教学带来了一定的误导,许多教师因此认为应用文就是一项专门的教学内容,其教学重点就是文种的认知和对该文种格式的把握,把教材上的内容讲清楚了,学生就能学会应用文写作了。这种错误的认知,至今没有得到纠正。

　　教师施教是用教材,不是教教材,因此即使教材有问题,教师也不能以此作为随意教课的理由,最终施教的成败效果,教师仍然是第一责任人。

　　用教材的核心,是以教材为参照物,但不是唯一的文本;是对教材内容作出辨析,取其合理的内容,纠正其错误或不当的内容;是对教材内容处理后,按照教学的逻辑整合甚至重构,然后备课施教。

　　写作教学的策略,举其要阐述如下:

（一）施教的原则是重基础写作,习练可侧重落实在应用文写作上

　　应用文写作是写作的一个分支,基础写作要求的立意与运思、选择与安排、表达与修改是核心,同样是应用文写作最重要的基础。下列是要求学生完成的一项作业:

　　　　第14届国际泳联世界锦标赛将于2011年8月在上海东方体育中心举行,这是继2010年上海世博会之后又一盛事。上海市政府提出了"节俭办大赛,服务人性化"的要求,并在市容整治、赛事活动、社会安全、交通客运、公共服务配套等方面做出工作部署。上海东方职业技术学校学生会打算发出倡议,号召广大同学为该赛事做出力所能及的贡献。请代拟这份文书。

　　　　要求:联系学生实际,主题突出,条款内容限定5条,结构层次清楚,语言得体,格式规范。字数700字左右。

　　要完成这份作业,首先必须审清题意,然后立意构思,然后组织材料和语言加以表达。

　　从立意与运思上说,写作要旨是提炼游泳世锦赛的"倡议条款",这些条款不仅要求对象明确,还要求在一个逻辑层面上相对周全。所给材料提示"条款内容限定5条",这既可以说是降低了难度,也可以说是增加了难度,就看学生的写作基础如何了。因此,对该"倡议"的立意应聚焦"节

俭办大赛，服务人性化"的要求，应着眼于国际化大都市形象的宣传，有助于安全、高效、文明、周到的主题呈现；对该"倡议"的运思，重点放在所给材料提示（又不限于这些提示）的"市容整治、赛事活动、社会安全、交通客运、公共服务配套"五个方面重点开展运思。

从材料的选择与安排上说，应充分关注"倡议"的对象。由所给材料提示看，是写给"广大同学"的，因此所有倡议条款都应符合学生行为要求，具有可行性。如果条款有面向一般市民的内容，就不符合"学生会"的写文身份，不符合面向广大学生的办事逻辑了。可以撰写的条款是：

（1）学习礼仪知识，注重个人仪容仪表，言行得体，礼貌待客，文明观赛。

（2）积极参加公共环境卫生整治活动，遵守"七不规范"，保持市容整洁。

（3）遵守交通规则，文明乘车、骑车，在赛事活动期间尽量错峰出行。

（4）遵守法律公德，注意维护校园、居住小区和赛场及周边环境的安全。

（5）积极参加学校和社区组织的志愿者公益活动，学习有关知识，提高服务质量。

上述5项，分别从文明礼仪、市容市貌、交通（防拥堵）、安全和志愿者五个角度着手写文，既参照了命题材料所给启示，又贴近学生自身的实际，逻辑清晰严密，具有可行性。此外，从倡议书的结构看，全文结构安排应当是：先述赛事意义和形势要求，再述学生在其中应发挥的作用以及具体倡议条款，最后再强调倡议书的意义和呼告式结尾。最后是检查文书标题、抬头和落款的撰写正确性。

从表达与修改上说，倡议书是以议论为主，重点检查结构的逻辑性与语言的准确、生动和严密性。同时兼顾检查倡议书格式五部分的完整性和正确性。

由此可见，要写好应用文，还须具备基础写作有关的要领和能力，看似在写应用文，实质还是基础写作在应用领域的实践，因此该文书具有真实性、针对性、时效性、礼仪性以及程式化等特点。由此可见,基础写作的一系列问题不解决,功底不打扎实,就不能形成写作能力,也不能具体迁移到写好应用文的问题上。

又如竞选演说,首先应考虑的是面向谁、竞选什么岗位的演说。这就是立意过程的基础。面向领导、面向老师、面向学生、面向评委、面向专家,基于不同的对象,立意是有显著不同的;竞选学生会岗位立意着眼于服务,竞选志愿者岗位立意着眼于锻炼和奉献……一篇文章的价值,重心在于立意,应用文也不例外。

(二) 施教的重点是"诉求要明确,表述要得体"

写作教学重基础,也基于专业培养目标重视应用文写作特点。因此在教学中除了一些文学性作品外,一般都要求体现"诉求要明确,表述要得体"的教学重点。

应用文是用于交际沟通的,只有让对方明确自己的诉求,才可能达成沟通的目标,只有让对方觉得能接受自己的诉求,才有助于达成沟通的目标。

1. 诉求要明确

诉求要明确,首先是写作方要写明确。

应用文的诉求表达,首先是遵循写作的一般要求,立意有境界,运思有逻辑,选材(依据)有典型性,安排有条理,语言言简意赅。例如下文:

竞选演说

尊敬的各位领导、老师、亲爱的同学们:

大家好! 今天我很荣幸地站在这里,表达我的愿望,竞选学习部副部长。我叫徐××,来自 2021 级××专业 1 班。我开朗、大方、稳重而又积极向上,过去在中学时我曾担任学生会劳动部部长一职,在此期间我学习到了很多为人处事的方法,也积累了不少工作经验,相信我能做好以后的工作。

　　我们的学校人才济济,竞争的激烈也就不言而喻啦。俗话说:"马只有跑过千里才能称之为良驹,人只有通过竞争才能称之为栋梁。"如果我有幸被大家评选为学习部部长,我将会以饱满的热情和积极的心态去对待各位老师以及同学交给我的每一件事情,不断在工作中大胆创新,锐意进取,虚心地向别人学习,做到有错就改,有好的意见就接受,同时坚持自己的原则。

　　当然,如果我不幸落选,相信我也不会因此而灰心。我会重新开始,努力改善自己的不足之处,提高自己的工作能力,调整好一切,让自己在最短的时间内,以最好的姿态迎接下一轮的新的挑战。

　　我一直相信"千淘万漉虽辛苦,吹尽黄沙始到金",在此,我也将它送给在座的每一位。无论我的竞选是否成功,我都希望各位能以不畏艰辛、执着奉献的精神投入到新一轮的学生会工作中去。同时我也知道,再多灿烂的话语也只不过是一瞬间的智慧与激情,朴实的行动才是现在最应该去做的。我相信自己,也真诚希望大家相信我,支持我,给我这次展示自我的机会。

　　最后,希望各位投我一票,给我以支持和鼓励,给我一个施展才能的机会! 我的演讲完了,谢谢大家!

　　出自某大学生的这份文书诉求清楚吗? 好像是清楚的,作者开门见山提出要"竞选学习部副部长";真的清楚吗? 又好像是不清楚的,其竞选依据没有一处与学习部干部相关。在写作上叫文不符题。想做的事和能做的事,不在一个平面上。这不是会不会写应用文的问题,而是基础写作能力较弱。该案例中关于撰写演讲词的其他问题就不再一一展开叙述了。

　　诉求明确,一是主旨提出清晰,选材指向清晰,运思逻辑清晰,条理安排清晰,语言表达清晰。任何一项的不清晰或者不够清晰,都会导致诉求的不清晰或者不够清晰。

　　诉求要明确,其次是要方便阅读者看得明白。

　　应用文的构成,短则一两个语段就是一篇文章,长则洋洋千把字也能成文,极端的如总结、报告等可以长达五千字甚至更多。应用文是用于交际的程式化文章,它因而有一个特点,就是根据不同文种程式化的特点可以直接在相应的语段(短文书是语句)中找到写作诉求。

日常书信属于应用文,但几乎就是散文。我国古代著名的《谏逐客书》《陈情表》等是写给皇帝的书信,由于对象特殊,有人也把它归于表章一类文书,但这种公私兼顾的文书,与为国家出谋划策的文书如《出师表》,属性毕竟是有区别的;《报任安书》《答司马谏议书》等是私人往来书信。这些文章既是书信,又是文质兼美的经典散文。细分后的书信和散文的主要区别就在于书信具有一定的程式化。书信的诉求往往程式化地出现在两个地方,一是文章的开头部分,多是比较公事公办的书信;二是在文章末尾部分,在大量寒暄和沟通交流后往往会用"顺便说一句"过渡,告诉对方自己的诉求,这类属于私信的居多。这里的书信不包括书信体的文学作品。

计划的工作项目立意一定在第一段,总结的自我评价(个人的、团队的、单位的)一定在第一段;规章制度条款的逻辑一定是由基本服务事项、氛围维护、环境安全到惩戒事项;公文的批复或复函意见一定在引文(对方请示或来函编号"收悉")和提出意见之后,为表示慎重还会在随后提一些工作要求等。例如:

××市商业局

关于增设社会商业科的请示

×商字〔2022〕第 18 号

××市人民政府:

根据《关于市城区内设四个街道办事处及其行政区划的通知》(×府字〔2021〕第 26 号)精神,原环城区所属的百纺、副食、饮食、日杂、粮队等集体企业划归我局领导。为了加强对这些集体企业的领导和管理,经研究,拟增设××市商业局社会商业科,所需人员在本局现有人员中调剂解决。

可否,请批复。

××市商业局(公章)

2022 年 3 月 12 日

××市人民政府文件

府字〔2022〕第 30 号

关于增设社会商业科事项的批复

××市商业局:

你局"×商字〔2022〕第 18 号"文收悉。经研究和与有关方面协调,同意你局增设社会商业科,所需人员在你局现有人员中调剂解决。

希望在增设该科后,尽快理顺管辖关系,梳理好相关工作职责,进一步优化营商环境、规范市场秩序、活跃市场经济。

此复

××市人民政府(公章)

2022 年 3 月 30 日

在上述文书中,《请示》的诉求出现在依据之后(也可以在提出诉求后说依据),《批复》诉求出现在"收悉"字样之后。然后慎重地加上了希望(工作要求)。文书篇幅虽短,但层次非常清晰,诉求出现的位置符合文书程式化的要求。有人问,《批复》的第一句话不写文号、代之以《请示》的标题不是显得诉求更为清晰吗?其实不然,诉求反而不清晰了。因为标题是有可能重复的,某单位因为同类事项可能出现多次请示(请示的规范之一是"一文一事",批复的规范之一是"一文一复")的情况,但"文号"类似身份证号,是绝不会重复的,指向非常明确。公文的文号对应文件,也是便于规范存档的需要。

文书当然需要全文阅读,但这些程式化的提示,是方便阅读者找到精读点所在,如果书写者没有在这些地方写清楚诉求,那么阻断交流的责任在于书写者;如果书写者尽到了写作责任,那么阻断交流的责任在于阅读者。可见,诉求要明确,是对交流双方的共同要求。

2. 表述要得体

应用文的表述全部有赖基础写作表述方法的训练。有些文书需要客观表述,有些文书注重主观渲染表述,有些文书要求将主客观表述相结合。在有些教师看来,说明的表述方法是客观的,描写、抒情、议论的表述方法是主观的,记叙则是兼而有之的。其实不然,这需要看撰写文书时的立场和主旨。议论也可以是客观评价,说明也可以是主观驱动。例如《景泰蓝的制作》(叶圣陶)的如下片段:

> 第二步工作叫掐丝,就是拿扁铜丝(横断面是长方形的)粘在铜胎表面上。这是一种非常精细的工作。掐丝工人心里有谱,不用在铜胎上打稿,就能自由自在地粘成图画。譬如粘一棵柳树吧,干和枝的每条线条该多长,该怎么弯曲,他们能把铜丝恰如其分地剪好曲好,然后用钳子夹着,在极稠的白芨浆里蘸一下,粘到铜胎上去。柳树的每个枝子上长着好些叶子,每片叶子两笔,像一个左括号和一个右括号,那太细小了,可是他们也要细磨细琢地粘上去。他们简直是在刺绣,不过是绣在铜胎上而不是绣在缎子上,用的是铜丝而不是丝线、绒线。他们能自由地在铜胎上粘成山水、花鸟、人物种种图画,当然也能按照美术家的设计图样工作。反正他们对于铜丝好像画家对于笔下的线条,可以随意驱遣,到处合适。美术家和掐丝工人的合作,使景泰蓝器物推陈出新,博得多方面人士的爱好。

这是一篇公认的说明文,介绍景泰蓝的制作工序,上述节选的是对第二道工序的说明。作者本着对制作工人精湛的技艺和独具的匠心精神的歌颂,先是说工人掐丝不用打稿就能自由粘成图画,然后又进一步举例说将铜丝粘贴到铜胎上去好像在画括弧,这些生动形象的说明语言带有强烈的主观渲染性。而其中的评价(议论)语句,如果说"他们简直是在刺绣"是偏向主观的评价,那么语句"他们对于铜丝好像画家对于笔下的线条,可以随意驱遣,到处合适"就完全符合"工匠技艺高超"的客观事实,可视为充满褒奖色彩的客观评价。

因此,撰写应用文,语言表述是否得体,全看是什么文种和想要表达怎样的诉求需要。不能简单地将应用文语言归之于简洁、直接、平实。

表述要得体,第一是要遵循礼仪规范。

应用文是交际文书,古往今来我国文化传统是"礼尚往来"。有不少教师以为书信的称呼需顶格撰写是格式的要求,其实不然,这是礼仪的要求,古人在书信中字里行间凡称到对方(姓名、字号、官职等)必定换行顶格书写以示尊敬,由此传承下来才化为格式要求了(其正文中的称呼顶格书写逐渐被淡化以致废弃了),但礼仪的文化意义依然是主要的。古人对话时,可以将对方称为"尊上"(还可根据关系、职务给予特定的尊称),也往往将自己的位置放到极低,甚至自称"鄙人""在下";古人的书信结尾还会极为夸张地描述自己"不胜惶恐""拜书以闻""谨再拜"等。俱往矣,当下这些过于自卑的写法和繁文缛节都被抛弃了,但必要的礼仪程式还是需要的,例如正文前称呼对方需要顶格书写,结尾有类似此致敬礼的说法。字里行间措辞语言还需注意符合彼此的身份关系。

借用公文的说法,一切文书都有上行文、下行文、平行文的关系,撰写文书时首先要考虑的是对谁写文,其次要考虑的是为何事而写文。对尊长写文,撰写有求于对方事项的文书,措辞语言自然需要特别谨慎,充分表现自己的敬意和诚意。广告、说明书可视为平行文,但出于"顾客是衣食父母"的理念,在宣传或介绍过程中也需对广大消费者持有足够的敬意和诚意。以下用规章制度为例加以说明。

规章制度是国家机关、社会团体、企事业单位为了建立正常的工作、学习、生产、生活秩序,由领导制定或由群众集体讨论商定的、具有法规性和约束力的应用文书。建立和健全各种规章制度,有利于加强管理,明确职责,协调工作;有利于提高服务质量,取得良好的经济效益和社会效益;有利于形成社会道德规范,维护正常秩序。规章制度包括行政法规、章程、制度、公约四大类。其中制度含有规则、须知、守则等。规则具有一定的强制性,具有下行文的意味,须知具有提示性质,更多地具有平行文意味,守则具有律己(本人、本系统、本单位)性质,也具有一定的强制性。具体到措辞语言表述,三者还是有些差异。例如为学校图书馆制订部分规章制度(见表9-1)。

表9-1 校图书馆阅览规则表

阅览室管理规则	阅览须知	阅览室守则
1. 学生凭学生证或阅览证在规定时间内入室阅览,不得持包入内。 2. 书报、期刊阅览后,须放回原处,且整齐归位。 3. 爱护图书,不得有在书报、期刊上随意书写、画圈、折页、撕毁等污损行为。凡出现上述行为者,除批评教育外,还将根据污损情节处以3～5倍罚款。 4. 保持室内整洁卫生,严禁乱扔纸屑、杂物,严禁随意吐痰,严禁带入食物饮料。 5. 保持室内安静,不在室内大声说话、嬉笑打闹。 6. 自觉接受管理人员的指导,服从管理人员的管理调度。	1. 阅览室开放时间为8:30～20:30。20:00起停止入内阅览。 2. 学生凭学生证或阅览证入室阅览;持包者需办理寄包手续后入内。 3. 书报、期刊阅览后,应放回原处,且整齐归位。 4. 爱护图书,不应有在书报、期刊上随意书写、画圈、折页、撕毁等污损行为。凡出现上述行为者,除批评教育外,还将根据污损情节处以3～5倍罚款。 5. 保持室内整洁卫生,遵守"七不规范",凡携带食物饮料者,均需将之随包寄存。 6. 保持室内安静,自觉维护良好的阅读环境氛围。 7. 自觉接受管理人员的指导,服从管理人员的管理调度。	1. 本室仅面向本校师生员工开放,非本校人员未经允许不得入内。 2. 在规定时间内入室凭证(教师证、学生证、阅览证)阅览,如发生证件遗失,需在补办相关证件后入内阅览。 3. 管理人员应耐心周到提供指导性服务,阅览人员须自觉接受管理人员的指导,服从管理人员的管理调度。 4. 爱护图书,任何人不得有随意污损行为。违者将照价处以3～5倍罚款。 5. 保持室内安静,维护室内整洁卫生,遵守"七不规范",凡携带食物饮料者,均需事先将之随包寄存。

由上述文书示例可见,《规则》是面向管理者、阅览者、参观者等所有

主客体人员的,是有助于管理的系列举措,措辞较为严厉,具有强制的约束性;《须知》是面向服务对象的,措辞需注意有礼有节,多从正面加以引导;《守则》主要是面向进入阅览室所有行为主体(管理者和阅览者)的,措辞也具有强制的约束性。从内容看,上述文种的撰写要求有相同处,也有一定的区别,因此上述三种文书在阅览室不会同时出现。常见的情况是在图书馆阅览室出现两项规章制度,一项是管理性制度(如服务规范、消防制度等),一项是须知(或守则、规则)。

表述要得体,第二是要遵循文种需要。

应用文都是程式化的文书,每类文书须层次清楚,相关的内容就需在相应的层次上表述。例如撰写下列文书。

【工作任务】

以××市中等职业学校首届"璀璨星光"校园文化节组委会名义撰写一份文书,邀请××市中学生演讲协会张华先生、××师范大学李俊教授等5人担任评委。请代拟这份文书。

作文前须确认这是要求撰写哪一种文书,然后方能立意构思。由所给题干,出现的是"邀请"字样,事项则是做评委。这时就出现了两种选择:邀请书、聘书。由文书的性质推断,邀请书是邀请嘉宾出席活动,聘书是邀请嘉宾承担工作。据此应当撰写聘书,示例如下。

聘 书

兹聘请××师范大学李俊教授担任上海市中等职业学校第十二届"璀璨星光"校园文化节演讲项目复赛评委。

此聘

······校园文化节组委会(公章)

二○二一年十二月九日

聘书表述要得体。首先,聘书只能是一人一聘、一事一聘,这里只能从题干中选择一人书写。其次,聘书正文极简,把诉求直截了当写明就是,但是必要的行文规范是要遵守的:"兹聘请"引出对象;写对象冠以教授以示尊敬;担任的工作须完整的全称,既帮助对方了解工作的性质和意义,也具有事项内容的提示,由此建构起心理预期,做好该评委工作。最后,不少聘书是需要写工作报酬的,这里要不要写明? 无需写明,因为这是一次性活动的聘用,不是阶段工作、一定时期工作的合同聘用关系。国家对半天性质的专家劳务支付费用是有明文规定的,一般民间也有不超标的约定俗成议价,因此一般都心照不宣,友情支持就是了。如果硬要写上"工作报酬2 000元整",反而是表述不得体了。

又如撰写计划,第一部分必须先正确地分析形势,这是工作计划的时代背景(诸如形势大好背景、形势险峻背景、企业转型发展背景、外贸是否顺利背景等),这部分不写好,不分析到位,就无从评价后续计划的价值,计划的价值也是该文书立意所在。不少教师一讲到计划,就是计划三要素"目标任务(指标),方法措施(途径),步骤和时间安排等",这些固然重要,但"文眼"恰恰是在第一段(部分)。

又如说明书,商品说明书面向消费者,旨在推广商品(进入市场的产品),产品说明书旨在介绍功能和用途,它不但面向消费者,还面向商家和市场管理者,产品说明书对产品的构成(原理、构造等)介绍是商品说明书不具备的。因此从学情出发,教学"说明书",可侧重商品说明书,须较为客观地说明用途、性能、特征、使用和保管方法等要素如何撰写。而且,这些事项的分项撰写逻辑顺序也是有一定要求的,不能颠三倒四。该文书要表述得体,还需依据国家有关法律条文加以精准表述。

表述要得体,第三是要遵循主旨需要。

文以载道,语言表达服从主旨需要是一般的写文原则。在应用文而言,则是要求语言表述更为精准恰当。

例如启事。启事有三类,告知类、征集类、招寻类。以下举例说明:

例1：开馆启事（告知类）

本图书馆日前已装修竣工，定于10月8日起恢复对外借阅业务，欢迎广大师生员工惠顾。开馆时间：每天8:30～20:30。

此启

校图书馆

2022年9月26日

例2：征文启事（征集类）

一年一度的国庆佳节又即将来临。本校团委与学生会特向全体师生征集以"我与祖国共成长"为主题的文章。

交稿要求：（越具体，越有指导意义）

截稿时间：（应具体到钟点时间）

交稿方式：（应兼顾纸质和电子文档，如果附有照片也应规定像素便于进一步使用）

此启

校团委、学生会

2022年9月2日

例3：招领启事（招寻类）

今有同学在本校图书馆拾到一个小包，内有人民币、手机以及其他物品数件。请有遗失者到校学生处张老师处认领。

此启

校学生处

2022年9月5日

例4：寻物启事（招寻类）

今天下午，我在本校图书馆阅览室不慎遗失一个白底紫花的女式拉链小包，内有银白色手机一部，校园一卡通一张，人民币两百多元。请拾到者送交校学生处,或拨打电话 135×××××××× 与我联系,不胜感激。

　　此启

××班　金亮亮

2022 年 9 月 3 日

　　上述启事,根据文种特点,告知类启事语言措辞要简洁,没有任何赘语,开馆信息交代清楚就可。征招类启事语言措辞要详尽具体,只有把组织者的意图充分说清楚,才可能征集到符合要求的作品。寻找类启事要具体情况具体分析,有的信息不能说得过多,诸如"招领",一旦信息全盘说出,那么人人都可以是"失主",就失去了招领的本意;诸如"寻物",信息应适当多说出一些(手机的银白色外部特征,又不宜把款式型号等细节全部公示),这样既缩小了寻物范围,有助于寻物的针对性,也不易导致失物被冒领的情况。因此撰写启事的语言措辞要遵循主旨表达的需要,当详则详,当略则略。

　　表述要得体的前提是"诉求要明确",主旨不明,必然导致表述的不得体。例如某教材给出的《声明》案例:

××出版社法律顾问×××律师

受权声明

　　《××××》丛书是本社出版的图书,印制精良,装订考究,深受广大读者喜爱。近来,发现市场上有不少假冒《××××》的图书,印制粗糙,严重影响了××出版社的声誉,侵害了××出版社的经济利益。为此,本律师受权郑重声明,有关责任者必须立即停止假冒《××××》的印制、销售活动,销毁已经印制的假冒图书,并向××出版社赔礼道歉。否则××出版社将依法追究制假者的法律责任。同时,敬希广大读者购买该书时注意鉴别,谨防上当。

　　特此声明

××××年×月×日

写作最基本的要求是：谁、向谁、诉求什么事。由标题看，声明的主体是律师，他"接受"出版社的委托权限发布声明。但是行文与标题的主旨不相符，语段第一句声称"本社"，这就造成了写作主体混乱。这里的"受权"和"授权"意义是完全不同的，如果要按照"受权"行文，需纠正"本社"等措辞；如果要按照"授权"行文，则标题和正文的有关地方都需要纠正一些措辞。

此外，根据不同文种主旨的表达需要，有关表述均需得体。例如平行关系的求助用"请"，下行文关系的请求支持配合用"希望"；公文中的事项请示时需给出必须、合理的理由（依据），做策划文案时必然涉及经费预算，则必须是合理合规和可行；总结的自我评价要客观，市场预测或调查报告的结论要来自真实的数据事实，都不要夸大不实。以总结为例，其主旨是由具体工作到抽象思考，由感性认识到理性认识，就是为了通过总结以求进步和提高。如果表述不够客观，文过饰非，也许当下问题还不大（当下是总结失真的问题），但为未来工作埋下了隐患，无论是认识不足还是形势判断错误，无论是主观掩盖过失还是客观未发现问题，这一客观存在的问题很可能由小到大、由轻而重，导致大的问题发生，给工作带来损失。所谓"防微杜渐"的警示，"祸患常积于忽微"的哲理，在这里都是适用的。

(三) 施教的目标是按照工作要求，确保能把事情办成

应用文教学的主要目标应该是学会做事，也就是说，看起来是写作教学，其实是基于完成工作任务的做事教学，"学会做事"是职业教育显性的、最重要的特点。因此，施教的逻辑须遵循办事的逻辑。

许多学生在完成应用文写作教学后，还是不会写应用文；面向中职学生的高考连年将应用文作为大作文题型，很多教师感到困惑，他们在高考评价会上直言建议将应用文写作题型改为议论文或记叙文写作。这些教师不明白的是，应用文就是记叙文或议论文，其区别是写作目的不同。在职业院校，基于专业培养目标，检验学生语文学习质量的作文，是需要学

生个性化的创作,还是需要按照工作要求、完成工作事项的写作。教师思想有误区,他们对应用文缺乏正确的认识,导致写作教学出现了巨大偏差。一方面,教师自己也不太明白应用文应该如何写,为什么应该这样写,以致学生也学得不明白,常常是该教的没教,没有必要教的花了大量时间和精力去教(如公文的文号属于格式问题,这属于不可教的内容,任何人不可能明白别人单位的文号应该怎么写,所以教来教去只是抽象的机关代字、年号和序号,不具有举一反三的能力迁移意义,如此等等);另一方面,教师基本都是按文种逐项教,教得单一,学得单一,再加上学生阅历不够丰富,常常是教师创设的情境学生没有经验体会,学生只能按格式依样画葫芦模仿,这样的写作教学形同纸上谈兵,看起来学了,实际没有学会。要破解这些问题,首先必须在思想上牢固树立应用文教学是"学会做事"的教学思想,必须按照工作逻辑、办事的成效要求去施教。

1. 施教的过程是阅读教学的过程

应用文教学同样应当以阅读教学为先导,先解剖案例,建构基本概念,明确写作要领。也就是由典范的应用文阅读入手,探究"文如何载道",进而迁移为写作的"文以载道"。这是当下教材普遍缺失的教学环节。很多教材都是由概念、特点、作用入手,然后举例说明该文书怎么写,这是从书本到书本,从课堂到课堂,是本末倒置的教法,难以出效果。

应用文的阅读教学,同样要从主题立意和运思出发,先引导明确文书的"诉求",然后探究作者的运思路径,这是第一阶梯的教学内容。继而找到作者的选材特点和安排顺序,探究如此结构的特点,这个教学程序也是探究该文书程式化特点的环节,每个段落应该写什么,中心诉求内容应该出现在哪里,哪里是必要的铺垫(如计划第一段正确分析形势既是文眼,也是后续具体计划安排的依据铺垫),哪里可以出现希望要求等。这是第二阶梯的教学内容。最后就是阐述语言特点,讨论其语言措辞是否得体,为什么比较得体,是否有更恰当的表达(修改),深化对语言表达的认知和建构,强化语用能力,这是第三阶梯的教学内容。例如写会议纪要,可遵循如下步骤:

第一,立意与运思:宣传重要的会议精神,对后续工作提出需要贯彻落实的原则要求。运思中最重要的是把会议精神用言简意赅的语句提炼准确,也就是需要找准宣传点。会议涉及内容一般较多、较散,如何聚焦就是运思的过程。在阅读教学中,立意与运思是纲,纲举才能目张。

第二,选择与安排:有了宣传点,如何围绕这些点找准材料,诸如哪些领导讲话要引用,哪些会议花絮要描写,哪些会议的主要程序要叙述,还有就是如何结构成文。会议纪要一般以"大会""会议"作为人称主词,其文第一段概述会议程序和主题、罗列必要的出席人员(具体叙述和概述相结合),并对会议作基本评价(如"圆满结束""成功的会议"等),然后的文书逻辑结构一般是(其中有些项目不一定都出现):"会议回顾了……""会议讨论了……""会议总结了……""会议选举了……""会议提出了……""会议要求……""会议希望……"等。在阅读教学中,这一部分应引导学生细细品读和把握,尤其需要明白这么结构的逻辑意义,明白每一项中的内容应如何撰写,进而内化为自己的语用能力。

第三,表达与修改:找出关键词关键句,由"精准"要求看"表述是否得体";找出行文关系词(与行文对象交流),由礼仪要求看"表述是否得体";分析语段的逻辑关系,由应用文程式化要求看"表述是否得体"。在阅读教学中,这一部分的教学,要在"诉求是否明确,表述是否得体"上总体组织施教,总体把握语言表达的效果。这时候,可以兼做引导性教学小结了。

2. 写作过程要进入办事过程

应用文写作与一般写作的不同主要是,应用文写作作用是为了办事,所以无论是教学还是习练,都要置于办事过程中——按照能办成事的要求去施教,按照能办成事的逻辑去写作。须知,学生写作应用文的困难,首先是来自不知道办事要素、程序和逻辑的困难。例如写《通知》。单位内部公示牌上的通知一般写作如下:

会议通知

兹定于本周五下午1:30在学校会议室召开学生干部会议,讨论

　　第十二届学代会筹备事项。请准时出席。

　　特此通知

校团委、学生会

2022 年 9 月 13 日

　　从一般要素看，时间、地点、事件、出席对象等都具备了。但是须想一想的是，这个通知能让每个与会者都明确通知中的诉求吗？能不能保证在这一天的下午 1 点半所有人到齐并把会开起来？这显然是不能的（意味着办不成事）。根据上述文书的表述，时间不会有问题，通知发布于 2022 年 9 月 13 日，通知中所说的"本周五"指的是 2022 年 9 月 16 日，这一点不会有歧义；会议议题看似也没有问题。但是，出席对象是谁？是所有学生干部吗？必须指明学生干部的范围，诸如是所有班长、团支书，还是现有的学生会部长、副部长、干事，还是限定到哪一些，等等。于是，这范围的限定问题，就牵扯到了会议主题的问题：如果是早期的筹备会议，那么参会人数不会多，重在研讨方案；如果是第若干次的筹备会议，那么就是对方案听取意见，与会范围会适当扩大一些；如果是最后一次筹备会议，那么就是告知性的会议，把怎样开好学代会向所有班长、团支书做宣讲，布置各班选举学生代表，实质性启动学代会的筹备事项（上文显然不是，文书出现的地点是会议室，不是礼堂）。明确与会人员范围，也是明确会议主题的组成部分，便于与会人员有准备地参会。最简便的修改就是增设出席会议的对象。最后，通知中地点也有问题，"学校会议室"是哪一个会议室？一般说来，学校都不可能只有一个会议室，所以要写明楼号和室号。

　　由此可见，判断文书写得好不好，首先不是格式对不对、要素全不全的问题。上述案例格式没有问题，要素完整齐全，但是"诉求不明确，表述不得体"，由此导致办不成"通知"的事项，这就是失败的写作。推而广之，如果是面向校外的会议通知，那么要交代的事项就更多了，诸如会议的主要议程、交通路线、停车提示、事先是否需要作必要的准备（携带什么、有没有发言的任务），如果会议规模较大还需提示相关的安全事项，根据会场门口标识寻找座位等;如果是面向外省市人员的会议,还需交代生活事项。总之,会议通知写得到位不到位,就看告知性的事项和有关服务事项是否交代清楚,是不是有助于与会人员便捷地找到一个"陌生"的地方,有准备地、没有后顾之忧地参会。

要求学生按照办事逻辑撰写文书,命题作文的"材料"就不能三言两语,过于单薄,必须给予较为完整的办事背景(依据)和办事的诉求。例如某地应用文竞赛赛题:

阅读下面所给材料,把握材料的主要思想和提示内容

以下是××理工学院图书馆20××年工作计划:

日前,我校图书新馆已经建成。根据学院工作的要求,进一步认识新时期学院对图书馆工作的新要求,进一步提高对学院图书馆重要性的认识,进一步确立服务育人的思想意识,充分发挥图书馆在教学、科研和教育中的作用,提高图书资源的使用价值,使图书馆的管理工作进一步科学化、规范化,特制定本年度图书馆工作计划。

(一)继续加强学习,提高馆员素质

加强图书馆工作人员的政治学习和业务学习,进一步提高工作人员的政治思想素质和业务素质。图书馆工作人员要充分利用图书馆的自身优势,多读书多看报,认清形势,端正思想。对一些新同志进行图书管理系统软件培训和有关业务培训,提高工作人员的业务素质和业务技能。

(二)加强文献资源建设

1. 纸质资源建设。纸质文献依然是师生主要利用的文献形式,逐年增加新书购入数量以及扩大期刊品种,2013年计划购入图书12万册,期刊1 180种。

2. 电子资源建设。电子资源以其新、快、方便下载利用等诸多特点,已经在教学、科研中发挥着愈来愈重要的作用。2013年计划购买电子图书20万册。

以上新增文献资源，主要充实新建成的馆库及其现代化的视听阅览室等。

（三）继续加强读者服务工作

1. 规范借阅服务，提高服务质量。采取多种形式对教师和学生开展外借、阅览、宣传推荐工作。及时为遗失借阅证的读者做好补证工作。

2. 在工作中要"急读者所急，想读者所想"。要采取多种措施，最大限度地为读者提供方便、快捷、高效的服务。

应用外借服务、阅览服务、复印服务、咨询服务、定题服务、报道服务等方式，有效地满足读者对文献的不同层次的需求。

开展文献信息调研服务。一是要经常对馆藏文献信息资源进行调查、统计、分析与综合，不断提出新的思路和充实完善的办法；二是要了解和掌握预购文献资源的市场占有量，研究文献信息的发展状态，有计划地组织各种形式的采购。

开展"利用图书馆知识"宣传教育。利用图书馆宣传栏，及时报道文献信息、图书布局、揭示馆藏，帮助读者学会利用图书馆，更重要的是吸引更多的读者开发和利用图书馆资源。对每年入学后的新生，我们要利用图书馆宣传栏进行图书馆概况、地位、作用、藏书情况、服务设施等方面知识的介绍，使新生能尽快地了解图书馆，走进图书馆，利用图书馆。

3. 延长开放时间。新馆：8:00～21:30，老馆 8:00～22:00；书库周二至周五正常开放外，在双休日，老馆书库周六周日全天开放，新馆书库周日周一全天开放。

4. 组织开展"读者评馆"活动，促进图书馆建设和职工素质的不断提高。请读者来评议图书馆的工作，通过问卷调查、设立评议箱等多种形式收集读者对图书馆工作的意见，制定整改措施。

（四）日常事务

1. 修改和完善规章制度，全面贯彻执行细化后的各岗位职责和岗位目标任务分解,建立激励机制,以人为本,用先进的管理理念和有效的管理措施促进服务效率的提高。

2. 各岗位业务工作实行规范化、标准化、科学化管理。各借阅室图书、期刊摆放整齐,录入图书数据、图书贴标及期刊装订要按照规范要求加工,保证质量。

3. 各借阅室要保持环境清洁,物品摆放整齐,积极主动为读者营造一个舒适优雅的阅览环境。每个馆员要以良好的工作状态和精神风貌接待好每位读者,以自己的勤劳、智慧和娴熟的业务技能,做好读者服务工作。

4. 强化日常服务及各项工作的管理。馆里将继续坚持对每个部室工作和卫生进行检查和评比。

以上为图书馆20××年工作计划,任务很重,但我们图书馆全体人员凭着一颗坚定的心和坚忍不拔的意志,讲团结、顾大局、一丝不苟的工作精神,各尽其责,20××年的工作一定会圆满完成。

根据上述阅读材料的有关提示和要求,撰写相应的应用文书

第1题:

××理工学院图书馆新馆定于20××年3月1日正式对外开馆服务。请为该馆代拟一份开馆启事。

撰文提示与要求:开馆对外服务,需要将读者必须知晓的有关事项详细公开告知,但无需面面俱到。写作上要求做到事项明确,内容详略得当,书写规范,语言简练,格式正确。撰文必需的要素,凡所给材料未说明的,请自行酌情补上。

第2题:

××理工学院图书馆借新馆开馆之机梳理整合本部门岗位服务规范。请仔细阅读所给材料,提炼必要的信息,代拟一份《××理工学院图书馆服务规则》。

撰文提示与要求:该文书具有明确的目标针对性和具体事项的可行性,因此在撰写上要求做到条文明确(不少于6条),语言简要得当,格式规范。撰文必需的要素,凡所给材料中未予以说明的,请自行酌情补上。字数不超过500字。

第3题:

　　春节后学校领导检查图书新馆开馆的有关准备工作,发现其中电子阅览室网络不通。经检查是滨海区电信公司因疏忽而未依据合同按期接通新馆的全部网线。学校随即发函吁请电信公司迅速接通网线,以确保20××年3月1日开馆。请代拟这份公文。

　　撰文提示与要求:函的写作,应主题突出,事项单一,尤其是要求应明确。在行文撰写上要求内容层次清晰,表述言简意赅有针对性,格式规范,书写端正。撰文必需的要素,凡所给材料未说明的,请自行酌情补上(但是可以略写文件版头、主题词和抄送单位等。为了行文具有公文特点,请在正确位置上填上该校发文字号"×理院〔20××〕12号")。

第4题:

　　该图书馆新馆开馆后,周到热情的服务和丰富的馆藏资料,受到学校师生的广泛好评。不仅如此,图书馆员工还在"学雷锋周"专项活动中个个好似活雷锋,好人好事层出不穷。请仔细阅读所给材料,选择一个角度,撰写一份感谢信。

　　撰文提示与要求:感谢信应当出自对某一受惠事件的感恩表达,因此语言表述具有相当的主观性。撰文必需的角色扮演和对所给材料的择取提炼应当合情合理,材料演绎具有一定的感染性。撰写上应做到主题明确,层次清晰,表述得体,有一定的感染力。撰文必需的要素,凡所给材料未说明的,请自行酌情补上。字数在500字左右。

　　上述赛题形式无疑是旨在对职业院校写作教学发挥积极的引导作用,一是将阅读教学与写作教学相结合,以读为先导,通过通晓有关知识实现向应用文写作能力习练的迁移;二是将写作置于办事的程序和要求之中，用"能否办成事"作为评价作文是否得当的主要标准。同时由于竞赛时间有限，又有大段文书的阅读任务，因此赛题的"撰文提示与要求"中给了一定的写作提示，降低学生写作难度，突出竞赛写文能力的主旨。

由于前文已经阐述过写作"启事"（第 1 题）、"规则"（第 2 题）的有关事项，这里不再赘述。

第 3 题要求写"函"。"函"是不相隶属单位之间交往的文书，"表述要得体"的要求尤为鲜明。例如可写成：

××理工学院关于吁请网络联通交付使用的函

×理院〔20××〕12 号

滨海区电信公司：

　　20××年 6 月，我校与贵公司签订网络布线与电信联通服务合同（合同号：××××）。按合同规定，贵公司应当于 20××年 2 月 1 日前完工并交付使用，但贵公司未能按期履约，特吁请贵公司速派员工在 5 日内完成工程并与我校完成验收交接手续。否则由此引发的我校损失及造成的社会影响问题，我方将通过法律追究贵方违约的全部责任。

　　特此函达

××理工学院（公章）
20××年 2 月 23 日

该文书措辞的依据是受法律保护的"合同"，由此提出的诉求是"吁请贵公司速派员工在 5 日内完成工程并与我校完成验收交接手续"。为什么是"5 日之内"呢？这就是办事的逻辑了。春节后一般已经是 2 月中下旬，学校领导开学后检查新馆开启工作，发现问题，提出问题，还要布置写文、发文，一个周期下来 10 天左右是很正常的，当然落款时间只要是下旬（23 日之前），都是合理的。这就留出了 5 天的抢修时间（电话口说无凭，文书往来既严肃又留出快递往来的时间）。之后就是 3 月 1 日了。所以时间非常紧迫,一方面校方本着合作友好的态度争取公司抢修;本着有礼有节用词"吁请",既表现了诚意和礼节,又含有一定的严肃和施压的态度;另一方面还留有余地,就是保留追责的权利。诉求明确,态度鲜明,表述得体,有助于把事办成。

第4题是"感谢信"。除了"诉求要明确"要求外,"表述要得体"则给了学生充分的"用武之地"——记叙、说明、议论、描写、抒情,只要愿意用都能用上。这是对学生语用综合能力的检测。

又如,国庆长假即将来到,某班要求以小组为单位制订一份活动计划。

该命题看似给出的信息极少,但由于这是学生熟悉的话题,因此可以视为有效的开放型命题。活动形式可以是室内的参观、文娱、座谈,可以是室外的旅游、体育活动等。通过审题,合理思考的要点可以如下:

(1) 时间:一般中职学生家长出于安全考虑可接受的是1~2天;大学生受制于经济状况可接受的是2~3天。

(2) 活动形式:可由兴趣出发经小组合议决定。(假设为郊游项目)

(3) 活动安排:以每个半天为单位设计,注意内容的可行性和衔接性。

(4) 活动负责人:组长、班干部,或选举产生。

(5) 活动筹备:群体合议,由干部汇总。

有了这些思考,要撰写文章,还是不够的,还得由基础写作的要素出发思考:

(1) 立意:什么样的活动,既能满足大家活动的愿望,又具有一定的价值意义?

(2) 运思:活动计划要写些什么? 其中突出什么? 由此聚焦和凸显主题的价值意义。

(3) 选材:每一个半天做什么,相应的支持条件或保障举措是什么?

(4) 安排:每一个半天的活动怎么合理安排,怎么衔接? 注意事项有哪些?

上述事项完成后,似乎可以进入到撰写文书的程序了。但应用文写作并不到此为止,那就是还需修改:要把这份计划放到郊游项目中去看看是否可行。作为计划,有了目标任务、方法步骤和实施措施,只是事项范畴的周全,还需按照办事的逻辑审视是否能操作。比如,有没有可能出现意外? 可能出现哪些意外? 出现意外怎么办? 国庆期间早晚温差较大,怎么准备服装? 还有就是注意事项中"身"(身份证)、"手"(手机等联络工具)、"药"、"钱"是否都考虑到了? 登记住宿和进入景点要查验身份证,对外联系要用手机,防病要用药(含针对自己慢性病的特种药),还有整个活动需要多少钱(预算＋备用款)。

这整个写作流程,一是基础写作"会不会写"的问题,二是应用文写作"能不能付诸实行"的问题。应用文写作只是基础写作的一个程式化写作的具体实践,具体撰写时,还需考虑合理地办事和如何办成事等要点。

三、写作教学新思维

前文阐述了以阅读为先导探究写作规律带动写作能力提升,以及不能按文种逐项施教的问题,这里将阐述如何基于工作过程、工作要求撰写文书的教学新思维。

(一) 调研表明,职业院校对写作教学普遍存在不重视的问题

在中职学校,教师普遍将应用文写作作为一种"补充性"的教学内容进行施教。20 年前,中等职业学校普遍专门设置"应用文写作"课程,共36～54 学时。而今在教材层面已经显得零打碎敲不成体系了,即使是某些新编教材中也仅剩下总结、求职、活动策划、市场调查、说明书等寥寥几项。这对绝大部分毕业生来说,都远远不能满足职业岗位所需的语文能力要求,也就是说这样的语文教学背离了职业院校专业培养目标。

在高职院校,语文课设置较为凌乱:在课程设置上,有的是必修课,有的是选修课,有的不设语文课。在教学内容定位上,有的是"大学语

文",偏重文化或语文素养;有的是"职业汉语",偏重国家职业汉语能力考证;有的是"诗歌鉴赏",偏重文学鉴赏;有的是"应用文写作",偏重文书写作。在上述课程中,设置"大学语文"和"应用文写作"是可以理解的,设置"职业汉语"在严格意义上是不符合汉语分类要求的,很难界定职业汉语与非职业汉语的界限,它只是针对特定人群设置的一项能力测试项目,更不应该是高校教学项目。"诗歌鉴赏"可以作为选修课出现。开设课程的随意性较大,反映出的问题是高职院校对语文课定位的模糊,即职业院校到底需要怎样的语文教学,语文教学与专业培养目标到底具有怎样的关系。

(二) 职业院校特别是高职院校学时有限,写作教学需要新思维

教学要强调针对性和有效性。当下,中等职业学校语文总学时 200多(三个学期),高职院校语文总学时一般约 54(一个学期,周学时为 3),其中写作教学的时间都不应低于 32 学时,既要以阅读教学带动写作教学,也要以基础写作带动应用文教学。这是直接指向学生未来职业表现、生涯发展的必要素养和技能。中职阶段可侧重书信(含专用书信、微文、博文)、条据、消息、通知、启事、简报、计划、总结、说明书、规章制度、演讲稿、诉状等一般事务性文书;高职阶段可侧重调查报告、市场预测报告、可行性研究报告、策划书、会议纪要、广告文、行政公文、学业论文等重分析、重运思的文书。

应用文教学是伴随着学生阅历以及对专业认知和学习的深入而深入的,如果学生不熟悉办事的流程和办事的要求,是写不好应用文书的。

基于工作过程、工作要求施教,需要一个总体设计思路,那就是"一根主线,两条路径":

1. 一根主线

以实务写作能力为本,设置必要的生活和职业语境,有机融入专业元素,任务引领,项目课业推进,为培养具有一定文化素养、企业文化精神、应用文写作能力的"社会人"和"职业人"奠定必要的发展根基。

2. 两条路径

其一，传统的教学路径。

在中职学段，对于学习有困难的学生，可以按应用文书分类逐项教学，在体验和把握文种特点、要求的基础上，通过有序训练提升有关应用文，尤其是通用应用文的基础写作能力。

但是，施教中需要改善的是，情境设置要符合学情，所给材料不可能全部覆盖写文的需要，所以布置写作任务时，要让学生有想象的可能，有话可说，有内容可写。例如要求学生为学校校庆写宣传材料，这是不可能完成的任务，但可以要求学生为班级活动写宣传文书、为学校图书馆写规章制度、为学校食堂用餐写倡议书，这些贴近学生生活，是学生可想、可说、可写的。此外就是要花大力气在有助于办成事的写作上，至于格式大同小异，阅读教学中带过、写作讲评中适当点到即可。

在中职学段，一定不要去涉及公文教学，因为这是老师和学生都不熟悉的领域，一方面是"教"的以其"昏昏"，无法让"学"的"昭昭"；另一方面学生完全不知办事流程和办事规则，缺乏工作经验，没有撰文的想象拓展空间，是臆造不出文书的。

其二，教学新思维、新路径。

由专业培养目标出发，结合学生专业发展所需文种设计组合教学，通过有序的训练体验和把握有关写作能力规律、要求，能较好地表述有关诉求，进而实现职业素养和职业能力的迁移和提升。

在这种教学模式思维下，就是要对教材进行整合处理，按情境（事务类别）模块组成新的教学单元，这样的路径设计，体现的是学校特色、专业特色，体现的是"让教法贴近学生"的教学思想，体现的是类型和层次的教育要求。例如：日常事务单元（邀请函、倡议书、通知、启事、感谢信），沟通单元（求职书、演讲稿），会议单元（会议记录、会议纪要、会议报道、会议简报），工作事务单元（计划、总结），企划事务单元（调查报告、市场预测报告、策划文案），商务单元（意向书、合同、条据、广告），行政公文单元（请示、批复，函、复函），等等。

对于有一定写作基础的中职学生和所有高职院校在校学生,应当倡导这种教学路径。这种文书组合式教学,其核心是在同一情境中把相关联的事项,按照工作流程有序地依次做成若干事项,最后用做成一件事的要求综合考量该事项的绩效。例如:工作事务单元的计划(如学期学习计划)和总结(如学期学习总结)。计划在前,总结在后,计划和总结遵循的是同一形势背景,通过"计划"考察背景分析得是否到位,通过"总结"再次审看计划时的背景分析是否正确,看当时的背景有无发生变化,如有变化则需看这种变化对后续工作产生了怎样的影响。通过"总结"还能审看计划中目标任务制订是否恰当,方法步骤是否合理,举措是否得当;同时也能突显当年工作成绩的取得是水到渠成还是来之不易,工作做得是有经验成效,还是有可记取的教训。如果孤立地审视学生的"计划"或"总结",一般都不易察觉办事是否合理、办事是否有成效的问题,这样的作业形同纸上谈兵,没有现实意义,学生也不能真正学会写文。

其他组合也是一样。消息与通讯组合,消息是"短平快"的抢时间报道,通讯是后续深度报道。消息用"倒金字塔"结构,突显最重要的信息;通讯借助记叙、议论、说明、描写、抒情等方法将人物或事件写得更深入和感人。调研报告、市场预测报告、策划文案的组合,调研报告在前,市场预测在后;调研报告在前,策划文案在后。一切皆源于"没有调查就没有发言权"。组合教学,不仅要习练单项文书的撰写,还需放在同一目标事件背景下考察这些文书之间的关联性、一致性。该教学路径的教学设计案例,已经在本书第三章"项目教学法"中,以"记录、纪要、简报"组合为例做了阐述。

综上所述,写文的过程是办事的过程,写文的逻辑是办事的逻辑,写文的能力实质上体现的是办事的能力,这是语文教学中务必关注的要点。写作教学也应该是"激趣"的教学,教师应引导学生进入真实的生活或工作情境,引导学生通过有效的写作不断品尝解决实际问题后的喜悦,从而树立工作意识,形成写作规范,提高写作能力和写作效率。

第十章 听说教学论

听说教学是语文教学的重要组成部分。由于语文教材中的教学内容基本都以书面化方式呈现，因此当前听说教学是一个普遍性的薄弱环节。在日常生活和工作的沟通交往中，"听说"形态的占比达到70％以上，因而在人的生涯发展中，听说能力是不可忽视的主要能力之一。在职业院校语文教学中，必须加强且有效推进听说教学。

听说，是语文听说读写四大能力的重要组成部分，也有其自成一组的能力体系，还有一组就是读写。听与读一样，是接收信息；说与写一样，是输出信息。听说与读写既有相似性，也有其独特性。我们应该重视听说教学。

当前，在听说教学方面存在着较大的问题，其主要是：

第一，找不到听说教学的定位。从教材看，很少有教材兼顾听说教学单元的编写；从开设课程看，并没有专设的听说课程。上海曾在二十世纪八九十年代开设听说课程，称之为"听说能力实践指导""沟通与演说""演说技巧"等，但是在后来有关部门规范语文课开设名称后，一概统称"语文"，各校的听说教学也就实际上渐渐消亡了。2015年上海市第三轮中职语文课改增设了听说教学单元，旨在强化听说能力培养；2020年教育部中职语文课标列入了口语教学内容。这都是良好的新开端。

第二,有些院校的听说教学似是而非,很难达成教学效果。由于语文教材的呈现方式主要是书面的,因此听说教学名存实亡,不少教师以"听说"名义设计教学,实际其本质上还是基于文本的阅读教学,而不是真正意义上的听说教学。

第三,不少教师也有帮助学生提高口语交际能力的意识,组织了一些诸如"课前一分钟演说"之类的口语训练。但是对于母语是汉语的学生来说,这样的口语训练是碎片化而不是系统化的教学,不能解决口语交际的问题,短短一分钟的训练也达不到提高口语交际能力的教学目标,因此本质上这也不是听说教学。

第四,制约听说教学的还有一个关键性的问题,就是缺少质量检测手段。如何批量检测听说教学质量,需要信息技术支持。我们与上海市教育考试院的考研员曾经设计过一个软件,但是该软件只能类似英语四六级考试那样做信息有限、篇幅有限的检测,这对于检测作为母语的语文听说能力来说,也就显得过于简单了,后来由于人员变动,这项工作未能进一步推进下去。我们也尝试过用信息技术检测较为复杂的听说能力,但听说表达的语意由于其特有的丰富性和对同一内容用不同方式表达的差异性,计算机似乎还不能准确地进行识别辨析,因而还需组织一定的人力去辨析赋分,这至少到目前还不具有普遍推广性。

由此可见,听说教学任重道远,还有很多事要做,还有很多问题等待我们去研究、探究和破解。但是,听说教学课改的事还得做起来,不能等着别人给自己路径方法,这是职业教育发展的内在要求,是各专业培养目标的共同要求。

一、听说教学的基本特点

听说教学,本质上应该是基于语音往来的教学。它与基于文本阅读的教学,在教学形式上应该具有很大的区别。它至少应具备以下教学特点:

第一，它是基于语音往来的教学。

交际沟通中的语音具有稍纵即逝的特点，这不像文本阅读可以读了再读，对于听者来说，语音过了就过了，不可能再"回听"，除非教学情境需要重复"回放"。听者不仅需听音，还需辨意，由此作出恰当的回应。作为母语的听力习练，其篇幅可以由小到大，但基础的习练篇幅不应少于3分钟，后续可以达到5分钟甚至更多。因此，学会倾听就显得特别重要。

第二，它是基于一定语境的教学。

听说必须置于一定的语境中教学。语音与文字不同，对语音的辨析渠道具有唯一性，不像对文字可由形音义多渠道进行辨析。如果脱离语境，不同的人基于不同的经验和认识，对该语音的领悟可能完全不是一回事。而且，脱离了语境，听者对较长篇幅的语音就缺少预判，不能有联系地综合性听和辨析，这就会大大增加听的失误。

第三，它需要音频视频作为教材载体。

由于听说是基于语音往来的教学，因此它需要经过精心编辑的音频视频作为教材。当前教材给出的是具有听说技巧意义的阅读材料或者是关于听说的解说性文字材料，而唯独不是给出供听的音频视频素材，纸上谈兵不会达成听说教学课程目标，只有基于"听"的材料，师生才能开展后续听与说的情境习练。

第四，它需要师生浸润在听说环境中共同完成教学任务。

与阅读教学不同，在听说教学中教师没有太多的教学预判，教学设计也不可能做到多么的精细化、具体化，听说的话题一展开，教学过程就充满了不可控性，这对教师的专业素养和听说能力就提出了很高的要求。教师不得不与学生"同频共振"，随着教学的深入，共同完成听说教学任务。从这个意义上说，这也是最能体现教学相长的课型之一。

第五，它是一种几近"即兴"的教学形态。

即兴听，即兴说，即兴小结点评。这种"即兴"，需要瞬间的听音辨意，需要瞬间的语意提炼整合，需要瞬间的组织语言表达，这就导致该教学既是语言能力的习练,更是思维能力的习练。对于短篇幅的听,要听得八九不离十;对于较长篇幅的听,要听得脉络清楚、中心意思基本正确;同时对听的回应"说",还要语意正确、脉络清晰、语言得体,其教学难度较之一般的阅读教学无疑更高。

二、听说教学的逻辑起点是倾听

由听说教学的特点看,听说教学的逻辑起点是"学会倾听"。在听说活动中,听是必要的前提,没有"听"就无从说起,所以在学习"听说"时,学会倾听就是重要的第一步。

国际倾听协会对"倾听"的定义是:倾听是接收口头及非语言信息、确定其含义和对此做出反应的过程。这句话有如下含义:

第一,倾听不仅仅是接收语音信息,还需接收语境以及姿态语带来的非语音信息,这不仅需要耳朵做出即时的反应,还需通过其他感知器官全身心地去感知对方传达来的言语和非言语信息。

第二,倾听的过程不仅仅是接收信息的过程,还是辨析信息和对该信息做出恰当反应的过程。没有这样一个系列行为过程,"说"是无法实施的。

为此,要学会倾听,就要把握以下要领:

(一) 倾听姿态要得体

眼睛是心灵的窗户,心有所向,眼有所指。倾听时,目光会主动与对方目光相接,这是专注的行为表现。目光游移不定,心不在焉,这不仅是失礼的行为,也不是倾听的状态,接收信息的效能定会削弱。

倾听,也不是说目光就是直指对方眼睛不动,如果长时间眼光对视,也有可能出现对信息接收的干扰,这时视线可以稍稍转移一下以便松弛精神,然后再专注倾听。倾听,也不等于说就是眼睛对视,听者的视线可以放在眼睛周围区域。总之,视线所在,以不影响倾听效果为准则。

有时候,目光游移不定,心不在焉,这可以是一种信号,即表示:你说的我都明白了,这个话题就这样吧,我们转换话题吧。但这一含义已经不在"倾听"范畴了。

(二) 倾听中可以适时插话

听说是一项互动交流的活动,倾听不意味着只听不说,适时地、得体地插话有时是为了加强倾听的效果。例如,你对对方的谈话内容非常感兴趣,可以用插话鼓励对方继续说、具体说;你对对方的谈话内容不太明白而又觉得这一内容非常重要,可以用插话表示你对这段内容很重视,或者用插话求证你所接收的信息是否正确。

插话求证的方式是多样的。可以用重复原句或概括原意的方式求证所获信息的准确性,也可以用提问反馈、短暂的互动讨论的方式来求证。

(三) 倾听时要会抓关键词关键句

一般说来,1 分钟左右的内容可以用短期记忆方式贮存,即兴复述也能做到八九不离十。但是如果是 3 分钟甚至更多的内容,一下子是记不住的,这时就需要用上一定的记忆技巧。其记忆的要点是:有哪些主要人物(观点)? 中心事件(论点)及相关事件(分论点)是什么? 重要的细节(论据、结构)有哪些? 情节线索或逻辑线索是什么? 记忆有时也可以动动笔,记下一些要点。然后用最短的时间梳理所记要点和记忆中的关键词句以及线索等,这就基本具有对话的可能了。

三、听说教学的策略应用

听说教学课改千头万绪、任重道远,针对当前听说教学中存在的问题,主要有如下几方面策略:

(一) 创意体现"听说"的完整性

当下首先要解决的是基于文本教材的"以读代听"的问题,只要信息还是来自"读",没有"倾听"教学基础,就不可能有真正的听说教学。以音频视频为教学素材,也就创设了真实的"听"的语境,这就保证了课型是听说课,保证了学生在听的过程中不能通过阅读去"走捷径"获取信息,保证了学生在"听"的基础上有去说的可能。所以创设听说教材,是优化语文课程的急迫课题,也是当前的一项重要课改任务。

其编写体例可以如下所示①:

【学习指导】

【学习目标】

【基础学练】

专题1

任务1对教学视频中的案例进行思考和交流,建构、梳理复述的原则和路径。

活动1看微课视频,做复述

学习要求:

(1)观看视频,复述"受伤风波",不超过1分钟。(整体性复述)

(2)运用在微课中学到的知识,说一说本活动中向家属"转述"时的表达要领。(转述提炼)

活动2

任务2

……

【课外作业】

上述编写体例,其核心是以学生听说能力习练并逐次提升为指导思想,以项目教学为主线,以视频音频为教学素材,根据明确的教学指导和学习要求,师生在一个个有指向的专题及其任务、活动语境中开展听说教

①　选自乔刚等主编的《听说能力学练手册》(学生用书),高等教育出版社,2020年版。

学,把教学的逻辑起点定位在"听"上,把"说"的重点放在"听"的有效性和"说"的正确性、恰当性上,充分体现"听说"教学的完整性。

如果编撰上述教材暂时有困难,也可以采用改造现有教材的办法实施"听说"教学。以《子路、曾皙、冉有、公西华侍坐》(《论语·先进第十一》)为例,将原先的文字教材转化为小品视频教材,通过师生的戏剧演绎,创设一个真实的"听"的语境。在教学中,没有文字教材,只有视频播放,这就不能让学生通过阅读捷径去获取和辨析信息,必须由"听"(视听)这唯一渠道去获取信息,原文 500 字左右,师生戏剧演绎约需五分钟,内容适度,篇幅适度。只有"听"得到位,才可以"说"得到位,能力习得到位。教学中"听说"的关键点,第一步是能听会复述:师生五人对话,学生 4 人姓名不能混淆,否则与对话内容就会不对应;围绕"述志"主题,5 人志向分别是什么? 孔子对 4 位弟子志向的评价是什么? 第二步是能由所给信息进行思考辨析:4 位弟子所述志向的含义是什么? 孔子为什么明确赞同曾皙的志向? 第三步是由复述习练,进阶到概述、综述和评述习练,进一步提升"述"的能力。复述是按原有语意逻辑或者原话,或者原意做叙述;概述是对所听素材作概略性叙述;综述是对所听素材做整合性叙述(可以不按原有逻辑顺序,可以对素材进行一定的剪辑加工,但不能窜改原意);评述是对所听素材的局部或全部做有立场观点的评价。这样的教学显然侧重于基础性的听说能力的习练。

(二) 精心选择母语听说材料

现在大学英语四级考试听力素材每篇短则 100 多词,长则 200 多词;对应到汉语听力教学,在汉语是母语的学生,几乎就是小学低年级的教学要求,200 词左右的篇幅肯定不是听说教学的选项。

以往教师选择的听力材料往往是电台广播的摘要,其不足或者是 200 字左右的文字篇幅过短,或者是呈现方式还是文字材料,让学生课堂照本读后说,要么失之于简单和浅薄,要么失之于"以读代听",没有真正的听说能力习练。因此,听说材料的选择,一是应当在三分钟以上(换算为文字至少是以千字文为好），二是内容具有一定的丰富性和交叉线（非直线性），三是应当以音频视频方式呈现。

以《触龙说赵太后》（刘向《战国策·赵策》）为例。原文800多字，翻译后约1200多字，由师生戏剧演绎后5分钟左右，以视频方式呈现，篇幅恰当。从内容看，主要事件是秦国要进攻赵国，赵国要向齐国求救，但齐国提出的前提条件要用王子长安君做人质，赵太后不肯，因此老臣触龙要用语言说服赵太后。从倾听和复述的要求看，既要听清整个事件脉络，还要听明白主要人物及其关系，听清楚这些人物说了什么和怎么说的。从辨析说话技巧、掌握交谈说服能力的要求看，既要听清楚他们说了什么，还要听清楚他们做了什么，如赵太后的盛气凌人、触龙的小步快跑，在描述中不仅要说清楚情节的发展，还应说清楚他们的心理和行为变化等。该听力素材，较之《子路、曾皙、冉有、公西华侍坐》多人交谈的情节，线索就显得有些单一，但是内容更具有丰富性和发展性。两个习练素材各有各的难点，各有各的教学重点。该教学中"听说"的关键点，第一步是能听会复述：触龙说服赵太后的前因后果和说服过程构成的情节线索。第二步是能由所给信息进行思考辨析：触龙选用的说服技巧和步骤是什么？寒暄在说服中有怎样的作用？第三步是由复述习练，进阶到评述习练，进一步提升思维能力，由此关注：赵太后最终被说服的关节点和原因是什么？由该事件可提炼的传统文化意义是什么？这样的教学，显然更侧重于结合专业要求导向的"说服"能力习练。

由于这类母语听说材料选择得当，师生在较长篇幅的情境对话教学互动中，从聆听、记忆、提炼、整合、重构等多角度、全方位习练，确保听说教学有趣、有效。可见，精心选择母语听说材料，同样兼具语文能力培养和文化传承、思维品质提升等多重意义，对于学生的习得来说，能力训练是项目教学的一次具体实践。语境的设置是有传统文化元素的，语境的把握是有现代人际沟通要素的，由此在听说能力实践中落实了当前全面传承传统文化的国家战略，实现了文道统一。

（三）精心设计听说教学

由于是基于母语的听说习练，因此其设计的目标应能符合初中后（中职）、高中后（高校）学生的身心特点和学习要求，在一堂课中既不能是篇幅短小、内容简单的听说习练，也不应是单项听说能力的教学。

例如《子路、曾晳、冉有、公西华侍坐》教学设计：

第一遍看视频后，可先要求学生由单一对话"听"孔子和某一弟子分别说了什么，在这一教学阶段可要求用"原话复述"形式，要求学生尽可能把有关信息复述完整。可要求学生由多元对话"听"孔子和四个弟子分别说了什么，其中依次是孔子的话题引导、子路述志、冉有述志、公西华述志，在这一教学阶段可要求用"原话复述"形式，要求学生复述既符合原意，又符合原素材的叙事逻辑。

第二次复看视频后，可要求学生做概述，或者是选择性复述，或者是诠释性复述。其教学要求一是在不改变原意的情况下，可调取自己的知识储备整合听说素材后有条理地叙述；二是在叙述过程中可以适当用一些议论语言作概括评价。

第三次复看视频后，可要求学生做综述，这是在复杂情境中对多元信息整合之后，可以重整叙述结构的一种叙述方式，由此提高思维和提炼整合能力。例如在整合逻辑上，子路的"强国"和冉有的"富国"可以归为一组，公西华的"司礼"可单独为一组，曾晳和孔子崇尚的"逍遥于自然"可归为一组，其间的过渡语言可自行组织。最后是孔子的逐一点评也很精准到位，应在简要复述孔子与弟子对话后对孔子的评价性语言做整合后，用自己的语言与弟子们的述志一一对应到位。

又如，在听说教学中尽可能结合思维能力提升的要求进行习练，教师可用一些思维导图做引导，也可以提出要求，在引导学生思考的过程中逐次形成思维导图。例如"如何保持有效倾听"的教学：

　　第一步,通过简短的对话,引出"有效倾听"不易保持的话题,引导学生思考"影响听话的因素"有哪些,诸如:听话者须有一定的知识和语言能力为基础;听话者接收信息材料时易走熟门捷径,因而易受误导;因听话人素养、心境各不相同,常常会在一般意义之外有独特见解等。

　　第二步,引导学生讨论(有指向讨论的过程也是听说的过程)"保持有效倾听"的要领,诸如关于感兴趣的内容、控制情感、把握主要信息、保持顺畅的倾听思路、保持思维的开放性等等。

　　第三步,引导学生完成"保持有效倾听"的思维导图(见图10-1)。

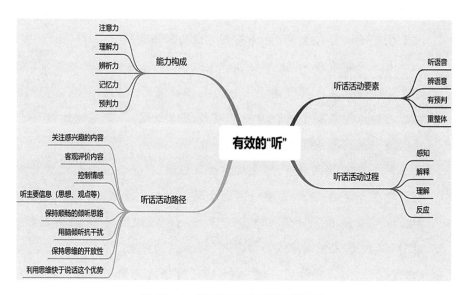

图 10-1　"保持有效倾听"思维导图

　　听说教学是语文教学的重要组成部分,这一案例也说明,只要是语文教学,语文的核心素养是综合性体现,综合性培养,是在听说读写这些外在表现形态的教学和习练中落实的。

第十一章 文言文教学论

　　现代汉语的历史不过 100 年多一点，文言文的历史长达数千年。文言典籍浩如烟海，传承下来的经典也门类众多、数不胜数。早在唐宋时期，就出现了文言文书面语同实际口语的距离越来越远的趋势，一方面是科举考试严格使用文言文，另一方面出现了一些白话文通俗文学作品，到了明清时代已经盛行白话文小说，民间口语交流也大抵是白话文。"五四"新文化运动，不仅是倡导科学、民主的思想解放运动，还是当时一批先进的知识分子借以批判旧文化，宣传新道德、新文学的白话文运动。他们提倡白话文，要求用人们听得懂、看得懂的语言宣传新思想、新道德。短短几年，白话文如燎原之势，迅速取代了文言文的语言地位，出现了一大批成熟的白话文著作、白话文文学作品，白话文也逐渐成为报章的主流语言。

　　文言文教学既是语言教学，也是文化教学，在语文教材中一般占比可达 15％左右，其呈现方式主要是古诗文。

一、文言文教学的意义

　　白话文历史不过区区百年，其中 1951 年我国专设中国文字改革研究委员会，从制定汉语拼音、推行简化字、统一异体字、确定常用字等方面规范、重组现代汉语体系,随后不久正式推出普通话教学。这些以及后来不断进行的文字改革和汉语规范化建设的语文成果一直沿用至今。

那么,在当下文言文教学还有什么现实意义呢?特别是对"以促进就业为导向,以服务发展为宗旨"的职业院校,文言文教学的意义是什么呢?

(一) 传承文化

语言是文化的载体,我国数千年文化传承的载体是文言文。不学习文言文,也就不能传承文化。这是显而易见的、最重要的意义。

有人说:我又不从事文言工作,为什么要学习文言文?在职业院校,这个问题的争论尤其多。回答是:民族文化传统根植于历史长河中,了解历史是每一个人的自觉使命,传承民族文化是每一个人的责任担当。

有人说:民族文化传承的语言工作可以由专家去做,我们只要把专家普及的内容加以学习即可。这个说法似是而非。有些语言工作专家可以去做,但专家去做不等于你就可以不去做。这些年来,专家曲解文言原著、灌输错误内容的情况屡屡发生,完全依赖专家代替你去读文言文显然是不行的。我们每一个人都应该清楚地知道我从哪里来,要到哪里去。有些书是必须自己读、自己品味、自己接受熏陶的。

有些人坦言:学习文言的作用只是为了考试拿分。抱有这样想法的教师教不好文言文,抱有这样想法的学生学不好文言文。因为考试一过,文言文就可以弃之不顾了。一项访谈调研表明:中职学校的语文教师从业以后大多不再阅读文言著作了;他们即使在中文系学习期间,也仅限于教材文言文阅读和其他一些碎片化阅读。能系统学习文言重要典籍的为数极少。为考试而学,似乎成了学习通病。因此,职业院校的教师在文言文教学中普遍侧重于文言字词句教学,而弱化了"道"的传承。这是需要引起警惕的现象。

文言文教学中的"传道",教师必须仔细斟酌:这个"道"的内涵是什么?是否有传承的价值?是否符合当下国家的主流价值观?是否有偏差,是否有局限性?是否适合在课堂上对学生讲授或讨论?这在以往的文言文教学中似乎还不是特别重要的,因为可以有选择地教,例如侧重教学其艺术表现手法。但是作为一门国家统设的基础课程,对"道"的问题,无论是编教材还是用教材,都是要慎之又慎的事。

例如《种树郭橐驼传》是唐代柳宗元早年在京都长安任职时的作品,主题是批评当时官吏繁政扰民伤民的现象,由此成为"永贞革新"的先声之一。该文阐述的主题是"顺木之天",介绍的"种树之法"是:"其本欲舒,其培欲平,其土欲故,其筑欲密。既然已,勿动勿虑,去不复顾。其莳也若子,其置也若弃。"论述宗旨是要"移之官理",表达对"长人者好烦其令"的谴责。

该文假借"郭橐驼种树"转至类比议论官吏扰民伤民之弊,由种树的"顺天之性"树艺规律要求,转而类比议论至治民"顺民之性"的政治规律要求,这在批判封建专制社会上无疑是有积极意义的。为此,柳宗元不惜提出了"矫枉过正"下猛药的政治方略:种完树后应当"勿动勿虑,去不复顾。其莳也若子,其置也若弃,则其天者全而其性得矣"。这话意思是:像种完树后不管不顾一样,国家治民也应该不管不顾,这就是所谓"顺木之天以致其性"了。

批判封建专制制度没有问题;夸饰专制制度扰民的程度是艺术写作手法,也没有问题。问题是作者没有指出正确的治国之术是什么,给后人留有似是而非的疑虑。

第一,政府运作机制主要有两种,一种是计划经济体制下的大政府,诸事大包大揽,一统到底;一种是市场经济体制下的小政府,诸事交给市场自然运行,政府负责政策、监管和协调。具体运作时,两种模式也有主次相辅结合运作的。这不是对不对的问题,是哪一种更适合当下(一定条件下)经济发展的问题。但是,任何一种运作机制模式,都不可能是无政府主义的"不管不顾",这个问题拿到课堂上讨论还可能会引发对时政的争议。毕竟过犹不及,主题思想还须正确且与当下价值观一致。该文最后点题"传其事以为官戒",而这恰恰是不具有现实意义的。

第二,作者说种树之术是引子,实质是要论治国之术,这个能不能构成类比？如果不能，是作者艺术表现手法运用错误。如果能构成类比，问题就太大了，须知作者笔下种树之术的核心是种下树后"勿动勿虑，去不复顾"，还要"其置也若弃"，也就是让树木完全彻底地自由生长，不要有任何的人力作为；类比过来，一个政府建完国家秩序后能对民生"勿动勿虑，去不复顾"乃至"其置也若弃"吗？要求政府什么都不做不管，这是典型的无政府主义思想，100 年前它曾是我国"新文化"思想解放运动中的一股重要思潮，随后就被证明是行不通的。所以这样的类比手法似乎是不恰当的。

在教材中遇到这样的文言课文，教师在教学中对"道"的问题不仅不能回避，还需对学生解剖问题，帮助学生辨析问题，以健全其价值观。

（二）发展思维品质

一般来说，语言表达言简意赅是文言文的显著特点之一，常常仅数百字，就能非常流畅地表达出一个观点或生动地写清楚一个事件，这对于注重职场语言应用的学生尤为适用。

例如《兰亭集序》（王羲之）第一部分叙事，第二部分说理，第三部分兴怀，300 来字起承转合脉络清晰，同时对"生死"命题的阐述，既有魏晋风骨的共性话题讨论，又立意高远，既否定了"一死生"的思想，又突出了"珍惜今生"、不为后人所"悲"的主题。当我们思考"生死命题"，提笔撰写"生死观"的时候，该文对我们当下"珍惜生命""奋发有为""献身事业"的人生价值观是具有现实指导意义的。

又如《惠子相梁》（《庄子》）一文，其出发点是不满战国时期争霸掠民的社会黑暗现实，该文追求的是在当时尚属"虚无缥缈"的理想世界。受历史局限，庄子确实无法找到理想出路，所以寄托于想象中的世界，这与 2000 多年后所谓"空想社会主义"一样都不现实，但表现出可贵的探索精神，这个问题直到 2300 多年后"五四"运动才得以切实地付诸理论和实践。该文教学的一个关键点是鉴赏和借鉴其写作构思。作文讲运思，取决于选材、提炼、加工、呈现等系统的思维活动。在短短 100 来字中，庄子用鸟的故事影射人的故事,想象奇特,结构纵横变化,既讽刺了"小人之心",又抒发了"君子之志"。教师在教学中既要肯定作者不与黑暗浊世同流合污的思想,也要指出其理想仅仅停留在精神层面的历史局限性。

再如《石崇与王恺争豪》(《世说新语》)是一篇100来字的短文,属于笔记体小说,也可以视为当今流行的微型小说样式。从主题说是批判当时豪门贵族奢靡之风,在当今也是有警示意义的。该文教学的另一关键点是观察与描写。从故事结构说,情节一波三折;从心理活动说,王恺由自以为得意,到怅惘不快,到言辞愤怒,最终到惘然若失,过程极为生动,描写极为细腻。作者具有很强的观察能力和提炼、描写能力,这也是作者思维品质过人的具体表现。

上述从主题立意能力、行文构思能力和观察描写能力三个角度阐述了三篇短文的思维品质特色,旨在说明无论是教师的教学,还是学生的阅读和写作等方面,思维质量决定了语文能力的强弱。教学的过程,是思维能力训练的过程,品读经典文言文,有助于提升和发展自己的思维品质,切实落实(内化)语文核心素养。

(三) 学以致用

"文道结合"同样是文言文的本质属性。借助文言经典学"道"学"文",将典故(掌故)、简练的语言(成语、名言名句等)等渐进积累,进而迁移应用,这是传道、习文、提高写作能力的重要途径。

要教学"文言文",教材编撰很重要。如果主编在编撰"文言文单元"时出现偏差,看似选文没有什么问题,但由于教学指向较为单一或碎片化,教师就会失去教学方向。一般说来,职业院校的文言文选文应当以"道"为中心构思。中职学校一册教材一般设有一个文言文单元,全套教材大约3个单元12篇课文,即最多可有12个话题。高职院校一般开课一学期,学时不多,偏重文学欣赏,这与一般普通高校似乎也没有什么区别。在浩如烟海的文言典籍中,要遴选出既有代表性又有教学典型性的课文不是一件容易的事情。本着职业院校文言文教学"学以致用"的意义，下面罗列一些话题以供参考：

(1) 仁义思想（《论语》《孟子》等）。

(2) 辩证思想（《老子》《庄子》等）。

(3) 修齐治平"推及"思想（《礼记·大学》《孟子》等）。

(4) 励志自强（《四书》《周易》等）。

(5) 爱国主义（文学诗文）。

(6) 勤奋好学（《论语》《劝学》《师说》等）。

(7) 道法自然（《老子》《庄子》等）。

(8) 亲情友情爱情（文学诗文）。

(9) 揭露批判封建社会（唐宋八大家、《世说新语》等）。

(10) 艺术情操（文论、画论、诗论片段）。

(11) 重要文学掌故（成语、俗语、寓言故事等）。

……

提出上述思路，主要依据是：所有话题都应有现实意义，可找到当今主流思想的源头、传承和发展脉络。这在端正立德树人办学方向，对学生理解和自觉践行社会主义核心价值观、弘扬爱国主义、奉献祖国建设事业无疑是有积极意义的。

以话题为核心编写课文，有必要将相对完整的文言文或者片段组合在一篇课文的标题下，该话题是思想文化内核，若干篇文言文最好能反映该话题思想的发展线索，帮助学生过渡到当今的自觉传承和发展。同时限于篇幅，在一篇课文中可用"唐诗三首""宋词三首"等方式集聚若干重要作家的作品，帮助体会同一主题（道）用不同形式（文）表意抒情的特色。

教育事关国家民族的未来，教师是历史传承的纽带桥梁。在职业院校教学文言文，要主动地承担起传道解惑的责任。上面所述以话题为纲编撰文言课文，就是编者意图让学生传承的重要文化思想，在教学中自然应以课文为典型案例，重点剖析该思想的源流和发展，阐述其合理性和局限性，引导学生认识该思想在当代的传承意义以及当代的时代精神。例如《论语》所述的"忠恕"之道，可以从不同篇章中遴选语录归并合篇为一课：

> 子曰："参乎！吾道一以贯之。"曾子曰："唯。"子出，门人问曰："何谓也?"曾子曰："夫子之道，忠恕而已矣。"(《论语·里仁第四》)
>
> 子曰："夫仁者已欲立而立人，已欲达而达人。能近取譬，可谓仁之方也已。"(《论语·雍也第六》)
>
> 子贡问曰："有一言而可以终身行之者乎?"子曰："其'恕'乎！己所不欲，勿施于人。"(《论语·卫灵公第十五》)

三段语录出现在《论语》不同的篇章，编选课文时可以"立德树人"为标题整合在一篇课文内。在教学中，教师在梳理文意后串讲时可着重谈古人关于做人准则的思想智慧。拓展讨论的观点可以是：

（1）忠恕之道是儒家倡导的道德规范。

（2）忠，是尽心为人做事；恕，是推己及人。

（3）人之交往，乐成人之美，如果不能成人之美，也不能落井下石。

（4）做人的境界首先是"立人""达人"（"立""达"都是使用用法），先人后己。

（5）做人的底线是"己所不欲，勿施于人"，不诿过，不损人。

（6）在个人价值观层面应特别注重践行诚信、友善。

在职业院校教学文言文，不重文言阅读的扎实基础，不重重点篇目的背诵记忆，如果学生通过课外阅读强化课堂教学效果、具有扎实的文言基础并能背诵一些篇目，固然也是好的，但这不是最重要的。它重的是借助注释能疏通文意，能读懂主题并与优秀的传统文化相关联，还应记忆并积累大量的名言名句和成语、俗语、掌故等，这些积累不仅有助于文化理解、传承，还有助于传统文化在新时代的发展。从语用角度说，借助这些精炼的文言语句来表达学习工作的内容，来锤炼自己行文说话的质量，也同样具有积极的学习意义。

在职业院校教学文言文，经过"借助注释疏通文意"阶段后，应该及时将文言古文当作现代文施教。例如《烛之武退秦师》（《左传》）教学的要点可以是：

1. 故事背景（战争起因）

史说"春秋无义战"，这是指周室名存实亡后，春秋时期的战争目的都是为了扩张土地和抢掠人口的，但其互相攻伐其实较之后来的战国时期还是"师出有名"的。

（1）宣战理由。① 无礼于晋：晋文公即位前曾流亡到郑国受到冷遇。② 贰于楚：晋文公即位后与楚国爆发"城濮之战"并取胜。而郑国舍弃近邻的和睦，与楚国结盟协助楚国攻打晋国。

总言之，新仇旧恨交织，战争一触即发。

（2）秦晋结盟。晋文公（重耳）父亲去世，国家内乱，哥哥被杀，他出走避祸；后来他弟弟夷吾在秦国的支持下回国即位（晋献公），但违背了割地诺言，得罪了秦穆公。当重耳流亡到秦国时，秦穆公不仅把同宗女儿嫁给她，还派兵护送他到晋国即位。所有晋文公对于秦国既是姻亲，又怀有感恩之心的。

综合因素之下，晋国伐郑，秦国助拳，这是理所当然的。

2. 一场大战消弭于无痕

（1）战争一度剑拔弩张。敌强我弱，使者出城甚至都无法进出城门，是偷偷地"夜缒而出"。

（2）烛之武的爱国情怀。烛之武对郑伯说的 16 个字，含义颇深：既有年老的推辞，也有常年不得志的委屈。但是在爱国大义面前，他选择了不顾安危，为国奔波。

（3）烛之武的说辞策略。春秋时期，天下熙熙皆为利来，天下攘攘皆为利往。国力不如对方，唯有用利益打动对方。他的说辞策略是：① 示弱：我方战必败，所以我方不想打，就看你们的利益需要是什么。郑国临近晋，秦国出力打仗，晋国得便宜，您看还要不要打？要打，就麻烦您把我们收了；不打，就留我们作为你们远方的"驿站"

（东道主）。② 挑唆：晋国不可信，当年给秦国的承诺就没兑现；现在并吞了郑只是壮大了晋，这对秦未必有好处，而且晋国扩张势头正盛，今后必将危及秦国。请君三思。总之，秦参战，既无正当理由，也无利益可图。

（4）秦国的态度。收兵归国，同时与郑结盟，留下几位大将帮助郑守护国家。

（5）晋国的态度。单独攻打郑，军事实力不是问题，但不得不面对秦国的几员大将，演变成晋国攻打秦郑盟军。于是收兵归国，还秦国人情（不做不仁不智不武之事）。

该文教学，从"文化的理解和传承"角度看，其价值主要是奋不顾身的爱国主义，以及待人处事诚信重诺的做人准则（晋文公的重信守诺还表现在上一次对楚国"城濮之战"中的"退避三舍"）。

习文经典，迁移为有价值的语用能力，是重要的教学内容。

在语言建构与运用方面，该文可直接用于积累的词语有"东道主""以乱易整"等。还能拓展学习，根据文意，用若干成语写出故事情节线索，作业要求是尽可能多地用成语串接情节叙事（不少于 6 个）。如：

　　秦晋联军攻伐郑国，郑"孤立无援""危在旦夕"。烛之武"临危受命""慷慨赴义"。烛之武先是"以退为进"，示弱攻心，后"慷慨陈词"对秦君"晓以利害"，秦君终于"从谏如流"退兵，还与郑结盟帮助守城。郑终于"化险为夷"。

在思维发展与提升方面，可引导学生分析烛之武的陈词策略。

在审美鉴赏与创造方面，可引导学生进行文学鉴赏与人格品质鉴赏。

学习该文，对写作亦有借鉴意义，对言语沟通技能的学习借鉴也是有意义的。学习借鉴的角度如下：

（1）说话要看对象，摆正说话人的位置。对什么样的人，选择说什么话,讲究说话效果。

(2)说话要注意策略,能沟通起来,能被对方听进去(说服的话,要能让对方接受)。特别是烛之武对秦伯的第一句开场白,具有缓和敌对情绪、营造说话环境的意义;对话中找准了利害关系点,因此其外交使命事半功倍。

烛之武的说话效果无疑是非常出色的,可以说是超过了郑国所有人的预期,秦不但退兵,还帮助守城,仔细揣摩烛之武说的话,这一结果可谓意料之外,情理之中。

由此可见,文言文教学不能局限于文言课文,还得拓展到当今的思想主题和写作、听说主题,这也是职业院校特别注重情景教学、职场教学的具体表现。

二、文言文教学策略

文言文不仅是学生学习有障碍,就是很多语文教师的教学也有障碍。在高校中文系,汉语言文学专业的方向很细致,例如现代汉语方向、古代汉语方向、现代文学方向、外国文学方向、古典文学方向等;再细化下去还有小说、戏剧、诗歌、训诂学、音韵学、古籍整理等;有些中文系学生学得更细,如先秦诗歌、明清小说、当代小说等等。语文教师如果不是古典文学、古代汉语之类的方向,他们接触的文言文也就是从小学到大学课本上的那些,他们的文言阅读是会有障碍的。职业院校语文教师群体中这类教师为数不少。因此,职业院校的语文教师是特别需要讲究文言文教学策略的。

(一) 教学设计的策略

教师的优势是可以先行一步,以勤补拙。在备课阶段,先把文言文的脉络梳理了,然后把一些重要的文言现象标注出来,帮助读懂文意,甚至也可以借助网络资源的翻译把文意读通读懂。但这只是基础性的第一步,所谓备课的"铺垫"工作。

如果语文教师明确文言文教学在职业院校的定位和教学要求,那就需要根据《课程标准》的指导和单元教学的提示有重点地备课了。

如果我们认同文言诗文按"话题"列单元编撰的话,那就要把单元主题的来龙去脉搞清楚。教师在备课时要整体性探究:该思想(主题)是谁在什么情况下提出来的,或者是在什么历史背景下由谁加以发扬光大的,类似的说法有哪些?这些说法有没有被提炼出文化意义,成为我国优秀文化传统的组成部分?该思想在当今有什么价值意义?这一方面的备课,是帮助教师组织学生开展有价值的讨论,防止教师教得缺乏底气,防止教师教得就事论事、浅尝辄止,辜负了教材编撰者的良苦用心。当然,这归根到底是帮助教师理解"道"和更好地"传道解惑"的。教师备课探究的渠道是非常多的,但必须指出的是:网络资源只能作为查考资料时的索引参考,施教的文本语言和历代的鉴赏、评价等,还需根据权威出版社(如古籍出版社、人民出版社、中华书局、三联书店以及全国一流的高校出版社等)出版的权威作品(例如截至 20 世纪 80 年代公认的古典文学专家编著)去阅读理解,除非出现新的、公认的考古或训诂学成果。教学要负责任,是不能根据网络资源人云亦云的。

如果文言诗文单元的编撰体例是无序的话,那就需要教师把单元内篇目分别予以主题提炼,然后自行提炼出逻辑结构、主题(话题)顺序,然后施教。

文言诗文的选文一般都具有文质兼美的特色,都能对学生的写作产生直接的借鉴意义。被选为课文的每一篇文言诗文,可能艺术特色都不雷同,这是编者希望学生学得更广泛些,以便借鉴的角度和内容更为丰富。因此教师在备课时,就需要对文脉架构和艺术特色进行认真辨析,从而有效地备课。其主要视角有:语言特色、结构特色、文体特色等,同时要梳理出名言名句和成语、俗语、掌故等,帮助学生落实语文 4 项核心素养。

例如备课《伶官传序》(欧阳修),可从如下几方面入手:

（1）主题：国家盛衰在于人事。

（2）结构：欲抑先扬，"意气之盛，可谓壮哉"。大起大落，剧情反转，"君臣相顾，不知所归"，"何其衰也"。

（3）主要表现手法：夸饰、对比。

（4）历史教训：玩物丧志，防微杜渐。

上述内容不难找到或者分析出来。备课的要旨是提炼出"这一篇文言"教学的点。可供遴选的有：

（1）作者说庄宗身死国灭，有"伶人困之"的原因，这是其"衰败"的主要原因吗？

（2）庄宗征战十五年建立不世伟业，即位三年便死于叛乱。他的军队还是那支军队，为什么征战时威风八面，平叛时却"未及见贼而士卒离散"？

（3）文章主题和标题"伶官传序"之间有什么关系。（破题、写题的逻辑）

（4）为什么作者要先极力铺饰庄宗"意气之盛"，短短 50 多字又迅速过渡到庄宗"何其衰也"，这种对比手法有什么特别的艺术效果？

（5）学习典范的议论文结构特色。

（6）积累名言名句。（含成语、俗语）

上述教学视角，前三个是有前后逻辑关系的。第一个问题是关键。"伶人困之"是现象的表征，实质是庄宗即位后贪图享乐、不理国事，反而爱好并亲自谱曲，与伶人同台表演，甚至"爱屋及乌"对伶人加官晋爵，养成一个权力集团，势力还蔓延到了军队。该伶人集团依仗宠幸把持朝政，公然索贿，排斥异己，于是朝纲不存，人心涣散。以致叛乱四起时，没有人愿意为国作战。庄宗只能"身死国灭"了。所以，"伶人误国"是原因，但不是根本原因，根本原因是"人事"，是庄宗自己的问题。是庄宗赋予了伶人不当的位置和权力，是庄宗瓦解和涣散了自己的军心民心，也是庄宗让自己走上了身死国灭的不归之路。

欧阳修编撰《新五代史》是有自己独特用意的。《旧五代史》认为王朝更迭是由天命决定的，《新五代史》则不以为然，认为"人事"是根本原因，意在以史为鉴，引起统治者的警惕。宠幸伶人误国的问题，是说到五代史庄宗李存勖时绕不过去的一个鲜明话题。《伶官传序》与其说是写伶官，不如说是写庄宗。写伶官，是引出庄宗身死国灭的历史教训，写庄宗意在以史为帝王所鉴。如此，文章开门见山提出中心论点破题就能理解了，结尾举一反三的引导性结论"岂独伶人也哉"也能理解了。

在"对比"教学点上，必须明白这不仅是一个修辞手法，还应引导学生讨论如何对比才是有效的。其要点有二：一是引作对比的对象应当是形象高大的，那么形成对比的事物才能更彰显高大。引作对比之物是平凡无奇的，那么形成对比的事物也没有什么可点赞的。二是对比造成的形象反差越大，效果越好。庄宗是五代时期最为英武的君王，当时与之争锋的敌人都盛赞他、避其锋芒，可谓所向披靡，兵锋所向，快意恩仇，欧阳修称赞为"意气之盛，可谓壮哉"。如此被盛赞的人，短短三年就众叛亲离，身死国灭，遭遇如此大起大落，"盛衰"形成鲜明对比，造就了特别有说服力的表达效果。

至于议论文结构的讨论和名言名句的积累，除了指出课文上的显见的内容外，还应引导学生讨论议论文写作的一般结构规律和对有关语句的成语概括等。

（二）教学过程的策略

备课阶段是把教学内容和教法方法设想得尽可能周全，但在实际施教过程中对于备课内容是需要根据学情酌情取舍的，即根据不同的班级教学需要，做到一课一案。而文言文的教学过程策略还是大致相同的。

1. 读——梳理文意明主题

文言文教学首先是主题有价值，对当今具有现实意义，进而具有文化传承意识和负有责任。因此教学过程的第一要素是梳理文意明主题。

梳理文意是建立在读课文的基础上的。文言课文一般都不长，朗读文言课文的意义是多重的。从认知逻辑说，一读建立对课文语言和内容的感觉,二读有助疏通文意,三读有助读懂文意和积累重要词语,以后的朗读就是鉴赏文言语句、感悟文言语句的节奏。由此可见,教学文言文,花些时间,多读几遍课文是有价值的。对"道"和语句的学习以及迁移应用已经有较多的阐释,这里有必要强调一下学习文言文的韵律节奏。有道是"学会唐诗三百首,不会作诗也会吟",凭借的就是对许多唐诗阅读之后的语感和回旋于心中的韵律节奏,就是对这种语感和熟悉韵律的下意识迁移应用。文言文散句和整句的组合,具有特有的韵律美,其句式工整,句与句对应衔接流畅,多读典范的文言文,对于学生构建对比、铺陈、排比等语段结构以及把握作文语言的韵律节奏,具有直接的指导意义。

2. 问——联系现实话传承

通过备课,教师初步构建起由文本到溯源或拓展的问题链,由古文价值意义到联系当下价值意义的问题链,引导学生提炼该话题的文化意义,引导学生对该文化命题的自觉传承。从问题链的逻辑组合说,一问破解文本问题,辨析作者写作意图,厘清文本意义和主题的历史局限性;二问破解上挂下联的文化意义,将问题放到历史长河中辨析考察,着眼提升学生的思维品质;三问破解如何传承文化的问题,这可以有多维度的思考和提炼,诸如语言美的角度、道的正向传承角度、道的有选择地发展(扬弃)角度等,这里有对语言、思维、审美和文化等全面落实语文核心素养的要求。

第一问建立在文本品读和阅读理解有关背景资料的基础上;后两问则超越了文本范围,没有现成的答案,要求师生在自己的知识基础和能力基础上,经过对有关背景资料的深入探究,通过上挂下联的思维推断,辨析、提炼和整合有关内容后作出相应的回答。由此可见,职业院校的文言文教学,其中后期教学可以不以"文言"为主,"文言"是一种载体桥梁,经过一定的过渡之后,实质还是"大语文"教学,教学的基础是文言文本的,教学重点则是超越文言文本的,是跨界还原当代生活语文的面貌。通过文言文教学,可以学知识,明事理,能以史(人物和事件)为鉴,指导自己正确地待人处事、更好地投身国家建设,同时自觉地继承和发展中华文化血脉。当下所谓语文学习,就是将生活工作中无所不在的语文加以学习和认识感悟(职业教育称之跨界学习、跨界融合),进而指导自己在生活工作中运用得体的语文实践,把各项工作做得精益求精。

3. 写——形式多样重语用

一般文言文教学之后,写作业的要求多是文言词语习练和翻译。词语习练包括实词解释、文言现象分析、虚字意义的辨析等;翻译包括关键句的翻译和重要语段的翻译等。这些巩固性作业的背后是背诵的要求。这在普通教育系统中是无可厚非的。

在职业院校则可以换一种习练思路。根据专业需要,职业院校的学生一般有两种状况:一种是其未来职业岗位与文言文是基本不相干的,一种是其未来职业岗位与文言文的关系比较紧密或非常紧密。前者属于大多数;后者主要包括医护类、司法类、艺术类、设计类(建筑、包装、服装、计算机)、财经类、文秘类等。后者专业有些是有较多的古籍可拓展学习,其中医古文和经济古文有价值的不少;有些是需要借助古代的文艺理论,诸如文论、画论、诗论等,学习借鉴其艺术风格和艺术创意思想方法。因此,后者专业应当适当侧重一下文言的基础教学,以便通过选修课学习专业古文并开展课外拓展性阅读。

就前者专业而言,可以适当淡化一下文言教学,主要的策略思路是:古文今教,侧重传道解惑,注重名言名句的积累和古文节奏的诵读和品鉴。指导其写作业,应突出知识的整合和能力的迁移。

(1)基础写作训练。关键词句(含应当积累的名言名句)的解释;重要文言语句的解释(不是直译,是用现代汉语表述其大意)。

(2)文体转换写作训练。如果原文是议论为主的(如欧阳修《伶官传序》等),可用故事新编方式,在查找收集背景资料的基础上编一个故事,原有的主题不变,但通过表述方式的变化,深化对原文事项脉络的理解,进一步体会原文逻辑架构的意义,巩固和拓展写作能力。对文体转换训练的基本要求是,中心论点明确,论述言简意赅。训练的目的是聚焦思维

能力和立意的提炼。例如,撰写《庄宗李存勖的故事》:

> 五代时期,后唐庄宗李存勖,早年以英武著称,率军征战十五年,不仅完成了替父报仇,还建立后唐的政权,所向披靡,甚至得到敌人的广泛称赞。但是即位后,李存勖贪图音律,宠幸和重用伶人,朝纲混乱,军心涣散,短短三年就遭遇反叛,甚至平叛大军离城不久就一哄而散,李存勖君臣也死于混乱之中。这个历史教训是深刻的。有道是:"忧劳可以兴国,逸豫可以亡身。"李存勖玩物丧志,废弃朝纲,应承担主要责任,绝不是用几个伶人做搪塞的理由可以说过去的。(在这个写作脉络中可适当加些渲染和刻画之类的描写)

如果原文是记叙为主的(如司马迁《李将军列传》),可用写读后感的方式抓住核心问题或从一个角度发表观点,侧重训练立意和议论方式。例如,王安石读了《史记·孟尝君传》后,针对世人都称赞孟尝君"能得士"的说法进行反驳,认为孟尝君得的不是"士"①,得的只是"鸡鸣狗盗之徒"。全篇不计标点,仅用88字。

> 世皆称孟尝君能得士,士以故归之,而卒赖其力,以脱于虎豹之秦。嗟乎! 孟尝君特鸡鸣狗盗之雄耳,岂足以言得士? 不然,擅齐之强,得一士焉,宜可以南面而制秦,尚何取鸡鸣狗盗之力哉? 夫鸡鸣狗盗之出其门,此士之所以不至也。

该反驳文第一句话叙事,树立反驳的"靶的",而后直言中心论点:孟尝君得的不是"士",只是鸡鸣狗盗之徒。而后用事理论证中心论点。

现在撰写读后感,一般按读、感、联、议、结程序依次展开,也可以有个

---

① 春秋时介于大夫和庶民之间的阶层,发展到战国有著书立说之士、阴阳方士、说客策士、侠客勇士、食客闲士等,均以一技之长著称。

别的调整，但首先是"读"的环节一定要遵循，不写"读"（为后续议论所聚焦的内容），后续写文就无所依傍，就会写得松散而中心不易突出。有些《读后感》的训练，能就课文的思想观点进一步提炼出文化意义就更好了。

三、文言文的考核

有教学，就会有考核，考核既是检验学生的学习效果，也是评价教师施教效果的手段之一。考核的目标要求与教学的目标要求应当是一致的。

在职业院校，文言考核的路径主要可从以下三方面思考：

（一）弱化知识考核，侧重能力考核

文言与当代语言相去甚远，在许多人看来，学习文言的难度一点也不比学外语小。汉字的词义演变一般有三条轨迹：词义扩大、词义缩小、词义转移。文言中与现代汉语的义项完全一致的字是非常少见的。

以虚字"之"为例，常见的有用作代词、用作动词、用作助词，这些词性的用法下面还各有多种用法，诸如人称代词、指示代词、结构助词、音节助词等；就是用作结构助词，还有偏正、宾语前置、取消句子独立性等多种用法。这样算来，仅仅一个"之"字的用法就多达十余种，具体的辨析理解完全取决于"之"在一定语境中的位置和人们对句意的理解。

文言实字也是这样。一个"多"之，有作为形容词自古到今沿用的"数量大"的意思，也有就近引申、成为副词的"大量的"意思，然后就是古代特有的、今人难以把握的动词"称赞"和副词"仅仅"等意思。

对于职业院校大部分专业的学生来说，文言课文只是传习文化的一个个典型案例，没有必要像普教那样把文言知识作为教学重点去落实。其基本任务就是：掌握古代优秀的思想文化、辨析和积累文言重要的语句、学习借鉴古代艺术表现手法、品味文言韵律节奏，进而迁移为自己学语用文的能力。

因此,文言教学是这样,考核也应是这样。普教和职教的文言考核侧重应该有所区别。下面是某考试真题:

> 哙即带剑拥盾入军门。交戟之卫士欲止不内。樊哙侧其盾以撞,卫士仆地。哙遂入,披帷西向立,瞋目视项王,头发上指,目眦尽裂。项王按剑而跽曰:"客何为者?"张良曰:"沛公之参乘樊哙者也。"项王曰:"壮士!——赐之卮酒。"则与斗卮酒。哙拜谢,起,立而饮之。项王曰:"赐之彘肩。"则与一生彘肩。樊哙覆其盾于地,加彘肩上,拔剑切而啖之。项王曰:"壮士!能复饮乎?"樊哙曰:"臣死且不避,卮酒安足辞!"

1. 下列句中"之"字用法与其他三项不同的是(　　　)

A. 壮士!——赐之卮酒　　　　B. 交戟之卫士欲止不内

C. 哙拜谢,起,立而饮之　　　　D. 加彘肩上,拔剑切而啖之

2. 下列句子中没有通假字的一项是(　　　)

A. 四支犹温,一目未瞑　　　　B. 列缺霹雳,丘峦崩摧

C. 敛赀财以送其行　　　　　　D. 披帷西向立,瞋目视项王

3. 将下列句子译成现代文。

沛公之参乘樊哙者也。

4. 上文主要通过＿＿＿＿＿＿、＿＿＿＿＿＿描写,展现了人物之间的矛盾冲突,推进了故事情节的发展,刻画了樊哙＿＿＿＿＿＿＿的性格特征。

上例中除了第 4 题,前 3 题都是考文言基础知识的试题。第 1 题考文言虚字的用法,第 2 题考文言现象,第 3 题考翻译。其中第 2 题属于拓展性测试,考生不仅需要理解题面的文意和文言现象,还需知道并理解题面以外文言文的文意和文言现象。这样的考法应该属于普教系统的,不应出现在职业教育试卷中。

如果说上面第 1 题还无可厚非,那么第 2 题不妨改为:

对画线句理解不正确的一项是（　　）

A. 突出樊哙疾恶如仇的性格特征。

B. 写出樊哙心急如火的心情。

C. 刻画樊哙英武慷慨的人物形象。

D. 突显樊哙忠心护主良好品格。

对第 3 题的题干可改为"把下面句子用现代汉语表述"。下面作两种答题方式的比较：

翻译：他是沛公刘邦的护卫，名叫樊哙。

今述：这是沛公身边的樊哙。

要求翻译，则一般都应为直译，不仅要准确地写出判断句式，还需每一个词的解释都到位。"用现代汉语表述"，只要大意符合文意就可以，不必求全周到。

（二）淡化文言翻译考核，侧重名句积累和所学应用的考核

对大部分人来说，文言文翻译是一件比较吃力的事。有时候这是因为文言语句非常简练，一词多义现象普遍，因而容易出现歧义，这就需要翻译的人仔细斟酌文意，上挂下联，在对全文的理解基础上方可着手正确翻译。有时候则是因为翻译的人不仅需要具备相当的文言基础知识，还需具备一定的生活常识，否则还是翻译不对。例如下面试题①：

孔子观于鲁桓公之庙，有敧器^{注①}焉。

孔子问于守庙者曰："此谓何器？"

对曰："此盖为宥座^{注②}之器。"

---

① 摘自《荀子·宥座》。

孔子曰："吾闻宥座之器者，虚则敧，中则正，满则覆。"

孔子顾谓弟子曰："试注水焉。"

弟子挹水而注之。中而正，满而覆，虚而敧。

孔子喟然而叹曰："吁！恶有满而不覆者哉！"

【注】① 敧器：倾斜易覆之器。② 宥座：座位右边。

从上面所给信息看，要正确翻译很不容易。"敧器"是什么？注释说是一种倾斜容易颠覆的器皿。那么这种器皿的模样大致知道了，可做什么用还是不清楚，现在的学生在日常生活中也看不到这种器物。而由于对该器皿的作用不知，直接影响到对全文大意的正确理解。命题人出于考试的目的，删去了原文"明君以为至诚，故常置之于坐侧"这一句子，却特意加了注释"宥座：座位右边"，但又注释得语焉不详。如注释为"君王用来警诫自己的倾斜易覆之器"，则怕学生一通百通，就没有了阅读理解考试的价值。其实这是大可不必的，弱化语言障碍，只要说得清楚句意，而多侧重文化立意考核和语词传承，有何不可？

弱化文言的语言翻译考核，不是不要求对文意的理解，而是要求对文言能大致串讲文意，而把知识性的考核重点放在名句积累和将习得迁移应用的考核上去。试看如下两例：

【例1】《伶官传序》语段（欧阳修）

故方其盛也，举天下豪杰，莫能与之争；及其衰也，数十伶人困之，而身死国灭，为天下笑。<u>夫祸患常积于忽微，而智勇多困于所溺</u>，岂独伶人也哉！

▲ 与上文画线句意义相似的两个成语依次是：_____、_____。①

---

① 参考答案：玩物丧志，防微杜渐。

【例2】　《人间词话》语段(王国维)

有有我之境,有无我之境。……有我之境,以我观物,故物皆著我之色彩。无我之境,以物观物,故不知何者为我,何者为物。古人为词,写有我之境者为多,然未始不能写无我之境,此在豪杰之士能自树立耳。

▲ 根据上文所述,下列作品的境界,属于"无我之境"的是(　　　)①

① 老吾老,以及人之老;幼吾幼,以及人之幼。天下可运于掌。《诗》云:"刑于寡妻,至于兄弟,以御于家邦。"言举斯心加诸彼而已。(孟子)

② 昔者庄周梦为蝴蝶,栩栩然蝴蝶也。自喻适志与! 不知周也。俄然觉,则蘧蘧然周也。不知周之梦为蝴蝶与? 蝴蝶之梦为周与? 周与蝴蝶则必有分矣。此之谓物化。(庄子)

③ 十年生死两茫茫,不思量,自难忘。千里孤坟,无处话凄凉。纵使相逢应不识,尘满面,鬓如霜。(苏轼)

④ 结庐在人境,而无车马喧。问君何能尔? 心远地自偏。采菊东篱下,悠然见南山。山气日夕佳,飞鸟相与还。此中有真意,欲辨已忘言。(陶渊明)

　　A.①②　　　　　B.③④　　　　　C.①③　　　　　D.②④

此外,将古诗词背诵和含有千古名句的古文语段背诵纳入文言知识积累的范畴是非常必要的。

(三) 简化文本考核,侧重思维品质考核

简化文本考核的意思是不要就事论事地考文本知识,命题人要善于将文本知识转化为有助于拓展思维训练的命题点,考核是教学过程的一个环节,考核的过程也是帮助学生提升思维品质的过程。

---

① 参考答案:D。

学生学习的绩效,不仅有思维品质的因素,也有思维习惯的因素。有些人喜欢细嚼慢咽,按部就班地走到哪、想到哪、做到哪;有些人喜欢等到一切想明白后才一气呵成。如同《文与可画筼筜谷偃竹记》(苏轼)一文所说:

> 竹之始生,一寸之萌耳,而节叶具焉。自蜩腹蛇蚹,以至于剑拔十寻者,生而有之也。今画者乃节节而为之,叶叶而累之,岂复有竹乎? 故画竹,必先得成竹于胸中,执笔熟视,乃见其所欲画者,急起从之,振笔直遂,以追其所见,如兔起鹘落,少纵则逝矣。与可之教予如此。予不能然也,而心识其所以然。夫既心识其所以然而不能然者,内外不一,心手不相应,不学之过也。故凡有见于中而操之不熟者,平居自视了然,而临事忽焉丧之,岂独竹乎?

这里苏轼就提出了两种画竹的思维习惯和方法。其一是一节一节、一叶一叶地慢慢画,累积而成一幅完整的画;其二是画竹先观察后尽得于胸中,然后振笔直遂,一气呵成。从思维习惯和表达方式来说难以直接评价优劣,但是从思维品质来说,后者显然更高一筹,因为它需要更缜密的思维活动,更完善的思维运作。对于学生而言,多学一下后者,进而提升思维品质是有价值意义的。倡导侧重思维品质考核,就是要求学生通过解题答题,能有较为系统的观察、思考、整合、提炼、加工、综合表达的完整的思维活动和能力训练的过程。

试比较如下试题①:

> 齐庄公出猎,有螳螂举足将搏其轮,问其御曰:"此何虫也?"御曰:"此是螳螂也。其为虫,知进而不知退,不量力而轻就敌。"庄公曰:"此为人,必为天下勇士矣。"于是回车避之,而勇士归之。

---

① 语段出自《淮南子·人间训》(刘安)。

1. 上文脉络很有特点,经过一问、一____、一____、一避,将故事结局和作者想要生发的道理彰显于读者眼前。

2. 上文构思新颖。螳臂当车,通常被贬为_____的典型,但作者却借齐庄公之口褒为_____的勇士,令人印象深刻。

《齐庄公出猎》的考核点,显然需要考生对文本进行思考加工后方能解题。第1题有两问,第一问"一答"不难回答,可视为后续解题的思维阶梯过渡,后一问的解答就需要考生根据题意进行思维概括了:一叹(由虫到人的感悟感慨)。第2题的第一问是成语感情色彩的理解辨析,第2题需要对勇士的情状做具体描述,能分别用成语作答①最好,如若不能,用描述性语言也可。相对而言,两题的考核都有价值,但第1题的思维品质考核质量显然更高一些。

在对学生的思维品质考核中,命题人给予的"题干"提示非常重要。例如某年全国高考作文题:

《红楼梦》写到"大观园试才题对额"时有一个情节,为元妃(贾元春)省亲修建的大观园竣工后,众人给园中桥上亭子的匾额题名。有人主张从欧阳修《醉翁亭记》"有亭翼然"一句中,取"翼然"二字;贾政认为"此亭压水而成",题名"还须偏于水",主张从"泻出于两峰之间"中拈出一个"泻"字,有人即附和题为"泻玉";贾宝玉则觉得用"沁芳"更为新雅,贾政点头默许。"沁芳"二字,点出了花木映水的佳境,不落俗套;也契合元妃省亲之事,蕴藉含蓄,思虑周全。

以上材料中,众人给匾额题名,或直接移用,或借鉴化用,或根据情境独创,产生了不同的艺术效果。这个现象也能在更广泛的领域给人以启示,引发深入思考。请你结合自己的学习和生活经验,写一篇文章。

---

① 答案:不自量力,奋不顾身(英勇顽强)。

对该材料的审题,须首先读懂"翼然""泻玉""沁芳"三个文言词的含义,然后再解析作文思路。如果没看过《红楼梦》也能做,因为题干提示得很清楚——"或直接移用,或借鉴化用,或根据情境独创",这里没有否定任何一种现象,只需根据情境和需要做恰当的选择就可议论作文。如果看过《红楼梦》,估计大部分人不太会重视这一段细节的描述,看了或者印象不深,或者看了也好似没看一般。只有一些仔细阅读(精读)小说的学生才可能从特定的小说语境和文化现象中看出立意和境界的区别,能写出立意境界有别于常人的高质量思维品质的文章。可见,该命题的题干是面向全体考生的,但作为选拔性考试,它还具有一定的区分功能,所以检测学生的思维品质,取决于命题意图的思维品质,取决于考生审题的思维品质。

思维品质的考核,可以侧重主题思想,也可以侧重艺术表现手法。关键是能否对文本进行拓展性思维活动,且恰当地表述。再举两例:

【例1】 刘元卿《应谐录·猫说》(节选)

齐人畜一猫,自奇之,号于人,曰"虎猫"。客说之曰:"虎诚猛,不如龙之神也,请更名为'龙猫'。"又客说之曰:"龙固神于虎也,龙升天浮云,云其尚①于龙乎? 不如名曰'云'。"又客说之曰:"云霓蔽天,风倏散之,云故不敌风也。请更名曰'风'。"又客说之曰:"大风飒起,维屏以墙,斯足蔽矣,风其如墙何? 名之曰'墙猫'可。"又客说之曰:"维墙虽固,维鼠穴之,斯墙圮②矣,墙又如鼠何? 即名曰'鼠猫'可也。"

注释: ① 尚:上面。② 圮(pǐ):坍塌。

1. 对众客为猫取号的心态,下列理解不合情理的一项是(　　)

A. 探讨物物相克的规律。　　　B. 迎合主人喜猫爱猫的心理。

C. 炫耀自己广博的学问。　　　D. 嘲笑他人自以为是的命名。

2. 上文讲述了一个给猫命名的故事,它揭示的道理是:

_____。

原文还有最后一句："东里丈人嗤之曰：'噫嘻！捕鼠者故猫也，猫即猫耳，胡为自失本真哉！'"这是点名文章主旨的。拿掉这句话，看看学生能否看懂文意，并进而提炼文章的主题，就能实现检测考生思维品质的目的了。读懂了题意，就能根据主题判断：第1题的A选项显然是不合情理的；第2题的表述语句可以是"一味图虚名，将导致自我否定"；可以是"要务实，保持自我本真"；可以是"凡事不要人云亦云"；也可以是"任何事物推向极致，将导致谬误"。意近即可。

【例2】《论语·季氏将伐颛臾》

季氏将伐颛臾，冉有季路见于孔子曰："季氏将有事于颛臾。"孔子曰："求！无乃尔是过与？夫颛臾，昔者先王以为东蒙主，且在邦域之中矣，是社稷之臣也，何以伐为？"

冉有曰："夫子欲之，吾二臣者，皆不欲也。"孔子曰："求，周任有言曰：陈力就列，不能者止。危而不持，颠而不扶，则将焉用彼相矣。且尔言过矣。<u>虎兕出于柙，龟玉毁于椟中</u>，是谁之过与？"

1. 上文画线句都具有双重比喻意义。请以"虎兕出于柙"为例指出其双重比喻意义：

（1）_____

（2）_____

2. 上文孔子说的话，语气较第一次严厉了许多，由其语言推断，表现在：_____，其原因是：

_____。

上述考点都侧重于艺术表现手法。第1题，学生知道比喻，但可能没有遇到过"双重比喻"的艺术手法，需要阅读、分析、整合和较为完整的表述。其表述可以是：① 季氏攻打自己的属国颛臾，就好像老虎犀牛出笼要伤自家人。② 季氏攻打颛臾，责任在辅佐人员（冉有、季路）未能尽职，就好像老虎犀牛伤人，责任在管理人员的失职。第2题是由所给语段分析孔子的两次批评性语言在态度上有什么不同,实质上也能由此品味孔子的教育方法并分析他在批评时把握分寸的态度。可以答为:孔子第一次批评学生主要是讲道理,还用了"恐怕"这一较为温和的批评语词;第二次批评学生主要是举历史名人事例和打比方,对比强烈、比喻鲜明,且用了较严厉的反诘句"是谁之过与"。其原因是孔子一直主张人可以犯错,但不能透过,孔子非常反感弟子冉有强词夺理、推卸责任、不思悔改、错上加错的行为。

　　总之,这种把文言问题放在具体的语言情境下考核的做法,是值得倡导的。

第十二章 单元教学设计论

　　单元教学设计是基于整体教学设计思想,旨在让学生获得相对完整的单元知识,提升相应单元能力,并通过各单元教学设计的组合,实现优化学生知识结构和能力的教学目标。在职业院校语文教材中,单元一般应聚焦"文"的一项或数项综合性能力,该单元中若干篇文本构成这些能力学习的若干角度,这些角度的综合性学习对学语用文具有显性的学习价值并有助于学生形成完整的认知和习练,进而具有举一反三的意义。所有单元指向的综合性语文能力一旦汇聚起来,不仅有复迭推进、巩固提升的要求,还有健全和优化学生语文知识能力结构的使命。

　　数十年前,我们就提出了语文教学要有单元教学设计的倡导,提出要从专业人才培养方案和课程标准出发,到单元提示,再到文本教学的设计逻辑,在近 20 年的全国职业院校师资培训中也做了很多阐述和宣讲,但是收效甚微。许多教师还是不太愿意去"阅读"专业人才培养方案,不太愿意去关注单元教学提示,普遍地还是习惯于单篇施教,导致教学效率不高。

　　以专业人才培养方案为起点,从做单元教学设计到文本教学,近三年来逐渐被大家关注和重视,这得益于国家组织的教师教学能力竞赛。由于国家层面的倡导,职业院校的语文课改得以顺利进入发展的快车道。

这是职业教育语文课改历程中值得大笔书写的一个里程碑事件,标志着职业教育体系中公共基础课的教学理念日趋成熟。

一、由专业人才培养方案寻找单元教学设计的专业元素

很多人认为,制订人才培养方案是专业教师的事,公共基础课教师对此更是不会去关注。这是十分错误的。在专业检查中经常发现,由专业教师制订的人才培养方案对公共基础课教学要求没有任何描述,这就决定了其专业培养目标是不可能完全实现的。

按照国际通行的专业标准开发,制订专业人才培养方案的理念具有三个"结合"的特点。

其一,工作内容与教育要求相结合,这就是我国 2014 年全国职教大会提出的教学标准要与职业标准相结合,教学过程要与工作过程相结合。在他们看来,能力内容不仅包含了工作任务,而且包含了相关专业知识。

其二,当前能力要求与发展性能力要求相结合。强调超越单一职业范围,获得对能力的全面理解。这就是我国在 2014 年全国职教大会后大力宣传的"职业教育是跨界的教育",人才培养不应仅仅局限于某一专业,应倡导专业群建设,培养复合型技术技能人才。

其三,职业能力与普通文化知识相结合。把普通文化知识有机融合到职业能力中。每条能力均包含了对语言、数学与科学的要求。

2012 年,教育部曾把开发国际水平专业教学标准的任务交付上海和天津,要求各开发 50 个标准做试点。在筹备会上,我建言一定要与国际通行的做法接轨,其中就是要做基于工作领域、工作岗位的职业能力体系表,特别是该体系表要对公共基础课的教学实现有指向的引领。根据授权安排,我主持了其中 6 个标准,每一个都含有 200 多条职业能力。以下以会计专业和市场营销专业为例进行说明。会计专业共列出 6 个工作领域、37 个工作模块、245 条职业能力,其中与语文能力直接相关的有 40 条,如表 12-1 所示:

表 12‑1　会计专业职业能力要求中与语文能力直接相关的要求

职业能力 1‑1‑1	能解释会计工作者所拥有的权,知晓财务会计人员应承担的责任
职业能力 1‑1‑2	能概述会计理论框架,具有查询与财务会计工作相关的信息资料的能力
职业能力 1‑1‑3	能概述本人职业理想,描述财会人员由基础岗位到高级岗位的职业通道
职业能力 1‑2‑1	能理解会计法规、政策、制度主要内容,并具有随时查询最新动态能力
职业能力 1‑2‑2	能理解金融法规、政策、制度主要内容,并具有随时查询最新动态能力
职业能力 1‑2‑3	能理解税收法规、政策、制度主要内容,并具有随时查询最新动态能力
职业能力 1‑2‑4	能理解其他与会计职业相关的法律制度
职业能力 1‑2‑7	能区别会计法规和职业道德的问题
职业能力 1‑2‑8	能解释并遵守、执行现行的会计法律法规和制度
职业能力 1‑3‑1	能同时运用中、英文通过询问和积极聆听取得、捕获有效信息
职业能力 1‑3‑2	能同时运用中、英文通过书面形式交流分享财会信息
职业能力 1‑3‑3	能针对相关咨询进行有效解释
职业能力 1‑3‑4	能清晰准确地汇报工作或明确地下达工作任务
职业能力 1‑3‑5	能针对某主题进行演讲并运用现代多媒体技术演示自己的观点和思想
职业能力 1‑3‑6	能运用网络和现代通信设备与他人进行联系、交流、对话
职业能力 1‑3‑7	能有效参与各类会议交流并准确表达自己观点和倾听、理解他人的意见
职业能力 1‑4‑1	能根据某主题需要进行市场调研,收集一、二手资料信息
职业能力 1‑4‑2	能根据某主题需要整理、归纳、分析相关资料信息

职业能力 1-4-5	能针对问题进行思考并提出有效解决方案
职业能力 1-4-6	具有对事物发展趋势的明辨能力
职业能力 1-4-7	针对业务问题具有一定的逻辑、演绎思维能力以及矫正能力
职业能力 1-5-3	能运用技巧来启发鼓励团队成员进取
职业能力 1-5-4	能协调团队内部的工作进度和分工合作
职业能力 1-5-5	能化解团队内部的冲突从而保持工作效率
职业能力 1-5-6	能根据本单位业务需要设定会计岗位及制定岗位职责
职业能力 1-6-1	能根据需要撰写联系业务的往来文书
职业能力 1-6-2	能根据要求撰写工作计划、总结
职业能力 1-6-3	能根据收集整理后的资料信息以及有关主题撰写调查报告、研究报告
职业能力 1-6-4	能参与规划并撰写工作方案
职业能力 1-7-2	能阐述并实施本单位在一系列紧急情况下的应急方案
职业能力 3-7-6	能撰写财务报告
职业能力 4-7-1	具有收集和记录经营、成本、费用等数据的能力
职业能力 4-7-2	具有分析数据的能力
职业能力 4-7-3	能编制成本报告和成本预算
职业能力 4-7-4	能对成本报告和成本预算进行分析
职业能力 6-3-1	能根据审计目标及法定要求,制定财务审计方案
职业能力 6-3-6	能按照标准格式和既定的可接受要求制定财务审计报告
职业能力 6-4-1	能根据相关规章制度制定评价工作流程
职业能力 6-4-2	能根据评价对象选择合理评价方法并正确填写工作底稿
职业能力 6-5-3	能够编制和审阅财务计划

市场营销专业共列出 7 个工作领域、31 个工作模块、214 条职业能力,其中与语文能力直接相关的多达 68 条,如表 12‐2 所示:

表 12‐2　市场营销专业职业能力要求中与语文能力直接相关的要求

职业能力 1‐1‐4	能阐释营销行业中岗位工作的意义,做好所扮演的角色
职业能力 1‐2‐1	能运用有效的沟通技巧,保持与客户的良好合作关系
职业能力 1‐2‐2	能知晓营销礼仪要求,规范着装、微笑面对顾客
职业能力 1‐2‐3	能在沟通交流中认真倾听,正确获取信息
职业能力 1‐2‐4	能准确、清晰地复述和陈述信息
职业能力 1‐2‐5	能在各种会议场合,面对不同的市场和顾客开展有效的营销传播
职业能力 1‐2‐6	能用恰当的语言和方式进行非正式的沟通和协商
职业能力 1‐2‐7	能运用正确的书面表达方式进行信息沟通
职业能力 1‐2‐8	能读懂并解释营销方案、营销计划和合同等文本
职业能力 1‐2‐9	能运用规范的语言及格式撰写调研报告、营销计划,拟定合同条文
职业能力 1‐4‐3	能分析营销行业中多种利益相关者之间的关系
职业能力 1‐4‐4	能调查可能影响营销行业内多种组织结构的因素
职业能力 1‐4‐5	能阐释营销合同中的关系
职业能力 1‐5‐6	具有一定的组织能力,能组织专题会议
职业能力 1‐5‐7	能正确评估团队成员的工作绩效
职业能力 1‐5‐8	能分析培训需求,制定与实施培训计划,并能评估培训效果
职业能力 1‐6‐5	能对企业在商品交易过程中遇到的问题依法进行分析,并提出解决方案
职业能力 1‐9‐1	能运用批判性思考和解决问题的技巧得出解决问题的方法
职业能力 1‐9‐2	在协调各类矛盾时,能应用解决问题和批判性思考的技巧

续　表

职业能力 1-9-3	能将批判性思考和组队技巧结合起来解决问题
职业能力 1-9-4	能评估和调整计划以应对意外事件和情况
职业能力 1-10-3	能准确判断经济形势的走势
职业能力 2-1-1	能依据相关法律法规,做出何时、何地对何种产品进行市场调查决策
职业能力 2-1-2	能拟订市场调研计划
职业能力 2-1-3	能设计市场调查问卷
职业能力 2-1-4	能设计科学的抽样调查方案
职业能力 2-1-5	能培训市场调研员
职业能力 2-1-6	能运用恰当的科学方法实施市场调查,采集相关信息
职业能力 2-1-7	能适时控制市场调研的质量
职业能力 2-1-8	能整理市场调查资料和进行一般分类
职业能力 2-1-9	能对调研数据进行适当的统计和分析
职业能力 2-1-10	能对调查资料提炼观点,进行适当分析
职业能力 2-1-11	能进行市场行情的预测
职业能力 2-1-12	能撰写市场调研报告
职业能力 2-2-2	能分析和归纳目标顾客的行为特征
职业能力 2-3-1	能分析所处宏观和微观营销环境的优势
职业能力 2-3-2	能分析所处宏观和微观营销环境的劣势
职业能力 2-3-3	能分析面临的营销机会
职业能力 2-3-4	能分析面临的营销威胁
职业能力 2-3-5	能根据 SWOT 分析结果提出相应的建议
职业能力 2-4-1	能对市场调研和分析的结果进行恰当的核实论证

职业能力 2-4-2	能根据调研和市场分析的结果,结合 PPT 进行汇报
职业能力 2-4-3	能根据市场调研和分析的结果,撰写市场预测报告
职业能力 2-4-4	能根据市场调研和分析的结果,撰写专题报告
职业能力 3-5-7	能制定恰当的广告促销文案
职业能力 3-5-8	能对广告促销活动的效果进行评估
职业能力 3-5-9	能撰写公关宣传新闻稿
职业能力 3-5-14	能实施产品销售促进方案
职业能力 3-5-16	能规划产品销售应急预案
职业能力 4-2-1	能分析各种商务机会与风险
职业能力 4-2-2	能获取相关的洽谈信息,并设置恰当的洽谈目标
职业能力 4-2-3	能认真倾听和辨析客户的诉求,并提出应对方案
职业能力 4-2-4	掌握一定的说服技能,能用得体的方式阐述自己的主张
职业能力 4-2-8	能分析谈判出现僵局的原因并制定谈判策略
职业能力 4-2-9	能判断谈判进程,调整相应谈判策略,将谈判往有利于己方的方向引导
职业能力 4-3-1	能恰当地分析合作双方彼此合作的利益和可行性
职业能力 4-3-2	能恰当地与顾客商谈合同条款和处理顾客异议
职业能力 5-2-4	能制定经营数据分析方案
职业能力 5-2-5	能进行销售情况分析
职业能力 5-2-6	能进行商品结构分析
职业能力 5-2-7	能进行库存结构分析
职业能力 6-1-6	能设计顾客满意度调查表
职业能力 6-1-7	能确定顾客忠诚度的衡量指标

续　表

职业能力6-1-10	能区分不同的客户投诉
职业能力6-1-11	能提出处理客户投诉的建议
职业能力7-1-5	能撰写网络营销策划报告
职业能力7-2-3	能发布网络广告
职业能力7-2-4	能进行网络广告效果评估

上述两个专业的案例，很好地诠释了人才培养方案需要将"职业能力与普通文化知识相结合"的特点和要求。有了这样的方案，语文教师就能从中找到并提炼专业元素，在施教过程中实现语文教学设计的跨界融通。

人才培养方案中描述公共基础课的要求主要体现在专业培养目标、职业素养、职业能力、课程介绍四个方面。规范的做法是将现有的职业素养和职业能力表述，改用职业能力体系的描述。由此让每个公共基础课的任课教师都能从中找到专业元素，实现本课为专业培养目标服务的宗旨，不至于在当前开展教学能力竞赛时，要求附上专业人才培养方案，却发生许多教师还不知为什么的情况，导致其教学设计明显与人才培养方案不相干。

二、由语文课程标准和教材单元提示寻找单元教学设计的目标、要求

语文课程标准的核心是对核心素养的描述，这是教学的指南，须在施教中正确理解和落实。语文教材由于带有编者的主观倾向，编得好，教师受益，编得不好，教师不得不对教材作二次编撰处理。毕竟教材只是一个案例，不是教学的指南。

因此，当前就有两种单元教学设计模式，一是根据教材单元提示施教，二是对教材作二度开发后施教。

（一）根据教材单元提示作单元教学设计

以下是某教材给予的单元提示：

第一单元 开卷明意

【单元导读】

学习目标：

本单元学习旨在理解开卷明意的读书方法，在有限的时间内读出文本的内涵，在短短的篇幅内读出字里行间的意味，在碎片阅读的间隙里读出一个缤纷的世界。开卷指同学们自主阅读的意识，明意指能较快把握文本所要表达的主题或观点，进而能从文本出发，梳理和找出相关的载体素材或相关的证明依据。

学习要求：

本单元由 4 篇散文构成，《跨越百年的美丽》重在突出"美丽"的价值观所在；《学业·职业·事业》既能作为学生职业启蒙，又能提升学生思辨能力；《绝版的周庄》阐述人与自然应当和谐相处的主题；《世间最美的坟墓》与《跨越百年的美丽》相呼应，一中一外，从不同角度阐述"美"的境界。

根据本单元开卷明意的重点，对所选的四篇课文可以先用速读的方式培养阅读的自主性，再用精分细析的方式咀嚼支持主题成立的证据和推断。应通过把握阅读节奏，拓宽阅读视野，学习阅读方法，理解文章的主旨，进而能从文本出发，梳理出相关的思路。

该单元由下列篇目组成：《跨越百年的美丽》（梁衡）、《学业·职业·事业》（朱光潜）、《绝版的周庄》（王剑冰）、《世间最美的坟墓》（茨威格），以及"语文与生活"栏目。

该单元教学设计思路示例：

在作单元教学设计时，首先须有整体设计思想，涵盖文道结合、听说读写全部事项，但是又应有一定的侧重，在"语文"的内容遴选上要突出重点,不可能面面俱到。

本单元出现在中职语文第一册,位列第一单元,单元教学主题是"开卷明意",施教的能力点是掌握"快速把握文本主题"的阅读方法:建立自主阅读的意识,较快把握文本所要表达的主题或观点,进而能从文本出发,梳理和找出相关的载体素材或相关的证明依据。这指明是先明确主题(道),后探究文如何载道的学习路径。

因此,聚焦单元教学要求实现的能力点,对教材呈现的 4 篇选文和习练,在一个单元(假设 10 学时)的整体教学设计中,可以是:

(1)《跨越百年的美丽》2 学时,重点聚焦:主题与材料,叙述。

(2)《学业·职业·事业》2 学时,重点聚焦:中心论点,文章结构,议论。

(3)《绝版的周庄》2 学时,重点聚焦:形散神聚,比喻。

(4)《世间最美的坟墓》2 学时,重点聚焦:游记,环境描写,拟人。

(5)掌握"快速把握文本主题"的阅读方法,拓展训练(讨论)1 学时。

(6)"语文与生活"拓展学习 1 学时,参考"读书三阶段""读法四步骤",通过比较阅读与综述,说出自己的感悟体会和简要评价。

由此进而作单元教学小结。

在上述教学设计中,教学主题是快速阅读把握主旨,重点聚焦解决的是阅读中最基本的文体(涉及记叙、议论、散文和游记)以及与主题相关的材料、结构、方法等问题。施教时,教师只需引导学生通过文本所给信息迅速把握主题,探究把握主题的基本路径方法,对文本无需做过细解读。作为一个单元,不可能全部涉及阅读的问题,有这些基础性的知识奠基,既是对过去语文所学的呼应概括,又是对后续语文深入教学的引领,由此起到了语文教学承上启下的作用。

(二) 在对教材二次开发基础上,对单元自行概括提炼教学主题后做单元教学设计

对单元教学主题的二次开发提炼,不是仅仅对某一单元的,而是对整套教材的,需将该教材全部单元处理后分别提炼教学主题,这些教学主题

构成完整的该学段(中职或高职)语文教学逻辑链,基本涵盖了该学段语文学习的全部要求和有关知识点、能力点。然后才是如何设计该单元教学的问题。当前许多教师团队基本都没有单元教学设计的概念,其呈现的现象是:将有关课文组成一个单元,聚焦竞赛(或公开展示课)要求单独设计。这种做法看似完整,其实零散;看似有主题,其实该主题经不起推敲;看似有逻辑,其实多线交叉,各行其是。

例如某单元教学设计(12学时,见表12-3):

表 12-3　某单元教学设计

教学步骤	教　学　推　进		语文素养
让情节更吸引人	1. 掌握小说情节策略(叙事、顺序、线索设计、叙事视角等) 2. 理解情节叙事技巧对小说表达效果的影响	1. 单篇:作品1	文学鉴赏 审美品味 人文素养
		2. 组篇:作品2　作品3	
		3. 写作:让……情节描述更曲折	
让人物形象更丰满	1. 掌握小说人物形象塑造策略(矛盾冲突中的人物性格、人物形象描写等) 2. 理解人物形象塑造技巧对小说表达效果影响	4. 单篇:作品4	
		5. 组篇:作品5　作品1	
		6. 组篇:人物描绘	
		7. 写作:让……人物形象更丰满	
让环境渲染更到位	1. 掌握环境渲染策略(自然环境、社会环境、环境在小说中出现的位置等) 2. 理解环境描写对小说表达效果的影响	8. 单篇:作品6	
		9. 组篇:作品1　作品3	
		10. 写作:让……环境渲染更到位	
交流小结	自主阅读的发现和写作策略交流	11. 老篇新读,自主阅读	
	完成综合写作、展示评价成果,保持阅读兴趣	12. 展示与评价	

上述单元的教学主题恐怕是学习理解小说的"三要素"和进行小说写作实践。但是在职业院校,这样的单元教学目标设计是不太恰当的。而且,就该教学主题而言,整个教学设计看似很完整,12 学时分 4 个阶段,第一阶段侧重情节,第二阶段侧重人物,第三阶段侧重环境,涵盖了小说三要素,每个阶段还有写作能力迁移,最后是综合习练和展示评价。但是可商榷之处在于:其一,在一节课中组篇阅读的任务如何完成,特别是有的文本长达 9 000 多字。施教者可以说,这些问题都可以在课前预习中去弥补,但这"刻意展示"的痕迹也就太重太浓,"教学"的意义大大淡化了。其二,12 学时的主教材有 6 篇课文,其中"作品 1"在前三个教学环节中分别出现,并只是各解决一个问题,这样将整体阅读变成碎片阅读好不好?

从教学的角度看,问题还在于这只是一个演示性设计,不是真正意义上的教学设计。在实际教学中,小说可能不只出现在一个单元,那么今后出现小说将如何去设计施教? 小说三要素的问题都教学过了,今后补充教学什么? 今后将深化教学什么? 显然,语文知识的建构,不是一个单元的一次性、一个阶段的任务,是一个循序渐进的、贯穿于全部语文教学中的任务,不论何种文体,教学解决的是阅读和写作的问题。特别是在职业院校,小说教学不是解决小说创作的问题,仅是以小说为一个案例,旨在丰富阅读和写作的方法。除非该教材的编写全部是以文体划分单元编撰(见表 12 - 4):

表 12 - 4　以文体划分单元编撰示例

第　一　册	第　二　册	第　三　册
第一单元　记叙文	第一单元　记叙文	第一单元　记叙文
第二单元　议论文	第二单元　议论文	第二单元　议论文
第三单元　说明文	第三单元　说明文	第三单元　说明文
第四单元　散文	第四单元　游记	第四单元　小说

续　表

第　一　册	第　二　册	第　三　册
第五单元　听说	第五单元　听说	第五单元　听说
第六单元　应用文	第六单元　应用文	第六单元　应用文
第七单元　文言文	第七单元　文言文	第七单元　文言文

这种编法以前有过，但事实证明有较大的缺欠，过于注重文体的教学会导致对语言、思维、文化等核心素养学习的忽视，而且写作从来不是文体分明的。文体的划分，更多的是从表达方法和结构主体方面去认定，对于职业院校学生来说，没有必要这么生硬地作区分，还是要注重语文核心素养，侧重对表达方法的学习和能力迁移。

如果姑且不论全套教材的单元编排和单元设计，不论上述单元设计的整体合理性，仅仅是对该旨在参赛的展示性教学设计做最简要的修改，则对上述单元设计可以做如下调整（见表 12-5）：

表 12-5　调整后的单元设计

教学步骤	教　学　推　进		语文素养
教学铺垫 （2 学时）	作品 1 单篇教学		语言建构 行文运思 审美品质 人文素养
让情节 更吸引人 （2 学时）	1. 掌握小说情节（叙事、顺序、线索设计、叙事视角等） 2. 理解情节叙事技巧的作用	1. 作品 2,3 组篇教学：突出情节与作品 1 比较呼应	
		2. 写作：让……情节描述更曲折	
让人物形象更丰满 （3 学时）	1. 掌握小说人物形象塑造（矛盾冲突中的人物性格、人物形象描写等） 2. 理解人物形象塑造技巧的作用	1. 作品 4,5 组篇教学：突出人物与作品 1 比较呼应	
		2. 写作：让……人物形象更丰满	

续　表

教学步骤	教　学　推　进		语文素养
让环境渲染更到位（2学时）	1. 掌握环境渲染策略（自然环境、社会环境、环境在小说中出现的位置等） 2. 理解环境描写对小说表达效果的影响	1. 作品6教学：突出环境与作品1比较呼应	语言建构 行文运思 审美品质 人文素养
		2. 写作：让……环境渲染更到位	
交流小结（3学时）	自主阅读的发现和写作策略交流	1. 老篇新读，自主阅读	
	完成综合写作、展示评价成果，保持阅读兴趣	2. 展示与评价	

这样的设计，首先由一篇课文做完整的铺垫，引导学生理解和习练小说的整体写作特点和阅读要求，而后在后续的有侧重地（每次一个要素）教学中加以呼应深化、巩固和习练，最后是教学小结。主线清晰，重点突出，逻辑严密。

对单元教学主题的自行提炼，除了兼顾整套教材的框架体系设计需要之外，还可以从语文核心素养角度去思考教学点的提炼，例如某教材单元由《纪念刘和珍君》（鲁迅）、《为了忘却的记念》（鲁迅）、《包身工》（茅盾）、《荷花淀》（孙犁）、《小二黑结婚》（赵树理）、《党费》（王愿坚）六篇课文和"语文与生活"构成。该单元主题下教学设计的角度可以有：

（1）假设单元教学要求侧重语言建构与运用：

角度1：品味语言

角度2：品读文脉（文体）

角度3：探究文如何载道（章法）

角度4：修辞手法理解与比较

（2）假设单元教学要求侧重思维发展与提升：

角度1：探究人物精神（是什么）

角度2：探究故事缘由（为什么）

角度3：探究表现手法（怎么样）

角度4：探究内涵价值（拓展思维训练）

（3）假设单元教学要求侧重审美鉴赏与创造：

角度1：品读主要人物性格特征（刻画）

角度2：品读主要人物关系（说明什么问题）

角度3：品读人物事件主题的价值意义

角度4：品读人物事件主题的文化意义

（4）假设单元教学要求侧重文化传承与理解：

角度1：（前述有关知识点择一两处，如精神、特征）

角度2：（前述有关能力点择一两处，如价值意义）

角度3：提炼引出有关文化意义

角度4：提炼引出对现实文化意义的启示

在单元主题下做教学设计需要注意的事项是：

第一，需注意单元教学中课文、听说、读写、实践活动一致性问题，诸如围绕单元教学目标整体设计、围绕单元教学目标和谐统一、围绕单元教学目标听说读写构成呼应、围绕单元教学目标突出重点。此外，所有可供设计的"教学点"，应有选择地组合使用，因为4项核心素养不是单一存在的。

第二，本着"因材施教"原则，整体教学设计应体现两个"求"：其一，求落实落细、复迭推进、整体设计无疏漏；其二，求过程的习得，过程的留痕，教学过程的逻辑合理有序，同时应该鼓励学生"于出头处谋自由"（允许出现参差）。为此有下列"四不求"：

（1）不求面面俱到，每一次突出一两个重点即可。

（2）不求每一次都能解决重点问题。

（3）不求每一次教学都能完整有序。

（4）不求每一次教学中学生的"习得"整齐划一。

总之，一项单元教学既有共同的主题，但又不限于该主题，必然会兼顾、呼应其他教学主题；它既有预设的教学目标和重难点，但也会因课堂新生成的情况作必要的、又不偏离教学主题的调整;它既是一个单元的存在,其内部也会有一个个分支单元的存在;它可以由教材给出单元定位,也可以由施教者根据需要通过重组给出单元定位。

正是由于语文教学具有如此的丰富性和挑战性,有思想的教师是快乐的、永不倦怠的。

第十三章 语文教材编写论

教材编写是一项富有创意的工作,其内容应当是精心挑选的,其体例应当是精心构思的,任何将之视为只是"剪裁"的想法都是错误的。教材编写,也应该如同"文学创作"一样,它是独特的"这一个",如果该教材没有新颖独特之处,那么就没有编写的价值,也就没有编写的必要。

职业院校语文教材的编撰,与普教应当有一定的区别,该区别不在于内容的难易深浅,而在于更侧重应用,既有助于学生的终身发展,又有助于加强学生未来在职业岗位上的适应性(岗位迁移、岗位晋升、岗位转型)。

一、教材编撰原则

(一) 思想性

语文教育对青少年世界观、价值观的形成、塑造和固化具有积极的推进作用。语文的"道"根植于民族性之中,又具有一定的开放性。语文教学既注重文化传承,又关注跨文化的交流;既注重文本的思想性,又关注作者的思想局限性。同时,该思想性还应与辩证唯物主义和历史唯物主义相统一。

（二）规范性

语文教材作为语文的示范性"文本"，应当是符合语言、修辞、语法要求的规范文本，也应当是结构与表达方法具有鲜明特点的著作。现代语文教材已经有100多年的历史了，因此，其选文应主要来自经典的、公认的、经历了历史检验的文本，同时酌情选入适量的时文。对确有必要编入的时文，应当精心编辑，必要时应加以修改润色且经作者认可，不宜只是将原文照搬引入，因为从时文到规范的语文著作毕竟还有一段距离。

（三）科学性

无论是编撰思想、文本遴选还是编选体例，都应遵循辩证唯物主义和历史唯物主义思想，遵循学习的认知规律，遵循教材的编撰规律。凡具有争议的文本、作者，均不宜进入教材；凡史学界、文学界、科学界尚在讨论而未有定论（或尚未有较为一致的说法）的文本不宜进入教材。

（四）兼容性

选文应体现人类共同的文化成果，既应以本国文本为主，也应兼顾文质兼美的他国文本；既应以当代文本为主，也应兼顾文化传承的古代文本；既应以阅读性文本为主，也应兼顾指导写作的文本和适用于听说教学的视听素材。同时，在职业院校，选文除了传统意义上的文本外，还应有意识地编选一些序跋等说明性文本，节选一些文论、诗论、画论等对学生专业学习具有一定指导意义的文本。

（五）指导性

凡选文需注意有特色、有侧重的教学点，这些教学点应有机地安排在不同的单元主题中，对建构和优化学生的知识能力结构发挥积极的筑基作用，对学生的语用能力提升和迁移发挥积极的引导作用。每一篇选文，都应当是从"文"的方面考虑好教学视角的范文，而不是机械、千篇一律的文本呈现。

二、教材编撰的内容选择

本着文道结合的语文根本属性，主要可从以下两方面考虑：

（一）"道"的遴选

选文应具有宣传意义，学习的过程是国家意志、民族文化宣传普及的过程；选文应具有指导意义，指导学生学会做人、学会做事、学会规划自己的生涯发展。

此外，选文应具有可供借鉴的现实意义。一般说来，古代的选文和他国的选文都是有思想局限性的，其作者也都会存在一定的问题，这放在当下可以不选，但作为民族文化传承、作为跨文化交流和传承人类文化成果又不能不选，其尺度的把握就是看对当下有无借鉴的现实意义。

例如儒学著作，既要辨析是春秋战国时期的孔孟著作，还是经过后代封建统治者以及朱熹等封建文人刻意改造后的儒学著作，还要辨析该作者的撰文立场和态度。早期的儒学著作没有后世那么多的封建道统，糟粕要少得多，因此要选儒学著作，宜选早期儒学著作，要选封建道统思想较为开明者撰写的儒学著作。

凡对语文教学有借鉴意义（如颂扬"小人物"的亲情友情爱情、勤奋好学、逆境成才以及具有提升思维品质意义的批判现实主义的一些经典作品等），符合青少年身心健康的作品，应当适当地加以编选。

至于"道"的评价事项，也是编写者应予提示、供施教者在教学中予以正确引导的。

（二）"文"的遴选

选文应在知识点、能力点上具有典型意义，对学生的学习具有举一反三的作用。在学习过程中，"学其上，仅得其中；学其中，斯为下矣。"①选文均须为规范的语法著作，指导学生正确地学语用文。

选文还需具有可教性、可学性。主要表现为文体、章法、语言选用以及表达方式的典型性，具有作文的借鉴意义。除非常特殊的需要，选文篇幅一般在5 000字以内。对于较长的选文，可以酌情节选，但节选需不伤害原著的学习意义，且需征得作者的同意；对于文本中有违青少年身心健康的语句、语段也应做相应的删改，一般也需征得作者的同意。

例如《荷塘月色》（朱自清）中有语句"又如刚出浴的美人"，由于易产生联想的原因，在传统的编撰教材中是将该语句删除的，但是这破坏了原文的语言表达方法：原文是三句比喻，构成排比句、博喻句；删改后构不成排比句，削弱了艺术表现力。在当下，若放在义务教育阶段还是以删除为宜，即使对艺术表现力有所削弱也在所不惜；在高中学段，学生身体和心智已相当成熟，应属于可删可不删；在高校学段就不宜删除。

三、教材编撰的体例

由于所有的文本都要求文道结合、文质兼美，其思想主题首先都必须是符合要求的，因此，职业院校的语文教材应以"文"为逻辑线索编制单元教学目标和要求。其理由主要是两个：其一，符合职业教育的目标和特点。其二，以"道"为逻辑线索，全部单元20多个主题很难置于一个逻辑平面上。

（一）教材体例应突出能力的"习得"和应用

表13-1所示为教材编撰的体例构成。

---

① 语出严羽《沧浪诗话·诗辩》。

表 13-1 教材编撰体例构成

体例构成	说　明
一、单元导读	阐述学习目标、学习要求
二、篇章文本	
【阅读指导】	
1. 作家作品	客观阐述，不宜使用夸饰之辞。
2. 背景知识	精选有关信息，帮助学生读懂文本主题。将教学重点放在对"道"的理解和探究"文如何载道"上。
3. 重点聚焦	聚焦单元教学目标，突出 2～3 个语文知识点。
【课文】	
【思考与练习】	
1. 阅读与理解	4～5 题 指导教学过程中"文道结合"施教视角和重难点的把握。（预习指南）
2. 思考与积累	4～5 题 指导教学过程中的思维训练和夯实语文基础，提升语文素养。
3. 应用与拓展	2 题 指导学生课后习练并具有举一反三的语用能力。

　　有些语文教材单元导读和课文导读语焉不详，通篇找不到教学提示，练习题既缺乏教学的针对性又寥寥无几，这都是编写者不负责任的表现。该现象的出现与有些教师的错误编写思想是分不开的。他们认为，这些内容应该放在"教参"内，而不是放在教材内。在职业院校，严格地说，"教参"是不应该存在的"怪胎"，编撰者在"教参"中提供的教学素材，既不一定符合科学性，也不可能具有普适性，反而还会束缚施教者的思维空间，制约施教者的施教能力。教材，也是"学材"，教师备课需用到教材，学生预习也需用到教材。对学生封锁教学的有关信息，学生在课前不知晓教

学主题和要求,这也是把学生作为客体、以求教学一言堂的具体表现。

(二) 教材编写体例,反映编者的教学思想

以上述设计的编写体例为例,其教学的指导思想是:

1. 引导教学实践

有人说编写教材就是"剪刀加糨糊",这是非常错误的。有许多语文教材就是课文加思考练习,这也是不严谨和不负责任的做法。好的教材出自懂行又负责任的主编,他应该善于把自己对课程标准的理解和实践思想,通过作品(教材)传达给教师,指导教师用好教材,发挥出教材的最大效益。"课文+练习"的编法,只有文本的呈现,没有编写思想和使用教材的指导,势必在教学中造成各行其是又无所适从的局面。

编教材,既要规范文本语言,行使"编"的责任,还要有得体的构思体例,体现"编"的艺术和教材价值所在。

给出简要的作品背景介绍,引导教师备课和学生预习时的拓展阅读。特别是现在信息社会网络资源非常多,而有相当一部分是靠不住的,如果不加比较,或者不具备辨析能力,教学中很容易以讹传讹,误人子弟。

给出重点聚焦,提示本教材本单元本课文的知识点所在,希望教师加以重视并落实。这样全套教材的知识点就构成相对完整的语文知识体系,体现国家在高中阶段和高校阶段的语文教学要求。

在思考与练习部分,"阅读与理解""思考与积累"是直接指导本课教学的,应该聚焦单元教学目标和要求设计,帮助教师备课和施教,帮助学生预习和在教学过程中开展积极的双向交流活动。我国传统教学的一大弊端是教师讲到哪学生学到哪,有人归纳为"师讲生练",这是不把学生当作学习的主体。而要把学生当作主体,其前提条件是应预先告诉学生将要学习什么,将围绕哪些问题展开积极的讨论,如果学生没有这种学习中的准备和预判,教学的所谓"互动"是不可能形成的。

2. 突出教学主题

每一个单元的教学目标和要求,是基于编教材者对全套教材的总体

设计,而在该单元下的每一篇文本教学,都应服从这个单元的教学主旨,不可偏离。"重点聚焦""思考与练习"的设计就是该单元教学主旨的具体体现,这两部分内容的编写也是编者教学思想的具体体现。

3. 完善知识能力结构

语文课程标准应该对语文教学要实现的知识目标和能力目标有所体现,否则就很难说是"标准"。课程标准既应有宏观的课程定位、课程理念、核心素养等描述,也应有课程目标、课程设计思路等较为中观的内容描述,还应有学习内容与要求(听说读写知识点体系、能力点体系)以及实施建议等微观层面的内容描述,其中还包含对教材编写、教学评价等的具体指导意见。这里特别强调应有"听说读写知识能力点体系"指导意见,否则对教师施教是不能构成现实指导意义的。这些听说读写知识能力点都应是一个个明确的教学点,由此构成相对完整的体系,需要分别落实到每一单元的教学中,这些单元的各个"点"不断累积、叠加、呼应、深化固化,有助于学生最终建构起、优化为相对完整的知识能力结构,切实夯实学生的语文基础,有效实现能力迁移。

4. 注重听说读写能力培养

语文能力的外显方式在于听说读写能力。在教学中,听说读写是互相渗透和呼应的,不是彼此分割的。读的教学,也是指导写的教学,也是指导听说的教学。但是由于教材呈现方式的特点,一般都以阅读文本为主,即使这样,也应留出一定的余地给听说视频(文本可有一些解说性的内容,但应有听说视频主教材),否则听说教学就会弱化,就会成为纸上谈兵。阅读文本中,可以设有15%的传统文化(文言)篇目,可设15%的诗歌、小说、戏剧、文学性散文等纯文学作品;其他选文中,其文本形式可兼有连续文本和非连续文本。

(三) 单篇教材编撰示例

所在单元名称: 学以致用。

所在单元的"单元导读"如下:

【单元导读】

学习目标：本单元学习旨在进一步把握写作的基础知识，重点落实"能从写作目的出发选择合适的写作方式撰写文章"的能力点，并通过课文和所给情境材料的阅读领会，学会遵循生活和职场惯例正确行文的能力。

学习要求：学以致用，关键在于从知识的习得至"迁移"为能力的实践应用。本单元4篇选文，《咬文嚼字》(朱光潜)侧重于语言环境中对字词句的"推敲"，要牢固地树立用心撰文(心手相应)、须文从字顺的基本思想并延为习惯；《江苏省职业教育之改进计划》(黄炎培)和《在困境中更要发愤求进》(华罗庚)分别是应用文中的"计划"和介绍经验型的"总结报告"，这明显有强化职场文书写作的意义；《把栏杆拍遍(节选)》(梁衡)则是强化评论性写作的能力，以人物评论为切入点，应当兼顾书评、影评等小评论能力的提升。同时，在学习课文时，也应该学习作者严谨行文和文中所述人物展示出的责任意识、奋斗精神和高尚品质。

本单元"语文与生活"对实验报告和调查报告只作了一般介绍，教学中可根据学习的需要作必要的补充和拓展。

以该单元第2课——黄炎培的《江苏省职业教育之改进计划》为例，本课"阅读指导"如下[①]：

【阅读指导】

1. 作家作品

黄炎培(1878—1965)，江苏川沙(今属上海市)人。我国近现代著名教育家，也是我国近代职业教育的重要创始人和理论家之一。他提出的"使无业者有业，有业者乐业""劳工神圣""手脑并用"等职

---

① 摘自《上海市中等职业学校语文》(第三册)，高等教育出版社2016年版。

业教育思想至今仍有深远的现实意义。

2. 背景知识

黄炎培 1903 年起先后兴办小学堂、师范讲习所、浦东中学等。辛亥革命后,任江苏都督府民政司总务科长兼教育科长,后任江苏省教育司长,全力以赴改革地方教育,全面规划建设了省立高、中等学校和县立小学,1913 年发表《学校教育采用实用主义之商榷》,提倡教育与学生生活、学校与社会实际相联系。1917 年 5 月 6 日,联络教育界、实业界知名人士在上海发起中华职业教育社;次年,创建中华职业学校,学生实行半工半读。此后数十年时间的教育和社会活动主要通过中华职业教育社来展开。

1921 年及后来,黄炎培曾两次拒任教育总长,但是他对职业教育情有独钟。他的职业教育思想也在长期的职业教育实践过程中不断丰富和发展:中华职业教育社社徽早先是"两只手"(篆体形象),意为"双手万能",后来黄炎培发展为"两只手"外加了一个圈(大脑形象),意为"手脑并用"。本课文是黄炎培应邀对当时江苏省职业教育发展所作的建言之一。

3. 重点聚焦

计划是为将要进行的工作或需要完成的任务提出预想目标、制定具体实施办法而写作的应用文体。计划的应用范围很广,有了计划,工作才有方向,人们才能避免盲目性,增强自觉性;有了计划,才能合理安排使用人力、物力、财力,取得事半功倍的效果;有了计划,才便于检查、督促、总结,不断改进工作。计划具有目标明确、构想前瞻、步骤可行和执行严肃等特点。

计划的别称有安排(短期事项计划)、打算(近期原则意见)、意见(上级下达任务)、要点(上级布置工作)、规划(长期工作构想)、设想(事项初步考虑)、方案(具体实施计划)、部署(全面工作布置)等。

一般说来,计划有"三要素":目标和任务(做什么),方法和步骤(怎么做),保障举措。计划的基本格式一般由标题、正文、落款等项构成。其正文撰写时先写工作的背景，然后对目标和任务、方法和步骤依次展开叙述，最后写必要的保障举措。

黄炎培的《江苏省职业教育之改进计划》一文正文如下①：

江苏省职业教育之改进计划

黄炎培

江苏号称教育发达之区，提创职业教育亦独早。查 1924 年度之调查统计，旧制甲乙种实业学校，合公私立全省有 137 所之多，其他设有职业科之中学，专门学校及实业机关、慈善机关附设之职业教育，尚不在内，可谓盛矣。在教育行政方面，于 1923 年设置职业教育指导员，1924 年又举行乙种实业学校校长会议。在办理职业教育者方面，同年五月，有江苏全省职业学校联合会之组织。各方面于职业教育之推行研究，不为不力；只是因为政府对于教育方针无明确之规定，地方当局又步调未能齐一，遂至职业教育量的方面固然可观，质的方面成效不著，结果乃至因噎废食，而成今日之现象。现在政府既以生产教育为最要之方针，社会亦感于过去教育之失败，于是职业教育之推进，为急不待缓之举矣。谨就管见所及，先拟本省改进职业教育之第一步计划如下，用供采择。

（一）设立计划全省职业教育之总机关

职业教育包含农、工、商、家事及其他各种。改进之初，如调查、研究、规划、指导等等，头绪甚繁，在外国有特设职业教育局者。现在本省财政竭蹶，当然不必有此大规模之组织；但为提纲挈领计，似可由教育厅仿教育部例，延聘专家及有关系各厅之代表，组织一设计委员会主其事，另调各科有关系员司，在会办事，如此则所费不多，而事有专责矣。

---

① 选自《江苏教育》第二卷第四期，1933 年。编者对其中个别词句和标点有修改。

（二）派员调查全省教育实业状况

职业教育之目的，一方为人计，以供青年谋生之急需；一方为事计，以供社会分业之所需。则青年所急为何种事？社会所需为何种人？非调查不可也。进一步言，立一校，位置当否？设一科，应所需否？又非调查不可也。往者职业教育之失败，非本身之罪，实谋者不臧之过。今为改进计，调查为必要矣。

（三）整理现有职业教育机关

江苏省职业学校虽较前减少，然合全省公私立之职业学校及慈善实业团体所设之教养机关，为数尚不在少。现在欲推行职业教育，非先改进现有职业学校，无以树风声而资实效。整理方法：一方面调查其内容，加以指导；另一方面商定新计划，助其发展。此项任务，即可由上列之设计委员及调查专员任之。

（四）通盘筹划确定职业教育经费

凡百事业之兴替，与经费有重要关系。现在各省于义务教育、社会教育均有规定经费，其成绩较诸未规定前颇有进步，即其明证。教育当局既欲推广职业教育，似宜仿福建省例，于省县全部教育经费统盘筹划；酌定职业教育应占成数，庶足以明趋向而示决心。且此项经费，不必另筹，只须在学校教育经费中分别就轻重缓急、比例定一标准可矣。

（五）先从普通教育职业化着手

1921年，教育部通令："……各普通中学应一律添设职业科目或附设职业科……"同年，国民会议第五次大会决议，确定教育设施案内，规定"中小学校教育应体察当地状况，一律以养成独立生活之技能，与增加生产之能力为中心，社会教育亦应以增加生产为中心目标"，可知政府与人民，已一致认为目前之教育，应以职业教育为最大目标。当然不能使所有普通学校都改为职业学校，更不能以一切教育代以职业教育；但至少要使普通教育与职业不隔膜，不轻视。质言之，使普通教育要职业化，如小学之注重职业陶冶，中学之设职业指导科,既不须增加经费,亦不变更普通教育固有之目的,而可以使青年得到实际之效用,可以使职业教育先具相当之基础,可谓一举而数善备也。

以上数点,均为初步着手之办法。至于将来应否分区设校,及师资如何养成,系统如何制定,出路如何筹备,消费如何减少,效力如何增进等等,似宜俟上项计划实施以后,方有正确之依据,兹姑从略。

本课课后思考与练习部分示例如下:

【思考与练习】

一、阅读与理解

1. 应用文都要求有明确的诉求,请概述本计划的诉求。

2. 撰写计划时,第一部分一定要写工作背景,并对未来工作目标任务所处的形势作一些分析。试说说本计划是如何分析工作背景的?

3. 计划有"三要素",在仔细阅读课文的基础上,试以文中一个案例加以说明。

4. 本计划最后一个自然段是不是可有可无的内容? 试说说您所持观点的理由。

二、思考与积累(建议由各题后括号内的能力提示角度习练)

1. 解释下列成语(理解)。

(1) 因噎废食:

(2) 提纲挈领:

2. 对本计划中作者意图理解不恰当或者作者所述未涉及的一项是(   )。(理解辨析)

A. 江苏省职业教育量的方面固然可观,但是质的方面成效还不显著。

B. 要增设一个机构"计划全省职业教育之总机关",加强提纲挈领的管理。

C. 要统筹全省县教育经费，分轻重缓急、按一定比例投资办学。

D. 以职业教育为最大目标已经成为国人共识，因此普通教育也要职业化。

3. 对"整理现有职业教育机关"部分，作者提出的举措可以用两个语词概括。下面对这两个词概括最恰当的一项是（　　）。（归纳）

A. 整顿　巩固　　　　　　　B. 整顿　发展

C. 调查　指导　　　　　　　D. 调查　商定

4. 计划具有目标明确、构想前瞻、步骤可行和执行严肃等特点。请以本课文为例，说说目标明确、构想前瞻、步骤可行这 3 个特点。（证据支持）

5. 在本计划中，作者提出了哪些难能可贵、至今仍有现实意义的职教思想？（分析演绎）

三、应用与拓展

1. 体验式写作

××专业二年级(2)班的班委会撰写新学期的班级文体活动计划，其中具体的活动安排用表格式体现（见下表），请根据提示内容，在空白处填写恰当的内容。（体验计划设计的诸要素）

提示与要求：各月活动内容的填写不重复，内容贴近时令，内容之间有一定的逻辑关系，各内容应兼顾"文""体"两个方面。（具体内容的填写，合情合理即可）

时　间	地　点	主持人	活动内容	形　式
2 月份				
3 月份				
4 月份				
5 月份				
6 月份				

2. 撰写计划

(1) 以"梦想成真"为目标诉求,选择一个你一直想实现的愿望,联系你目前的学习基础和职业规划,拟写一份学校生涯发展计划。无论你的愿望最终能否实现,这份计划一定要有可操作性、可行性和约束性。

(2) 秋天到了,金风习习,气候宜人。××专业二年级(2)班的班委会在征得班主任同意后准备组织一次近郊秋游。在广泛征求同学意愿的基础上,班委请宣传委员王峥撰写这份计划,请代拟之。

撰文提示:写作步骤可以是:① 确定目的任务;② 研究方法措施;③ 选定写作格式;④ 依次反映内容;⑤ 推敲修改文书。

四、主编在教材编撰中的作用

教材编写,执行的是主编负责制,其责任主要表现在以下方面:

第一,把好思想关。主编需上看政策,下看需要,从自身的视角和能力出发,对该项工作做出整体的、符合要求的规划。在组建编撰团队时,严把人员的思想关和业务能力关。在准备会议时,主编要善于把自己的思想宣传给每一位参编人员。

第二,把好体例关。教材体例构想是团队合作编创的,但首先是主编深思熟虑的。一本教材的创意,直接展示的是主编的教学思想和教学能力。正是从这个意义上说,编写教材不是"剪辑"性质的工作。

第三,把好质量关。编写教材中,最常见的是主编对每一选篇字斟句酌,认真推敲修改。有人说,每个单元不是都分工给具体的编写人员了吗? 一份责任一份担当,分工负责就是了。其实不然,参编人员的思想是有差异的,能力是有强弱之分的,主编要认真推敲修改,首先看是否符合总体教学思想,每一个单元是否聚焦了课程标准,是否有机落实了知识和能力点;其次是看编写风格是否统一;最后要看编写质量是否符合预设的乃至不断发展的要求。

　　第四，把好出版关。教材编好后，一般都会有机构组织专家进行审读并提出修改意见。由于各人阅历和视角的不同，审读专家会提出形形色色的意见，这时需要编写团队讨论是否采纳修改意见。一般情况下，会有讨论，也会由主编拍板是否需要修改，这也是主编负责制的具体表现之一。但是，无论是否有修改，决定权在主编，将哪一份定稿送交出版的决定权也在主编。所以，该教材的最后责任也在主编。

　　由此可见，主编就是在团队智慧（含审读专家）的基础上集思广益后的主笔，教材出现的任何问题，主编都负有不可推卸的第一责任。

参考文献

［1］毛泽东.在延安文艺座谈会上的讲话,1942.

［2］（俄）苏霍姆林斯基.给教师的建议.杜殿坤,编译.北京:教育科学出版社,1980.

［3］郑洁,乔刚,等.职业院校基础文化课"四融通"教学模式研究［M］.上海:中西书局,2015.

［4］李亦菲,朱小蔓.新课程三维目标整合的 KAPO 模型［J］.天津师范大学学报(基础教育版),2010,11(01):1-10.

［5］教师手册［M］.上海:上海教育出版社,1985.

［6］乔刚.大学写作新编［M］.上海:复旦大学出版社,2005.

［7］乔刚.语文(中高职教育贯通五年制,全五册)［M］.上海:中西书局,2014.

［8］乔刚.上海市中等职业学校语文(全三册)［M］.北京:高等教育出版社,2015.

［9］乔刚.高等职业院校通用能力教育认识悖论与思考［J］.教育与职业,2008,No.592(24):16-18.

［10］乔刚,郑洁.听说能力学练手册［M］.北京:高等教育出版社,2020.

［11］上海市教委.上海市中等职业学校语文课程标准,2015.

［12］教育部.普通高中语文课程标准,2017.

［13］教育部.中等职业学校语文课程标准,2020.

［14］上海市教委.上海市职业教育国际水平会计专业教学标准.华东师范大学,2012.

后　记

　　酝酿写这本书已经好久了,那大约是在 2010 年。做了好多年师资培训,许多公共基础课的教师都会问同样的问题:你说职业院校公共基础课要上的与普教不同,这是为什么? 如果要上出职教特色则该怎么做教学设计? 特别是那个时候上上下下都强调"任务引领"教法,老师们被这种要求倒逼,感到困惑的是:公共基础课能用这种教法吗? 他们既欣喜于我在培训中让他们"豁然开朗"的讲课内容,又觉得这些内容在他们的教学实践中难以落实。我们的教师大多数还是习惯于"师讲生练"的教学模式,教师的课堂教课方式,很难脱离自己曾经接受的课堂学习方式,自己怎么接受的教育,也就怎样去施教,很少有主动探索实践的勇气和机会。由此我发现,老师们需要实实在在的、引导性的教学设计案例。

　　那时候是我工作最充实的时候,工作多维、容量庞大。还有许多大项目在手上,诸如"文化素质＋专业技能"职教高考模式的创新与实践(2009—2019 年)、上海市中长期教育与改革发展规划纲要(2010—2020年)重点子课题"各级各类职业教育协调发展"(2009 年)、上海商贸职业教育集团中高职教育有效衔接的研究与实践(2010—2012 年)、上海市人力资源与社会保障局委托的"营业员""营销师"8 个职业标准的研制(2011 年)、上海市教委委托的 6 个国际水平专业教学标准的研制(2012—2013 年),2013 年又受命兼任上海商业会计学校校长(2013—2016 年),另外还有许多本职工作和其他社会工作,所以夜以继日地静不下心来撰写。直到 2016 年退休，满以为可以静心写作了，但另一种内心想法又浮现出来：退也退了，后续的事业应该让年轻人去探索实践了。

心欲静而事又不止，这些年项目评委和语文导师的事还没少做。在与老师们的交流中，我发现当初教师普遍困惑的问题至今还是没有解决，许多教师还是希望我能把这些内容较为系统地写出来。2022 年春天上海因疫情封闭管控 2 个月，有想法、有素材、有时间，有较长期的构思酝酿，这就让我一气呵成，得以完成本书。

我的工作事务很杂，但我始终对语文情有独钟，从任教开始一直到退休，不论工作多么繁忙，始终没有离开过一线教学岗位，从中专、高职到本科教学都有较深入的教学实践，还带过 10 多届硕士研究生；受命上海市教委教研室担任语文教研员 11 年；受命上海市教育考试院担任高考语文命题专家 12 年。早在 1989 年，我就参与上海市中专语文学科组的领导工作，后来逐渐参与全国中专自学考试语文教学大纲的编撰，主持教育部高职高专师资培训上海基地和教育部职业教育师资培养培训重点建设基地(上海商学院基地)、上海市"双名工程"职教名师培养基地、上海市骨干教师培训基地，参与上海市 1996 年至今的三轮中职语文课改(制订课标、编撰教材或审定教材)，主持上海市高职高专语文协作组工作，参与主持上海市大学语文研究会工作。在这期间我与许多语文专家有较为深入的研讨，上海市教委教研室职教语文教研员茅维蓝、应宏芳，上海市教育考试院考研员吴逸敏、霍敏，上海市教委教研室职教语文兼职教研员郑洁等，她们的思想都给了我较多的启发。我与华东师范大学和上海师范大学中文系的教授们、上海市重点高中语文教师、上海市教委教研室普通高中语文教研员以及有关区语文教研员也有非常密切的接触，他们的教学思想对我形成职业院校语文课改思想也有很大的启发。也正因为有这样一个教学思想和教学案例的不断积累，现在的成书一定比当年成书更为成熟。

本书定位"导论"是基于以下三个想法：

第一，主观上不想写成一本纯理论的著作，甚至连一般的原理也较少阐述,因为原理类的著作并不少见,而指导语文教学实践类的著作,特别是在职业教育领域,几乎没有。但是本书涉及教育学、教学心理学的理论还是不少,也较为具体地阐述了我们基于教学研究和实践创设的"文化基础课'四融通'教学模式"理论,因为这是教师施教的基本指南和依据,本书用理论融入的方法尽可能阐述得深入浅出。

第二,本书着力于教师的教学实践指导,因此其中作为案例解析的课文有 58 篇,引为案例的应用文写作文种有 16 项。对高职院校和中职学校语文教学的主要方面都做了具体阐述和引导,基本讲清楚了职业院校语文定位和施教的基本思想和实践路径。其中既有详尽的案例剖析,也有引导性的教学建议。

第三,出于"引导"的考虑,本书选用了夹叙夹议的写法,为此,引用了较多语文实践成果做佐证。这些成果有些是本人自己的,有些是本人参与其中并发挥主要作用的。为了突出聚焦专业培养目标做语文教学设计的主题,本书在语文课与专业课、语文课与人才培养方案以及职业能力体系之间的联系方面做了跨界阐述,这也是为了突出"融入专业元素"职业院校语文课改思想阐述的需要。

任何成品脱手后都会留下一些不足与遗憾,本书也是这样。在成书过程中,承蒙上海民航职业技术学院郑洁教授通篇审读,她提出了一些宝贵的修改意见。还应特别鸣谢的是我的妈妈钱全卿,一位今年 97 岁高龄、一辈子从事教育学心理学著作编辑出版的老编审、给我教育启蒙的人生导师,她主动提出帮我通读稿件,也为我提出了一些具体的修改意见。

但愿本书的出版能给语文教师一些有益的启示和有价值的帮助,也希望职业院校的广大教师在本书的基础上继续教学思想的探究和语文教学实践,共同丰富职业教育语文著述宝库。

乔　刚

2022 年 7 月 30 日

索　引